汉语空间方位结构二语习得研究

徐富平 ———— 著

A Study on
Second Language Acquisition of
Chinese Locative Constructions

暨南大学出版社
JINAN UNIVERSITY PRESS

中国·广州

图书在版编目（CIP）数据

汉语空间方位结构二语习得研究/徐富平著．—广州：暨南大学出版
社，2024.6
ISBN 978 - 7 - 5668 - 3920 - 6

Ⅰ.①汉…　Ⅱ.①徐…　Ⅲ.①汉语—研究　Ⅳ.①H1

中国国家版本馆 CIP 数据核字（2024）第 097966 号

汉语空间方位结构二语习得研究

HANYU KONGJIAN FANGWEI JIEGOU ERYU XIDE YANJIU

著　者：徐富平

....

出 版 人：阳　翼
责任编辑：康　蕊
责任校对：孙劭贤
责任印制：周一丹　郑玉婷

出版发行：暨南大学出版社（511434）
电　　话：总编室（8620）31105261
　　　　　营销部（8620）37331682　37331689
传　　真：(8620）31105289（办公室）　37331684（营销部）
网　　址：http://www.jnupress.com
排　　版：广州良弓广告有限公司
印　　刷：广州市友盛彩印有限公司
开　　本：787mm×1092mm　1/16
印　　张：15
字　　数：260 千
版　　次：2024 年 6 月第 1 版
印　　次：2024 年 6 月第 1 次
定　　价：69.80 元

前　言

　　作为国际中文教育一线教师，课堂上时常会面对学生提出的各种汉语使用问题。有些问题是我们作为汉语母语者习焉不察的，学生以初学者视角提出来，为我们开展语言研究提供了很好的切入点。如何从服务教学的角度展开语言本体和习得研究，是汉语教师需要深入思考的课题。本体研究、习得研究和教学研究有着紧密的互动联系，大部分习得研究是针对语言规则使用问题展开的，先弄明白本体使用规则，才能相应找到教学上的解决办法。所以课堂教学除了要有理论指导的教学模式，教师也需要具备一定的汉语本体研究能力。面对学生随时提出的语言问题，教师只有对目标结构有过深入学习和研究，才能在上课讲解时做到简明而准确，在解答学生的问题时心中有底气。

　　空间是人类认知一切事物的基础，不同语言在表述空间方位时形成各自特定的语言结构，并且高频使用这些结构。汉语在表述拓扑空间方位关系时，形成一个相对复杂的结构系统，涉及介词、参照物名词、方位词、动词等语法成分的组合使用，语言成分之间先后形成多个相互嵌套的结构单位。以平面接触和内包含两种拓扑空间关系为例，学习者在习得过程中，中介语有明显的使用倾向性，比如方位词"上"和"里"的脱落。学习者也时常会对这一结构中的动词使用表现出疑惑：明明"在大街上流浪"和"流浪在大街上"都可以说，为什么只有"在大街上表演"成立，"表演在大街上"却不成立？教师在解答学生的类似疑惑时，需要对目标结构适当做一些句法语义分析，或者跟学习者母语的表达习惯进行比较，这对提高教学效率来说是很有帮助的。

　　本书以学习汉语的英语母语者为习得研究对象，在对比考察汉英空间方位结构表述差异时，用了较多篇幅对汉语空间方位结构各成分的本体研究成果做了梳理。在前人研究成果基础上，我们对汉语相关结构展开了细致的句法语义分析，明确了"在 L VP"和"VP 在 L"两种构式语义的区别，讨论了"在 L VP"和"VP 在 L"两种构式中的动词准入规则，对方位词"上"和"里"的多义范畴使用做了深入的语义分析，揭示了框式结构"在……上／里"中介词和方位词的隐现规则。我们对汉语空间方位结构所做的本体研究，以服务教学为目的，是在教学语法的框架下进行的。本书在将汉语与英语中的空间方位表述做比较时，重点考察了"在 + 处所"构式在英语中的表述，分析了英语介词 in 和 on 的空间义使用情况。我们围绕空间方位结构所做的汉语本体研究和汉英对比研究，为解释习得现象提供了语言事实依据。

　　基于对汉语空间方位结构的句法语义分析，以及汉英空间方位表述的比较，本书相应提出四个研究假设：一是汉英空间方位构式表述的差异性，使英语母语者难以习得汉语两类空间方位构式义。二是英语母语者难以习得汉语空间方位子构式中的动词准入规则。三是义项典型性因素使得英语母语者习得方位词典型空间义易于非典型空间义，汉英空间词在典型空间义上的对应性可能对非典型空间义的习得造成干扰。四是汉语空间方位结构的特有标记性会增加习得难度，使得学习者很难习得方位词"上／里"的隐现规则。为验证这四项假设，我们采用语料库和测试两种研究方法，调查了习得者的理解和产出两类语料。先行开展的语言调查中，我们考察了汉英空间意象和认知的差异，并通过检索汉语母语语料库和中介语语料库，比较了母语者和二语者对汉语方位词习用的同与异。随后以图文匹配、句子合法性等级判断和句子译写三种任务为实验工具，对汉语空间方位结构习得情况开展了实证调查。

　　我们对汉语空间方位结构的习得研究有很多新鲜的发现。首先，英语母语者习用汉语空间方位结构的表现与汉语母语者有显著差异。其次，二语者对"在 L VP"构式义的理解效果好于"VP 在 L"构式义，对"在 L VP"中持续类动作动词的理解判断好于"VP 在 L"中瞬间类动作动词。再次，二语者能习得方位词"上／里"典型空间义，对非典型空间义的习得达不到近似母语者水平。最后，二语者未能习得框式结构"在……上／里"，其二语产出兼顾不到汉语前置介词和后置词共现的使用要求。即使二语者能正确隐去方位词，也不代表其具备类似汉语母语者对参照物名词维度划分的概念表征。在基于语言使用的习得理论框架下，本书分别从输入频率、语言标记、语言加工难度等角度，对这些习得现象逐一进行了分析和解释。

　　书中对二语者实验数据的收集是作者赴英国约克大学访学时完成的。在本研究的探索过程中，香港浸会大学语文中心黄月圆博士提供了无私的指导和帮助，许多师长和朋辈给予过提携指教，在此致以诚挚的谢意。

徐富平

2024 年 3 月 10 日

目　录

第1章　绪论

1.1　研究问题

　　本书集中考察英语母语者习得汉语空间方位结构[①]（Chinese locative constructions）的情况。空间方位结构是汉语中高频使用的表述特定空间关系内动作或状态事件呈现的语法结构，跟多个语言结构成分有着密切联系，包括方位词、介词、参照物名词、动词等；并在此基础上形成多个相互嵌套的结构，如方位短语、介词短语、"在＋处所"行为或状态构式等。汉语空间方位结构的习得问题因此涉及多个句法语义规则，如方位词多语义范畴的使用、框式结构中"在"与方位词的共现、方位词"上/里"的隐现、"在＋处所"子构式的语义差异以及构式动词的准入规则等。儿童母语空间方位结构习得主要受制于学习者的认知能力，而成人二语空间方位结构习得则既受制于目的语本身结构特性，也受到母语表述习惯的影响，更具有复杂性和挑战性。汉语空间方位结构习得涉及语法研究的不同层级：词汇层级如介词、方位词习得；短语层级如框式介词结构习得；句子层级如构式及动词习得。汉语和英语在这三个层级的语言表述上都有明显差异，英语母语者能否习得汉语空间方位结构各个组合成分的语义、句法使用规则值得深入探讨，本书将对相关结构的习得展开系统研究。本书对汉语空间方位结构中所涉及的空间关系类型仅限于平面接触（attachment）

---

　　① 本书使用的"汉语空间方位结构"在概念外延上与"在＋处所"构式有包含关系，"在＋处所"构式含介词"在"，构式中动词是动作动词或状态动词。而"汉语空间方位结构"包括介词"在"的有和无两种情况，"在"省略的情形如"书架上立着几本书"；动词还可以是"是""有"等非动作、状态动词，如"墙上是我的电话号码""桌上有一杯茶"。

和内包含（containment）两种，汉语分别用方位词"上"和"里"表述。本书中习得研究的问题可概括为如下四点：

（1）英语母语者能否习得"在 + 处所（L）+ VP"和"VP 在 L"构式义？

（2）英语母语者能否习得"在 L VP"和"VP 在 L"构式动词准入规则？

（3）英语母语者能否习得方位词"上"和"里"的多个语义范畴？

（4）英语母语者能否习得框式介词结构"在……上/里"的隐现使用规则？

本书所开展的研究遵循基于使用的语言习得理论范式（usage-based approaches），也即使用基础论。这一范式以认知语言学、功能语言学、构式语法等多个语言学理论为基础，秉承相同的语言学理念。比如，语言存在的目的是交际；自然语言都是在语境中使用，受语境因素的影响；语言是后天学会的，不存在先天的语言习得机制等（Tyler，2010）。本书研究以汉英空间方位表述的本体研究和习得研究成果为基础，以语料库调查和语言测试为研究手段，深入探寻英语母语者习得汉语空间方位结构的特点和现状。汉语空间方位结构成分复杂，各结构成分的习得可能呈现出不同的中介语特征，习得过程整体上可能是一个多因素制约促动的状态。因此本书将在基于语言使用的习得理论框架下，根据语法项目的不同，从不同理论角度对习得结果进行分析解释。本书尝试探寻语言本体、习得和教学之间的有益互动，研究结论不仅能为汉语本体研究提供有意义的线索，而且能对汉语教师培训、教材编写以及课堂的有效教学带来新的启示。

1.2　选题缘由

1.2.1　空间认知和语言结构

空间是大千世界最普遍的客观存在，凡物存在必在某处。物体都有大小，都占据着绝对空间的一部分，对事物几何特征的空间认知为全人类所共有。千百年来，人类不断通过空间存在来探索世界了解自己，空间范畴问题一直是哲学和自然科学领域十分重视的研究领域。空间范畴可分为自然空间（又叫物理空间）和社会空间。自然空间是自然科学系统中运用物理学、几何学语言所描述的理想空间，不受外物的影响，具有自身静止、无限、恒定不变的特征。社会空间具有人的主体参与性，是人类在观察认识客观世界的过程中对事物的属性及其事物之间相互关系进行概念化（conceptualization）和范畴化（categorization）的结果（张克定，2008）。一般意义上的空间就是我们人类对周围世界的观察体验认识所感知到的空间。Levinson（2003：10 – 11）提出，人对空间的观察认识和感知通常具有的特点是：人类的空间思维本质上总是相对的，而非绝对的；人类的空间思维从根本上讲是以自我为中心的；人类的空间思维带有明显的人的属性。

从古希腊哲学家亚里士多德作为第一人系统探讨空间方面的哲学问题开始，人们对空间范畴表达的研究和探讨一直未中止过，所有人类语言都有自己关于空间范畴表达的语言经验。与古希腊人的空间经验不同，现代人的空间概念更侧重背景特征和几何化特征（吴国盛，2010：引言）。对空间范畴表达进行描写最常用的方法是应用参照系，这被认为是能够反映出人类对空间思维最本质和最深层理解的方式之一（吴平，2005）。空间参照系源自心理学的格式塔理论（Gestalt Theories）。Levinson（2003）经过调查，认定所有语言采用的空间参照框架限于三种：内在参照框架（intrinsic frame of reference）、相对参照框架（relative frame of reference）和绝对参照框架（absolute frame of reference）三种。人类语言至少会倾向于采用其中一种参照框架，比如澳大利亚土著语中的依密舍语（Guugu Yimithirr）只选择绝对参照框架；荷兰语和日语既选择内在参照系又选择相对参照框架；玛雅语中的泽尔塔语会选择内在参照框架和绝对参照框架。还有的语言会选择三种参照框架，如玛雅语中的 Yucatee 语和非洲班图语中的 Kgalagadi 语（齐振海，2008：30）。不同语言采用不同参照框架导致在深层的空间认知方式上的不同，进而影响到语言使用者在其他认知方面的不同模式，这说明语言能够促进人的思维形成与发展。Levinson（2003：22）指出，语言所表现的实际上有两种基本功能，在外部表现为人类交际的工具，在内部则直接影响到人类的认知方式。

　　关于人类语言和空间认知之间关系论述得最为精辟的是语言相对论（Linguistic Relativity）。语言相对论是语言研究领域，尤其是阐释语言与文化、思维之间关系的著名理论，又称萨丕尔－沃尔夫假说（Sapir-Whorf Hypothesis）。这一理论的核心概念是：文化通过语言影响我们的思维方式，特别是影响我们对经验世界的分类（Gumperz & Levinson，1996）。沃尔夫（Whorf，1956）强调儿童在语义范畴的学习过程中，其实也习得一种世界观（转引自 Bowerman & Choi，2001）。语言相对论一度受到质疑和冷落，后来随着心理语言学和认知科学发展，这一理论逐渐显现出价值，不断受到各方语言调查研究的印证和支持。空间范畴是语言研究的一个重要领域，其中有不少研究对语言和思维的关系展开了探索。Gumperz 和 Levinson（1996）提出空间域上的语际差异对空间推理任务中的范畴格式和排布有着显著影响。Levinson（1996）及他的同事对语言样式和空间推理之间的关系进行了跨语言研究，其最终的结论是语言样式与空间推理策略以惊人方式发生共变，表明了两者之间存在因果关系。Pederson 等人（1998）针对分别使用绝对、相对和混合参照框架语言的受试开展了非语言实验活动，考察受试对物体空间排列、位移轨迹的记忆以及空间方位的推理。实验结果表明，受试在完成相同的实验任务时运用了不同的非语言参照框架，而这些非语言参照框架同受试的语言参照框架是一致的。

　　语言研究在不同发展阶段形成了不同流派，他们对空间范畴的关注度各有不同。空间范畴不是以 Saussure 为代表的结构主义语言学的研究重点，这一语言学流派注重作为完整符号系统的语言和个体语言行为的言语之间的区分，侧重研究语音和意义之间的关系网络。对于语言，他们认为个体只是使用它但不能改变它。以 Chomsky 为代表的生成学派探究语言从深层到表层的转换生成的过程，认为语言结构形式受来自语言底层的一套约束机制的支配，语言是人类共有的生物禀赋。空间范畴不是其关注重点。从20 世纪 70 年代开始，人们逐渐从认知视角来研究空间表述。Jackendoff 发展的以空间概念和认知为基础的概念语义学，虽然非常重视空间概念的研究，认为空间概念是人类认识世界的基础，语言作为认知载体是对客观世界的投射反映，但其空间概念结构是基于类似于普遍语法机制的内在结构，跟人类的身体经验没有任何关联。而 Lakoff 等人创立的认知语言学派以体验哲学为基础，以人类对世界的经验以及人类对世界的感知所形成的方法、策略作为基础和依据来研究语言。认知语言学以身体经验为基础来研究人类的空间心智和认知，兼具经验主义和理性主义的成分，这使得认知语言学理论框架对后来空间范畴问题的研究影响巨大。

1.2.2 空间范畴表述的语际多样性

人类认识世界的过程，就是一个从事物到概念再到词语的过程，人类在认识世界的过程中，往往是先观察事物，后形成概念，再诉诸语言以实现与他人交流的目的（McInerny，2004：9 - 12）。对空间范畴的认知虽为人类所共有，但在语言表达上极具民族性。人类拥有相同的感知器官，拥有相同的推理、分类和记忆能力，但不同言语社团感受认知空间的过程和方式不尽相同。使用不同语言的人们会从不同视角来观察同样的空间结构，选择不同的参照物确定物体间的方位关系，凸显空间关系的不同方面。不同语言在空间表达上是不均衡的，各语言的空间概念系统和空间结构概念化方式是有差异的。Bowerman（1996）曾指出，不同语言以不同方式建构空间。Feist 和 Gentner（1998）提出不同语言在使用词语来映射现实世界时有明显差异。崔希亮（2002）提到不同语言采用不同手段来表达空间方位，比如英语采用介词来标引空间方位，汉语采用介词加方位词来标引空间方位，日语采用格助词来标引空间方位，俄语是用介词加名词的屈折变化来标引空间方位，芬兰语是用名词加方位词尾来标引空间方位。崔文认为在空间概念编码手段上的这种语际差异具有类型学的意义。

空间范畴表达的语言多样性还表现在空间语义范畴划分上的用词差异。不同语言在切分内包含和平面接触这两种基本拓扑空间关系时，所使用的词语是不同的。如图 1 所示，英语用 in 和 on；西班牙语只用一个 en；对应于英语空间介词 on 的空间语义范畴，荷兰语要用 op、aan、om 三个介词来使语义具体化。芬兰语分得更细，对应于 "the handle is on the door" "the apple is in the bowl" 中的 on、in，用带尾缀 "-ssa" 的方位词格表示；对应于 "the jug is on the table" 中的 on，用带尾缀 "-lla" 的近处词格表示。又比如英语区分支撑（support）和包含（containment）两种拓扑空间关系，韩语不区分，只区分两个物体间的切合度是紧（tight fit）还是松（loose fit）。Bowerman 和 Pedenson（1992）调查了 25 个语族所使用的 38

种语言中对包含（containment）、支撑（support）、环绕（encirclement）、附着（attachment）、支持（adhesion）和悬挂（hanging）六种空间关系的描述，发现没有一种语言为这六种情形都分别提供空间词，而是使用不同的词语对这些空间范畴作不同跨度上的言语标识。

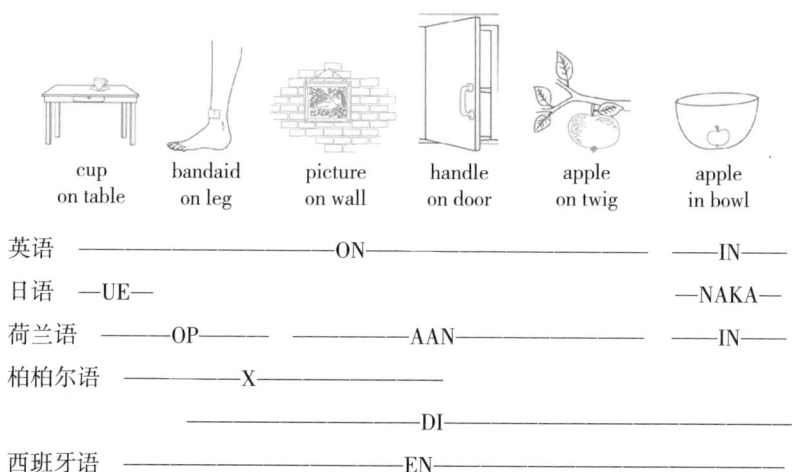

图 1　语言静态空间范畴的跨语言差异（转引自 Bowerman & Choi，2001：485）

可见，虽然人类在察觉空间关系的能力上差别不大，但不同语言的空间编码方式手段却很少相同（Sinha，et al.，1994；Bowerman，1996；Levinson，1996）。即使我们人类在空间信息的接收和感知上享有共同的基本空间元素，面对的空间关系也都是客观的，但人类对空间关系的认识都呈现出认知主体性，在语言表述时也带有一定的主观经验性，自然会形成不同语言在空间语义范畴和空间关系叙述上的差异。不同语言空间范畴表述上的不对应性，很可能对二语空间方位关系习得构成一定的挑战。

1.2.3　汉英空间关系表述差异及可能对习得的影响

汉语和英语在空间关系的表述上存在共性。以对平面接触和内包含空间关系的语言表述来说，汉语中使用的后置方位词"上"和"里①"在一定程度上分别与英语中使用的介词 on 和 in 有语义对应关系（沈家煊，1999：49；武和平、魏行，2007；储泽祥，2010：30）。在图 1 所展示的包含、支撑、环绕、附着、支持和悬挂六种空间关系上，汉语用"上"则英语用 on，汉语用"里"则英语用 in。但汉英在空间关系表述上的差异更明显，比如空间词的语义范畴和空间事件表述的语言结构形式两个方面。

首先是汉英空间词的语义范畴划分并不完全重合。以表述平面接触关系的"上/on"和内包含关系的"里/in"为例，英语中 in 的空间语义范畴大于 on，涵盖了 on 的一部分语义，而汉语中"上"的空间语义范畴大于"里"，也涵盖了"里"的一部分语义（武和平、魏行，2007；马书红，2008）。二语习得者在空间词义项习得过程中，因为借助母语二语空间词的对应关系，将"上"的语义等同于 on，或是将"里"的语义等同于 in，导致在二语产出时，会出现"桌上有一本书""车上坐满了乘客"等正确用法和"树里有一只鸟""衬衣里有一个洞"等错误用法共存的情况。

汉英在空间关系表述的语言结构形式上也存在明显差异。英语空间关系的表述采用的是"前置介词 + NP"的形式，如 in the room、on the table。汉语除了有前置介词，还需有后置方位词，前置介词和后置方位词所构成的框式结构共同形成空间标记，如"在桌子上""在抽屉里"。如沈家煊（1984）所说，英语中空间关系的表达形式属于融合式，汉语的表达形式属于分析式。而且，英语空间介词如 in/on 在句法语义上是必须强制出现的；汉语空间标记"在……方位词"这一框式介词结构中"在"多数情况下要求出现，而方位词则受参照物名词的语义驱动分为隐、现或隐现两可三种情形。再者，汉语中语序是用来区分不同语法意义的常用手段，如"猴子在马背上跳"和"猴子跳在马背上"，语序上的差异直接体现出语义上迥然不同的空间事件。而英语中相对应的语法意义则可能依赖时态标记和介词来区分，如上面两个句子英语可分别表述为"The monkey is

---

① 汉语表述内空间包含关系的后置方位词有"内、中、里"三个，本书只考察"里"。原因在于方位词"内、中"与"里"语义上虽然有交叠，但"内"常用于书面语，出现频率相当低（罗日新，1987）；"中"倾向用于集合性、抽象性事物或是活动和状态（邢福义，1996）。汉语中其他词如"上边、上面、里边、里面"也表内包含和平面接触关系，但可以用作名词，如"上边宽，下边窄"，与单纯的后置方位词有所不同，因此也不在本书考察范围之内。

jumping on the horse's back. "和"The monkey jumped/leaped onto the horse's back. "。汉英空间关系表述的这些差异，是否会成为二语习得的难点所在，是我们需要重点关注并加以考察的。

1.3　术语界定

本书所使用的术语"汉语空间方位结构"是指一定时空域内的事件结构，汉语语法界分别使用"结构"（齐沪扬，1994；岳方遂，1995）、"句式"（朱德熙，1981；林齐倩，2006）或"格式"（范继淹，1982；储泽祥，1998）等术语称述过。与"在 + 处所"结构这一概念表述不同的是，"在 + 处所"结构显然只适于介词"在"出现的事件；而本书中的事件结构包含介词"在"隐与现两种情况。前一种情况如"桌上有一本书"这样的存现句式，动词为存现动词；后一种情况如"他在院子里种花"这样的动作或状态事件，动词为动作动词或状态动词。为区别于含有存现动词且"在"可隐可现的存现句式，我们把"在 + 处所"短语与动作动词或状态动词组合形成的空间方位结构称为空间方位构式①，作为空间方位结构的一个下层范畴。

我们所使用的"汉语空间方位构式"在有的文献中称为"在 + 处所"构式（Sun，2008；张国宪，2009，2010；唐依力，2012；雍茜，2012；黄健秦，2013；梁子超、金晓艳，2020）。汉语"在 + 处所"出现在动词前称为动前构式，即构式"在 L VP"，如"小猴子在马背上跳"；出现在动词后称为动后构式，即构式"VP 在 L"，如"小猴子跳在马背上"。"在 L VP"和"VP 在 L"作为"在 + 处所"构式的子构式，各有独立于组成成

---

① 语言学界对构式的界定有一定分歧。传统意义上的"构式（construction）"更多是指句法层面的结构，而构式语法理论目前的发展存在将构式界定无限扩大的趋势，认为作为语言分析的基本单位，构式可以囊括语言结构的各个层面：从音义最小结合体的"象征单位"到句子，都可以称为构式。具体的对构式的概念分析与讨论可参见王寅（2011：17 - 52）。我们这里讨论的仅指句法层面的结构。

分的整体意义（具体分析见 2.2.1），这满足 Goldberg（1995）对"构式①"的定义要求。

　　汉语空间方位结构内部层次分明，含有多个次分结构。其中"名词短语（NP）+ 方位词（locative particle）"依照张斌（2010：713）的说法称为处所短语，处所短语若由介词"在"引导则构成介词短语（PP）。处所短语中的 NP 分普通事物名词和处所名词两种：NP 为普通事物名词时，需要出现方位词，如"桌子上"；NP 为处所名词时，方位词可以隐去，如"在教室里"，也说"在教室"。介词"在"与方位词共现时构成框式介词（circumposition）（崔希亮，2001；刘丹青，2002），其中"在"是前置词（preposition），方位词为后置词（postposition）。框式介词是邵敬敏（2008）所提的由前后有两个不连贯的词语相互照应形成的"框架式结构"中的一种。框式介词作为一种句法现象，体现了汉语在语言类型上的特点。

1.4　本书的组织结构

　　本书对汉语空间方位结构展开了从整体到组成部分的系统研究，兼顾本体研究与习得研究两个方面。汉语空间方位结构是一个相对抽象的语法单位，而语言的使用离不开具体的语境，汉语空间方位结构进入具体的语言使用环境，必然会受到各种具体的语言使用规则的制约。因此，对这一结构在具体语言使用中的句法语义特征分析也就自然分解为具体语境中的构式问题、构式中的动词准入问题、方位词"上"和"里"的空间语义范畴问题以及其介词"在"和方位词"上/里"在所组成框式介词结构中的隐现问题。汉语空间方位结构这一概念与我们所研究的"在 L VP"和"VP 在 L"构式问题、构式中动词准入问题、方位词"上/里"的空间语义范畴问题、介词"在"与方位词"上/里"同框隐现等问题不仅有整体与部分的关联，更体现出抽象语言单位与具体使用规则之间的联系。而方

---

　　① 按照 Goldberg（1995）的观点，"构式"是一个形式和意义的对应体，而无论形式或意义的某些特征，都不能完全从这个构式的组成成分或另外的先前已有的构式推知。句式有其自身独立于组成成分的整体意义，这个整体意义是无法从组成成分或另外的先前已有句式推导出来的，是"整体大于部分之和"。

位构式、动词、方位词语义范畴以及框式介词结构这四个具体语言使用单位之间也是互相依托、互相渗透、互相关联的。动词的准入规则离不开具体构式的选择，动词类别受构式义的制约；参照物名词与方位词构成的方位短语与动词一起构成构式的主体，具体语境中参照物名词对方位词空间语义范畴的选择，体现了语言使用者对参照物空间维度划分的特征。而"在"和"上/里"的同框隐现规则也同样受语言使用者空间维度划分认知的制约。因此，本书中四个语言使用单位有机组合成一个整体，由"空间方位结构"这一核心概念来作统筹表述。本书的组织结构便是围绕这一核心概念，对各个具体使用单位逐步开展句法语义分析以及习得调查分析。具体结构安排如下：

第一章为绪论。概述选题缘由，提出研究问题，界定相关术语。

第二章回顾汉英空间方位结构的语法本体研究。通过对汉语、英语空间词的句法语义分析，揭示汉语空间方位表述的结构特点以及与英语相关表述的差异性，并提出对习得研究的启示。

第三章回顾现有空间方位结构母语习得和二语习得研究成果。内容包括空间介词的母语、二语习得研究，以及方位构式的二语习得研究，为本书所开展的实证研究提供现实依据。

第四章提出本书的理论基础和研究假设。分析了与空间方位结构成分习得研究相关的语言学理论和基于语言使用的习得理论，在此基础上提出研究假设。

第五章报告两个先行调查和结果。先行调查包括汉、英语母语语料库和汉语中介语语料库检索，还做了汉、英语母语者的空间意象测试。

第六章是主体测试部分。针对"在 + 处所"行为构式义、"在 + 处所"行为构式中的动词准入规则、方位词"上/里"空间语义范畴、框式介词"在……上/里"隐现规则四个习得项目开展实证调查。对测试数据结果展开分析和讨论。

第七章是结论。总结本书的发现和创新之处，对未来研究提出展望。

第 2 章　汉英空间方位结构表述差异

2.1　引言

　　语言是人类与周围世界互动的产物，语言的空间结构本质上是一种认知结构。对于每一个物理空间，语言空间系统都赋予其一个固定的结构形式，在这个结构形式中，只有部分观念得以表征，造成语言的空间结构与物理空间的结构并不完全一致（文旭、匡芳涛，2004）。不同的语言社团在空间范畴的内容上存在着相似之处，但各语言的空间概念系统之间可能存在差异，不同言语社团即使在观察同样的空间结构时也可能会采用不同的视角，在确定两个物体间的位置关系时，会凸显同一个空间关系的不同方面（马书红，2007）。不同语言间空间概念系统差异主要表现在：①对空间关系划分的精细程度不同；②选择不同的语义成员作为空间范畴的核心成员；③空间范畴包含的语义成员的数量不等；④采用不同的语言形式来表示同类概念；⑤一些语言中的普遍概念可能是某些其他语言所没有的；⑥选择不同层次的视角来观察和确定两个物体的空间关系（马书红，2008）。持语言相对论观点的学者认为，一种语言的结构会影响使用者的习惯性思维，语言范畴一旦组成连贯的系统，就有可能左右一个人的世界观。由此，我们就可以理解为什么不同语言对相同空间关系会采用不同的语言结构形式进行表述。

　　语言是人类空间认知域中的有机组成部分，对空间概念化具有指导作用（Choi & Hattrup，2012）。人们通过观察事物与事物在空间上的联系，而后建立了关于事物间空间关系的概念，然后运用相应的语言手段来加以表达，形成了诸如空间方位构式这样的语言结构。Goldberg 认为，构式是语言中的基本单位，是形式和意义或功能的配对体，而且形式或意义的某些方面不能从其构成成分中得到完全预测，也不能从其他先前已有的构式中得到完全预测。张克定（2013）指出，空间关系构式可以定义为表示两个或两个以上事物在空间中的相互关系的语言表达式，即表达两个或两个以上事物空间关系的形义配对体或象征结构。人们在表达事物之间的不同空间关系时，往往会使用不同类型的空间关系构式。这些构式包括空间方位关系构式（spatial relation constructions of location）、空间移动关系构式（spatial relation constructions of motion）和存现性空间关系构式（spatial relation constructions of existence or appearance）等。本书所研究的汉语空间方位关系构式，仅限以框式介词"在……方位词"作为空间标记的构式。而像前置词"在"缺省的存现类空间关系构式，本书还是称为空间方位结构。

　　英语和汉语在空间方位表述上的差异比较明显。拿结构形式来说，英语中的空间标记只是前置介词，汉语则使用"介词……方位词"的框式介词结构（崔希亮，2001；刘丹青，2002）。英语中空间关系的表达是一步到位，比如用介词"in"指出目标物和参照物之间的关系，如"The book is in the box."；而汉语在表达空间概念时会采用二步法，先用"在"指明一般的空间关系，然后采用目标物和参照物之间存在的"整体—部分"的逻辑联系来进一步详细说明这种空间关系，如"书在箱子里"（张辉，1998）。在空间关系的表达中，英语介词能表具体的位置和维向，而汉语介词只表空间范围，不表具体位置和维向（储泽祥，2004）。英语空间介词从表意功能上可以说是前置介词与方位词（后置介词）的联合，这种介词用法也被视为印欧语与汉语的类型差别（储泽祥，2010：30）。句式上，英语中表达空间关系时介词通常必不可少，如"There is a table in the room."。而汉语在表达空间关系时，用的是"（在）+ NP +（方位词）"结构，介词和方位词并不要求强制性出现，甚至在专有地名后面方位词必须隐去。因此，汉语"在 + 处所"短语中介词和方位词的使用呈现出多种组合样式，如：

［1］在 + NP + 方位词：<u>在他的提箱里</u>，警察找到了一把刀。
［2］NP + 方位词：　　　<u>他的提箱里</u>有一把刀。

［3］在 + NP：　　　在香港，他们不用交购物税。

［4］NP：　　　　　香港有 7 百多万人口。

英语和汉语在空间方位表述上的差异在一定程度上会影响两种语言使用者的空间认知方式，也可能会影响他们习得二语中的空间方位的结构表述。因此在开展习得研究之前，我们有必要先对汉英空间方位的各自表述展开具体分析。但汉、英语在空间方位构式的表述上并不存在完全的对应性，若按照英语本体研究中对方位构式和相关成分的界定来分析汉语，难免会因为照顾不到汉语本身实际情况而产生削足适履的问题。因为我们对汉英空间方位表述进行的是有条件、有限制的对比分析，我们的对比条件是，仅选择对应于汉语"在 + 处所"构式两个子构式"在 L VP"和"VP 在 L"及其相关成分在英语中的表述。因此我们的分析内容包括汉语"在 + 处所"子构式义以及构式中动词的语义分析、汉语空间介词和方位词的语义分析、汉语方位词的隐现机制。英语相应部分的分析包括方位构式的结构和功能分析、空间介词语义分析等。"在 + 处所"构式中的介词我们只涉及"在"，方位词只选择"里"和"上"。这是因为"在……里（li）"和"在……上（shang）"所表达的内包含和平面接触两种空间关系被认为是最基本的拓扑性质的空间关系（Bowerman & Choi，2001），这两种空间关系都不会随着观察者的视角的变化而变化。"里"和"上"是儿童最早习得的两个方位词（张璟光等，1987；李向农等，1992；孔令达、王祥荣，2002），也是使用频率最高的两个方位词（吴之瀚，1965；肖奚强，2008；付宁，2009）；对于这两种关系的表达，英语中主要分别以介词 in 和 on 相对应①。

①　在表里外关系时，汉语以"里"为主，另有"内、中、里面、里边"，但都属于三维空间的维度表达。而英语中更为系统地将参照物按照维度来表达，对应于"家里没有人"，英语不是用 in，而是用 at，这是因为汉语把家看作"域"或"体"，英语把家看作"点"。汉英两种语言把同一事物看作不同的维度体现出不同民族在空间概念和心理表征上的差异。

2.2　汉语空间方位结构及其成分

汉语空间方位结构是表述动作发生或状态呈现以及动作参与者达到某一处所的句法结构。这一结构在句法上是动态的，处所短语可以位于动词前，也可位于动词后。当"在+处所"位于动词前和动词后时，分别构成动前构式"在 L VP"和动后构式"VP 在 L"。"在+处所"构式一度是学界研究的热点（张国宪，2009，2010；唐依力，2012；黄健秦，2013；梁子超、金晓艳，2020）。齐沪扬（1998b，1999）指出进入"在+处所"构式的动词包括动作动词（如"在黑板上写字""风刮在脸上"）和状态动词（如"他在广州住""一幅画挂在墙上"）。空间方位结构涉及众多的语法成分，包括空间介词、处所词或事物名词、方位词和动词。汉语空间介词中，"在"的使用率远远超过其他介词，是单音节介词中使用最高的（崔希亮，2005），而方位词"上""里"是众多方位词中使用率最高的。本书所开展习得调查的汉语空间方位结构是框式介词"在……上""在……里"与名词性成分（NP）组成介词短语"在 L（L 表处所）"后，再与动词性成分（VP）组合，表述一定空间内动作发生或状态呈现以及动作参与者到达某一处所的动态句法结构，形式上分构式"在 L VP"和"VP 在 L"。我们这里只分析动作事件方位构式，也就是"在+处所"行为构式，暂不涉及状态事件方位构式。我们所讨论的"在 L VP"和"VP 在 L"构式中 VP 都只限于单纯动词或动宾结构，不包括述补结构，不包括"把"字句中的"VP 在 L"构式。正如张赪（1997）指出的，VP 的句法成分决定了一部分"在 L"的位置，一旦 VP 的构成复杂，语义对"在 L"在 VP 中位置的制约作用就消失了。当 VP 复杂化后，"在 L"大多只出现在 VP 前，只能有条件地出现在 VP 后。

目前对汉语空间范畴研究的专著或合集有储泽祥（2003，2010）、齐沪扬（1998c，2014）、Xu（2008）、郭熙煌（2012）等人的研究成果。在语法著作中设专章对空间方位词或空间短语进行阐述的有张敏（1998）、刘月华等（2001）和张斌（2010）等。研讨汉语空间系统的单篇研究文献主要来自廖秋忠（1983，1989）、方经民（1987，1999，2000，2002，

2004a，2004b，2004c）、储泽祥（1996，1998，2004，2010）、齐沪扬（1994，1998a，1998b）、刘宁生（1994，1995）和崔希亮（2000，2001，2002）、俞咏梅（1993，1999）、张国宪（2009，2010）等学者。20 世纪 80 年代前对汉语中空间范畴的研究大多属于描写语法，之后廖秋忠（1983）、刘宁生（1994）、张国宪（2009）和朱晓军（2008）都尝试从认知角度来讨论汉语空间和时间表达。方经民（1987，1999）和齐沪扬（1994，1998c）则构建了现代汉语空间位置系统的理论框架，将对空间范畴的研究引入动态的语用、认知、功能研究的平面，尝试对空间关系的句法语义表述作出解释。我们的研究将建立在这些先贤的研究成果基础之上。下面我们将对汉语空间方位结构中各成分展开语义句法分析，为习得研究提供语法本体上的依据。

在现代汉语中，"在 + 处所"短语有句首、动词前和动词后三处不同句位，而"在 + 处所（L）"短语在动词前和动词后的两种形式，即"在 L VP"和"VP 在 L"，在学界有相对较多的讨论。汉语学界把这种以动词为镜像的表处所义的结构视为不同的构式（刘丹青，2002；张国宪，2009），是因为"在 L VP"和"VP 在 L"无论是语法意义还是语法功能都具有对立性，满足构式作为形式和意义结合体的定义条件。至于"在 L VP"和"VP 在 L"之间是否有衍生关系，学界有争议。Chen（1978）认为，动词类型和"在 L"位置的相关性，可以证明"在 L VP"和"VP 在 L"来自相同的底层结构。Tai（1975）认为现代汉语的动词前处所状语是从动词后的位置转变到动词前来的。何乐士（1992）认为表处所的"在 N"是从动词后面移到动词前面的。也有否认"VP 在 L"与"在 L VP"之间存有这种迁移流变关系的。徐丹（1992）认为"VP 在 L"与"在 L VP"虽在语意上有联系，但从历时语法上看联系并不密切。石毓智（2001）认为"在 + 处所 + 动词"不存在位置的迁移，而是新出现的具有同样功能的谓语前介词替代旧有的谓语后介词的结果。张国宪（2009）引用方言中动词前和动词后两个位置上的"在"都使用不同形式且不能互换作为佐证，来说明"在 + 处所"句法位波动所引发的构式意义的差异与不同句法位上的"在"相关。张文还进一步推论，如果动词前后两个位置上的"在"不具有同一性或衍生关系的话，那么"在 L VP"和"VP 在 L"具有衍生关系以及"在 L"的前移导致"在 L VP"诞生的说法就有必要重新考量。

2.2.1 两类空间方位构式的语义分析

从构式语法的角度来看，构式是语言习得的基本单位，也是语言形式和意义之间一对一的映射（form-meaning pairing），形式不同，意义便不同。Goldberg（1995）曾就构式的句法语义关系提出"无同义原则"：如果两个构式在句法形式上不同，它们在语义或语用上必定不同义。"在 L VP"和"VP 在 L"的语义焦点不同，"在 L VP"构式的语义焦点在 VP，L 只是背景，是修饰性成分，即使略去，不影响对语义的理解。而"VP 在 L"的语义焦点在 L，没有 L 的补足，整个构式语义上难以自足。汉语学界普遍认同构式"在 L VP"和"VP 在 L"在语义上的区别，即前者中的"L"表示动作发生或状态呈现的处所，后者中的"L"表示动作的施事或受事因动作的结果达到的处所或状态呈现的处所；前者强调的是具体动作动态，后者强调的是动作动态的结果（王还，1957，1980；朱德熙，1981；Tai，1981；范继淹，1982；邵敬敏，1982；俞咏梅，1993，1999）。张国宪（2009，2010）从体验的角度描述了认知主体在选择"在 L VP"和"VP 在 L"句法构造时的心智经历（mental experience），认为"在 L VP"和"VP 在 L"是共时并存的两个不同的语法构式，各自映射着不同的事件模型：典型性"在 L VP"构式倾向于与动作事件相对应，而典型性"VP 在 L"构式更倾向于与状态达成事件相对应。

但学者们在对两种构式的讨论上存在多种分歧。比如在"处所 L"的语义指向上，王还（1957，1980）认为，"在 L VP"中"L"语义上指向谓语，而"VP 在 L"中"L"语义上指向主语或宾语。范继淹（1982）则认为，"在 L VP"中"L"语义上指向谓语，"VP 在 L"中"L"语义上也指向谓语。朱德熙（1981）和邵敬敏（1982）认为"在 L VP"这一构式底下包含了两种句型。第一种句型如"在黑板上写字"，"在 + 处所"表示动作参与者通过动作获得使它达到某种位置的结果，可以转换为"字写在黑板上"；第二种句型如"在汽车上看书"，他们都认为此句型中"L"是指动作发生的场所，不能转换成"VP 在 L"句型。他们因此认为"在 L VP"这一结构具有多义性。但 Tai（1975）、范继淹（1982）认为一种结构底下细分为不同类型，本身是缺乏概括性的表现，相同的语法结构被看作两种句式，会增加外国学生学汉语的难度。他们主张"在 L VP"只有一种语法意义，其中的"L"就是"确指动作发生的处所"，对于动作参加者所在的位置并无确指。王还（1957，1980）和 Tai（1975）认为，"VP 在 L"表示动作的施事或受事因动作的结果达到什么地点，"L"是指动作参与者的处所，这一观点强调的是动词与论元的关系。范继淹（1982）则认为"VP 在 L"中"L"确指动作达到的处所，其强调的是处所补语与动词的关系，没有涉及动作参与者的所在位置。

　　学界在对"在 L VP"和"VP 在 L"中"在 L"进行语法意义或语义功能分析①时，都较注重其与 VP 间的关联。俞咏梅（1993）分别从施动句和状态句角度对这两种构式进行了语义功能分析，认为施动句中 V 为不及物动词时，"在 L"在语义功能上有［处所］、［方向］的对立，"在 L VP"中"在 L"表处所，"VP 在 L"中"在 L"表方向的终点。施动句中 V 为及物动词时，"在 L"的语义特征则分指向施事和受事两种情况，指向施事时只有"在 L VP"一种结构，"在 L"的语义特征表示［处所］，如"在教室里写字"。指向受事时，"在 L VP"中"在 L"具有［方向］的语义特征，分［取离点］（在墙上起钉子）、［附着点］（在领子上绣花）、［原点］（在箱子里翻衣服）三种；"VP 在 L"中"在 L"也只具有［方向］的语义特征，表附着点（把画挂在卧室里）。状态句中，"在 L"只有［处所］一种语义特征。俞咏梅（1999）进一步指出在施动句中，表［起点］和［原点］义的"在 + 处所"，只有"在 L VP"一种语序；而表［终点］义的"在 + 处所"，可以有"在 L VP"和"VP 在 L"两种语序。齐沪扬（1994）具体分析了不及物句和及物句两种句式中"在 + 处所"的语义指向和表意功能问题，认为不及物句"在 L V 着"可分别表静态存在和动态存在两种空间意义，"一幅画在墙上挂着"中"在 L"表示事物存在的处所，而"一群人在路上走着"中"在 L"表示事物运动的处所；前者可以转换为"一幅画挂在墙上"，后者却不能转换成"一群人走在路上"。沈家煊（1999）也从及物动词和不及物动词角度分析了这两种结构对动词的语义限制，认为"动作达到的处所"对不及物动词句也许适用，

---

　　① 语法意义分析不仅涉及"在 L"与动词的关系，也涉及与论元的关系，而语义功能分析更强调"在 L"与论元也即动作参与者的关系问题。

但对及物动词句不适用。齐沪扬（1998b，1999）把这两种构式分成状态"在"字句和动作"在"字句，认为动作"在"字句必须有两个动作参与者，动作"在"字句语义上有非状态性、非移动性、非持续性。状态"在"字句中动作参与者只有一个，语义上表已然和方然，表状态的持续。

在汉语学界，已有研究倾向于将"在 + 处所"构式进一步细分为行为构式和状态构式（张国宪，2010；唐依力，2012），行为构式是指呈动态性的动作事件，状态构式则指呈静态的状态事件。具体有以下四类：

行为构式"在 L VP"：表动作正在发生，"L"表示动作正在发生的处所；

行为构式"VP 在 L"：表动作瞬间完成并使施事或受事达至某处，"L"表示动作的施事或受事因动作而达到的处所；

状态构式"在 L VP"：表状态的持续，"L"表示状态持续的处所；

状态构式"VP 在 L"：表状态的呈现，"L"表示状态呈现的处所。

表 1　"在 + 处所"行为构式和状态构式

	动前构式"在 L VP"		动后构式"VP 在 L"	
构式类型	行为构式	状态构式	行为构式	状态构式
形式	在 L VP 动	在 L VP 状	VP 动 在 L	VP 状 在 L
意义	动作正在某处发生，未发生位移	状态在某处持续，未发生位移	动作达至某处，发生位移	状态呈现在某处，未发生位移
例句	他在图书馆看书。	小狗在地上躺着。	小猴跳在马背上。	猴儿正泡在水里。

如表 1 所示，行为构式"在 L VP"和"VP 在 L"的区别在于，前者强调了动作的持续发生，如"他在图书馆看书"，动作并未导致位移产生；后者强调了动作的非持续性，如"小猴跳在马背上"，动作导致了位移产生。在形式上，行为构式"在 L VP"中动词带"着"标记较为常见，而行为构式"VP 在 L"中并不出现"着"标记。状态构式"在 L VP"和"VP 在 L"在语义上都表示状态的呈现，因此相同动词可以在两种格式间进行转换，形式上的差异在于状态构式"在 L VP"中动词带上状态标记"着"较为常见，而状态构式"VP 在 L"中并不出现"着"标记。因此无

论是动作还是状态构式，动前构式"在 L VP"中构式与事件倾向于有标记配对，而动后构式"VP 在 L"中构式与事件是无标记配对。

2.2.2　两类空间方位构式语义区分的动因解释

在认知语言学框架内，学者们从不同角度对汉语"在 L VP"和"VP 在 L"构式的语义差别和语序作出了解释，其一，"时间像似性原则"（the principle of temporal sequence，PTS）的运用。戴浩一（1988）用"时间像似性原则"来解释汉语两种空间方位构式的语序问题，他提出"在 L VP"倾向于理解为事件发生的处所，"VP 在 L"理解为物体运动达到的处所，即事件发生的顺序跟语序相对应。比如说"他在厨房里做饭"中"在厨房里"时间上要先于"做饭"这一动作，而"他掉在水里"中"他掉"这一动作时间上要先于而且终于"在水里"。俞咏梅（1999）以"小猴在马背上跳"为例，分析认为前置"在 L"与后置"在 L"两种语序具有表达动词时态（aspect）的作用。前置"在 L"属预期［终点］，表示说话者一种预期的动作方向（小猴在马背上跳），不是已然的，表达了预期的、进行的语法特征；后置"在 L"是已然［终点］，与动词有继时性关系（小猴跳在马背上），表达了［终点］相对于动作和受事具有一种已然的附着结果，和动词的完成体相关。但俞文同时认为 PTS 原则并非在各种不同的句型中都有普遍制约作用，在状态句中，PTS 原则对"在 + 处所"的语序就没有什么意义。我们认为，PTS 原则对于类似"病人在手术台上死了"和"病人死在手术台上"这样的状态句解释力不强，很大程度上是因为状态句倾向于静态表征，与前文提到的"典型性'在 L VP'构式倾向于与动作事件相对应"的模型特征不符，PTS 原则在解释"在 L VP"和"VP 在 L"行为构式差异时是有说服力的。

其二，"在 L VP"和"VP 在 L"构式的语义区分可得到图式理论的支撑。崔希亮（2001，2004）借助图式理论从认知上对两种构式的语义进行区分。崔文认为"在 L VP"是容器图式（container schema），比如"在石板上跳"的"石板上"是一个容器；而"VP 在 L"是路径图式（path schema），比如"跳在石板上"的"石板上"是一个位移的终点。容器图式凸显的是活动事件的场所，路径图式凸显的是移动元、路径和终点。容器图式报道的是事件发生的场所，这个场所是有边界的，相当于一个容器，活动事件的一部分在这个容器中进行。比如"在马背上跳"，"马背上"是"跳"这个事件的活动场所，活动的主体也在这个"容器"内。"在锅里煮"的"锅里"是事件的活动场所，但是活动的主体——施事不在这个"容器"内；而是事件活动的一部分在这个"容器"内。而路径图式报道的是事件移动元位移的终点，与此相伴随的是移动元位移的路径。"跳在马背上"的"马背上"、"煮在锅里"的"锅里"，都是移动元位移的终点，尽管移动元并未出现，但是我们可以根据完形机制把它位移的路径补充出来："跳在马背上"的移动元是施事性的，"煮在锅里"的移动元是受事性的。

其三，认知语言学中的心智扫描也被用来解读"在 L VP"和"VP 在 L"两种构式的语义差异。张国宪（2009）从认知角度分析了这两种构式句位实现与拒斥的诱因，认为基于事件模型的构式意义下的不同意象差异是导致两种构式句法对立的认知动因。文章从心智扫描的角度来诠释两种构式源于不同的识解方式，反映了不同的认知路径。张文认为"在 L"的动前句位分布源于心理上感知对象时采用的次第扫描方式。次第扫描凸显行为过程的各个阶段，关注不同时间阶段的连续变化状态，是一种动态情景；而"在 L"的动后句位分布源于心理上感知对象时采用了总括扫描方式，总括扫描凸显动作的外部整体，表述的是泛时间性的有界动作。心智扫描包括了依据"图形—背景"构建情景的能力。次第扫描的情景构建是将部分动作过程前景化的结果，总括扫描的情景构建是将部分动作过程背景化的后果。两种构式因扫描方式差异引发动作标量值波动。"在 L VP"构式赋予动词的动作标量值大于或等于 1，而"VP 在 L"构式赋予动词的动作标量值等于 1。标量值差异引发动前构式和动后构式产生迥异的意义浮现，即重复性动作与非重复性动作的对立、意愿性动作与非意愿性动作的对立、进行性动作与非进行性动作的对立。"在 L VP"构式表述动作事件；"VP 在 L"构式表述状态事件。"在 L"的句位实现是心智上的"焦点"和概念描写中"凸显"问题的语言化后果。不同的构式映现不同的概念内容，产生不同的意义浮现。

其四，还有学者从事件框架视角来分析"在 L VP"和"VP 在 L"的认知语义基础。认知语言学中，典型场景和事件被认为是一种"框架"，事件框架为所有语言的说话人所共有。梁子超、金晓艳（2020）将"在 L VP"看作"舞台表演事件"，根据人们看舞台表演的经验，相对于表演场所和道具，观众的关注点通常会聚焦在演员的表演上，也就是"行为"比"处所"更显著。所以"在 L VP"构式中，句末的动作 VP 是焦点，处所作为背景与动作行为没有必然的逻辑联系。同时他们把"VP 在 L"看作"位移事件"，认为"VP 在 L"凸显了与位移终点有关系的部分，动作行为作为主体到达终点的直接原因，与作为终点的处所有着必然的联系。

2.2.3　"在 L VP"和"VP 在 L"构式中的动词

汉语学界普遍认为，动词进入动前构式"在 L VP"和动后构式"VP 在 L"的能力是有所不同的。因为动词的属性主要表现在空间和时间上，我们下面从动词的空间义要求和时间义要求两个方面探讨两类构式对动词的语义限制性。

有研究表明，动词的空间义决定了进入"在 L VP"和"VP 在 L"两种不同结构的能力（Li & Thompson，1981；侯敏，1992；董晓敏，1997；储泽祥，1998）。不是所有动词都可以进入空间方位构式的，动词具有不同的空间适应性（储泽祥，1998）。只有与方位短语"在 + 处所"有语义互动的动词才可进入空间方位构式，空间方位构式对动词具有语义限制。也就是说，动前构式"在 L VP"和动后构式"VP 在 L"这两种不同的构式语境使动词的句中语义具体化[①]。拿动前构式"在 L VP"来说，相同的处所短语与不同的动词间有不同的契合度，以动词短语"看书、工作"为例：

[5] a. 在图书馆看书　　b. 在花园看书　　c. 在中文系看书
[6] a′. 在图书馆工作　　b′. 在花园工作　　c′. 在中文系工作

---

① 邓守信（1986）指出，一个动词既可出现在动作句中也可出现在完结句中，对动词的时间义的考察不应从动词本身来考察，而应从整句的语境来考察。我们认为，对动词的空间义考察同样适用于在语境中考察。

　　为什么同样的结构形式，"在图书馆看书""在花园看书"可以，"在中文系看书"就不行？"在图书馆工作""在中文系工作"可以，"在花园工作"就不行？这跟动词与处所短语的互动有关。因为"图书馆"是兼指建筑物和机构的事物名词，既能指物体空间，也能转指社会空间。"花园"是园场名，只能指物体空间，不能转喻社会空间；"中文系"是纯机构名，只能转喻社会空间，不能指物体空间。对于例［5］中的动作动词"看书"，只能激活物体空间，不能激活社会空间，所以例［5］中 a、b 成立。对于例［6］中的抽象动词"工作"，只能激活社会空间，所以例［6］中 a′、c′成立。储泽祥（1998）认为，空间适应能力强的动词，动作性就强而具体，空间适应能力弱的动词，动作性就弱而抽象。

　　那么"在 L VP"和"VP 在 L"构式中哪类构式对动词的空间属性有更高的要求呢？"在 L VP"和"VP 在 L"在语义及语用上的对立，显然会在构式的核心成分——动词的语义或形态上有所体现。除了动词与"在＋处所"的语义联系紧密度存在差异外，"在 L VP"和"VP 在 L"构式对所进入动词的语义限制还有哪些差异呢？两种构式中的动词在形态上会有何种区分呢？

　　现有研究倾向于认为，"在 L VP"构式对动词的限制少，一般动词都能进入"，而"VP 在 L"构式对动词的选择很严（Chen，1978；Li & Thompson，1981；范继淹，1982；侯敏，1992；董晓敏，1997；王一平，1999；谭慧，2008；唐依力，2012）。而目前对导致"在 L VP"和"VP 在 L"构式中动词准入差异的研究主要是从动词音节角度展开的。范继淹（1982）通过对《普通话三千常用词表》中动词的考察，指出单音节和双音节动词进入"在 L VP"的区别不大，但在进入"VP 在 L"构式时，80% 以上的单音节动词可以进入"VP 在 L"。双音节动词中，能进入"VP 在 L"的只有 15%。似乎可以推论出，音节是制约动词进入"VP 在 L"构式的一个因素。张赪（1997）通过对小说文本中的频率统计，得出影响"在＋处所"句位分布的首要因素是动词或动词短语的音节数目；其次是 VP 句法成分的复杂程度决定一部分"在＋处所"成分的位置；最后才是语义因素。齐沪扬（1998b）也认为"在"字句中"在 L"能否前移，其限制条件是句法上单双音节结构的影响，单音节动词构成的动作"在"字句不宜将介词前移，否则会导致句位的音节结构不够稳定。但音节因素决定动词进入"在 L VP"和"VP 在 L"构式的观点也受到了质疑，宋文辉（2007）指出，动词或动词短语的音节数目对进入"在 L VP"和"VP 在 L"产生限制是以"在 L VP"和"VP 在 L"所体现的概念图式为基础而产生的，这不是个纯粹的韵律现象，其本质还是概念语义驱动的。

鉴于动前构式"在 L VP"对动词语义的限制相对较少，学界对这一构式中动词进行专门讨论的不多，仅有少量对构式中动词语义及形态特征的分析。Chen（1978）认为非持续动作动词都不能出现在"在 L VP"构式中，可以说"他在哭"却不能说"他在跌"。侯敏（1992）认为不及物的动作兼状态类动词（如"跪""藏"）在"在 L VP"构式中不能自足，不能以光杆动词的形式出现，至少要在后面加上"着"或趋向补语。不能表状态、也不表连续动作而空移性又很强的动词（如"掉""投身"）不能出现在"在 L VP"构式中。崔希亮（1996）认为不能进入"在 L VP"空间构式的动词在语义上有共同的特征，即"没有空间特征，它们不必强调论元所占据的空间位置，它们本身也不要求占据任何空间方位"。谭慧（2008）指出表时空起始点义项的动词（如"开学""远离"）、自然现象动词（如"地震""塌方"）以及天气气象动词（如"下雨""刮风"）不能出现在"在 L VP"构式中。这些研究在提及不能进入"在 L VP"构式的动词时，都不约而同地提到了动词的空间语义，即不能进入此构式的动词大多缺乏空间语义特征。唐依力（2012）指出动作义或状态义的动作动词、存现动词、关系动词、能愿动词、心理动词、使令动词和趋向动词都可以进入"在 L VP"构式；在形式上，VP 不仅仅表现为单个动词，也表现为形式多样的动词性短语。

因为"VP 在 L"构式对动词的选择相对严格，学界对"VP 在 L"构式中动词的语义特征的研究也相对详尽。Li 和 Thompson（1981）把进入"VP 在 L"构式的动词描述成四类：位移类动词（verbs of displacement，跳、扔、推、掉等）、姿势类动词（verbs of posture，站、睡、蹲、躺等）、存现类动词（verbs of appearing，发生、出现、生长、死等）和放置类动词（verbs of placement，放、画、吐、藏等）。后来的学者都是在此基础上再作适当增补。孙锡信（1991）认为"VP 在 L"构式中的动词需含有与处所相关的语义（包括放置义、身体移动义、存现义等）。侯敏（1992）认为瞬间类动词（如"死""掉"）或动作兼状态动词（如"跪""坐"）可以自由出现在"VP 在 L"构式中，而对动作参与者没有空间影响的动作持续类动词（如"哭""读书"）则不能进入，动宾结构类动词（如"结婚""闭幕"）和动补结构类动词（如"遇到""扔掉"）也不能进入。岳方遂（1995）认为能进入"VP 在 L"的动词需具备定点的特征，即"把动作的施事或受事固定下来，使之处于特定的环境之中"。董晓敏（1997）把进入"VP 在 L"构式中的动词分为动作和状态两大类，动作动词如"放、扔、埋、站、跪、砸"等，状态动词如"怔、瘫、消失、老、斜"等，部分动词可分属动作动词和状态动词两类。董文指出能进入"VP 在 L"构式的动词具有位置关联性，即具有［＋附着］特征，也有一部分动词是在进入"VP 在 L"构式后才获得［＋附着］特征，如"隔、呆、斜、老、消失、糟蹋"等。王一平（1999）也认为，决定能否进入"VP 在 L"构式的是动词的语义特征，即动词语义域是否涉及"处所"这一语义要素，如放置类、位移类、存现类动词的语义域都涉及场所。以上这些研究在提及获准进入"VP 在 L"构式的动词时，都不约而同地提到了动词的空间语义，即获准进入此构式的动词大多带有或者至少在进入构式之后获得空间语义特征。唐依力（2012）认为能进入"VP 在 L"构式的只有动作动词、存现动词和心理动词，而像关系动词、能愿动词、心理动词、使令动词和趋向动词都无法进入，且 V 的构成相对单纯。

　　所以，我们这里可以回答前面提出的第一个问题，即"在 L VP"和"VP 在 L"构式对动词空间性要求的差异问题。一般来说，动后构式"VP 在 L"对动词空间义要求要高于动前构式"在 L VP"。相对来说，"在 L VP"中"VP"与"L"的关系不是很紧密，去掉"L"，"在 VP"仍然成立（如"他在图书馆看书——他在看书"）；甚至只要将 VP 带上一定时量补语，就可以在 L 和 VP 之间插入一些成分（如"他在图书馆看书——他在图书馆已经看书看了三个小时"）。而"VP 在 L"中"VP"与"L"的关系更紧密些，之间无法拆分或插入别的成分（如"钱包掉在地上——＊钱包掉了在地上"）。动后构式"VP 在 L"比动前构式"在 L VP"对动词有更高的空间语义特征要求，也印证了两种构式在语义焦点上的差异。"在 L VP"构式语义焦点是动作本身，而"VP 在 L"构式语义焦点是动作达成后的状态和结果，需要承附在具体的空间上。

　　但必须指出的是，相对于"VP 在 L"构式，"在 L VP"构式对动词所提出的需带有较高空间义的要求主要体现在行为动词上，含有行为动词的"VP 在 L"几乎等于"VP 到 L"，表动作行为造成的位移变化。而对于含有状态动词的构式，"在 + 处所"无论出现在动词前还是动词后，都表示相近的语法意义并具有相似的语义功能（范继淹，1982；李临定，1990；俞咏梅，1999），一部分动词可以在状态构式"在 L VP"和"VP 在 L"中进行转换（如站、蹲、趴、坐、住）；除了是否带状态标记这点差别外，状态构式"在 L VP"与"VP 在 L"在语义上区别不大。因此时间像似性原则、图式理论和心智扫描识解都不适用于状态构式"在 L VP"和"VP 在 L"。

　　除了空间义以外，动词的时间属性也决定了动词能否进入动前构式"在 L VP"和动后构式"VP 在 L"。张国宪（2009）认为行为构式"在 L VP"和"VP 在 L"中，"在 L VP"选择的是及物动词，"VP 在 L"选择的是非宾格动词；行为构式"在 L VP"中，动词的动作语义具有［＋反复性］和［＋进行性］，行为构式"VP 在 L"中，动词的动作语义具有［－反复性］和［－进行性］。我们把动前构式"在 L VP"中动词的反复性理解为动作在时间上具有持续性，是正在进行的动作，所以动前构式"在 L VP"中都可以把"在"替换为"正在"而不改变原意。比如"他在图书馆看书——他正在图书馆看书""小王在门口等他的爱人——小王正在门口等他的爱人"。我们把动后构式"VP 在 L"中动词的"非反复性"理解为动作在时间上完成了所有动态环节，动后构式体现的是这种瞬间完成的动作状态。因为这种动词时间属性上的差异，致使可以同时进入行为构式"在 L VP"和"VP 在 L"的动词极为少见。

　　关于"在 L VP"和"VP 在 L"构式对动词的准入限制问题，现有研究有的是从动词的价、态和能否定点展开的（岳方遂，1995），有的是从动词语义上主动、被动的角度展开的（崔希亮，1996）。而我们从构式的动作义和状态义出发，重点分析两对子构式的情况，即行为构式"在 L VP"—行为构式"VP 在 L"、状态构式"在 L VP"—状态构式"VP 在

L"。我们的研究采用李临定（1990）对动词的分类法①，显示动作行为的
动词称为动作动词，显示某种静止的、持续的状态的动词称为状态动词。
但正如李临定（1990）自己所指出的，现代汉语中除了"哽、病、醉、
聋"等几个有限的单纯状态动词之外，大多数状态动词都有相对应的同形
动作动词（挂、摆、贴、插等），即一个动词既可归属为动作动词又可归
属为状态动词。刘宁生（1985）也曾指出，"在汉语学界，'动作'和
'状态'的定义是不明确的，动作实际也是一种状态"，并指出这样容易造
成"汉语动作和状态就没有界限了"。Leech（1971）也认为，"事实上，
说得更明白一些，'状态'和'事件'是语义上的，而不是语法上的术语。
严格地说，我们不应该说'状态动词'和'事件动词'，而应该说动词的
'状态'和'事件'意义或用法"。

　　对于可以进入行为或状态构式"在 L VP"和"VP 在 L"的动词，即
使不是动作动词或状态动词，至少也需具备动作或状态这样的属性义，具
有明确的动作或状态发出的主体。至于动词进入"在 L VP"和"VP 在 L"
构式以后，是表动作还是表属性，既跟动词本身的语义相关，也跟动词的
形态有关。例如，动词在行为构式"在 L VP"中呈动态的表现，形式上可
以是光杆形式；而动词在状态构式"在 L VP"中呈静态的表现，形式上往
往需带上"着"这样的持续标记。动词在行为构式"VP 在 L"中呈空间
上的位移，几乎跟"VP 到 L"同义；而动词在状态构式"VP 在 L"中呈
空间上的静止状态。总体来说，相对于"在 L VP"构式，"VP 在 L"构式
对动词空间义有更高要求。而这其中，一部分动词可以在状态构式"在 L
VP"和"VP 在 L"中进行转换（如站、蹲、趴、坐、住），而可以同时进
入行为构式"在 L VP"和"VP 在 L"的动词则极为少见。张国宪
（2009）认为行为构式"在 L VP"和"VP 在 L"中，"在 L VP"选择的
是及物动词，"VP 在 L"选择的是非宾格动词；行为构式"在 L VP"中，
动词的动作语义具有［＋反复性］、［＋意愿性］和［＋进行性］，行为构

---

　　① 李临定（1990）认为有些状态动词有相对应的动作动词，如躺、站、举、停等。在具体
语境中，状态和动作动词各有语法特点。在表"时"形式上，状态动词后边要有助词"着"，而
动作动词后可以没有。在表"体"形式上，状态动词属于静态持续，动作动词属于动态持续。在
提问形式上，状态动词一般用前加"是不是"或"×没×"等形式提问，而动作动词除此以外还可
用"×不×"提问。状态动词否定式一般用"没"而不用"不"，而动作动词的否定式既可用
"没"，也可用"不"。状态动词一般不能单独作谓语，后边要带助词"着""过"等。

式"VP 在 L"中，动词的动作语义具有［－反复性］、［－意愿性］和
［－进行性］。我们认为，行为构式"在 L VP"和"VP 在 L"和状态构式
"在 L VP"和"VP 在 L"中的动词在进入构式后，带上了由构式赋予的语
义特征，因此不同类型构式中的动词呈现出不同的语义特征，简要概括如
表 2 所示：

表 2　汉语空间方位构式中动词的语义特征

构式类型	动词的语义特征	例词
行为构式① "在 L VP"	动态、持续性、未有位移	等、看、玩
行为构式 "VP 在 L"	动态、瞬间性、有位移	掉、跳、倒
状态构式 "在 L VP"	静态、持续	坐、躺、死
状态构式 "VP 在 L"	静态、持续	坐、躺、死

　　一定程度上，认知构式语法中的构式压制（construction coercion）原
理对"在 L VP"和"VP 在 L"构式中的动词准入问题也有一定解释力。
构式压制是指构式对词项施压使其产生跟系统相关联的意义（Goldberg，
1995：238）。压制是指为了消除语义冲突或修补错误匹配（mismatch）而
对组构成分进行重新解释的机制。如果一个词项在语义上跟它所出现的形
态句法环境不相容，那么该词项的意义就应当去适应其所在结构的意义
（Michaelis，2004：25）。所有构式都是有语境的，构式是相对有限的，而
语境是开放的，构式面对语境需要有相应的适应和调整。"压制效应"所
体现出的对构式整体和组构成分之间的特征协调可直接体现在语言表达的
语序上。比如，在"在 L VP"构式中，方位短语位于动词之前，该构式利
用方位语义压制动词而自然获得动作持续或状态存在语义，因此该构式准
许多数动词进入。可以说，在习得这一构式时，无须太多考虑动词的准入
问题。但是，在构式"VP 在 L"中，动词语义占主导，动词语义压制方
位语义，这样动词准入就会提高要求，只有表瞬间义及达成义的状态、动
作动词才可进入。

---

　　① 考虑到一部分动作动词也可以表状态义，所以对行为构式"在 L VP"／"VP 在 L"和状
态构式"在 L VP"／"VP 在 L"进行区分，主要着眼于构式的整体意义是表动作还是表状态。

　　我们对"在 L VP"和"VP 在 L"构式的语义分析是基于二语习得研究的需要，母语者对"在 L VP"和"VP 在 L"构式的实际使用情况对我们的二语习得研究具有重大意义，我们需要关注动作或状态构式的语言实际使用情况。我们想知道，行为构式"在 L VP"和"VP 在 L"在使用频次上是否有差异，状态构式"在 L VP"和"VP 在 L"在使用频次上是否也有差异，构式类型出现频率的高低在一定程度上也能佐证构式类别对动词语义的限制是否更为严格。

　　对动前构式"在 L VP"和动后构式"VP 在 L"使用频率的研究尚不多见。张赪（1997）曾从动词音节的角度做过相关统计，其研究结果表明，在含单音节动词的总共 623 次的构式使用频率中，"在 L VP"构式出现 336 次，"VP 在 L"构式出现 287 次；在含双音节动词的总共 93 次的构式使用频率中，"在 L VP"构式出现 89 次，"VP 在 L"构式出现 4 次。张赪的研究结果表明，无论是含有单音节还是双音节的构式，"在 L VP"构式的使用频次都比"VP 在 L"构式要多，尤其含双音节动词的"VP 在 L"构式出现频次很低。若我们从动作和状态构式类型的角度进行统计，是否能印证其数据结果呢？也即动前构式"在 L VP"和动后构式"VP 在 L"的使用频次是否存在差异呢？构式类型是否在"在 L VP"和"VP 在 L"的出现频次中扮演重要角色呢？我们选取了 3 个小说文本作为调查对象，分别是徐则臣的中篇小说《苍生》、韩少功的中篇小说《报告政府》和杨绛的长篇小说《洗澡》，逐一对文本中不同类型的构式进行使用频次统计。所得统计结果如表 3 所示：

表 3　小说文本中两类空间方位子构式频次统计及动作动词使用情况

构式/动词类型	小说文本					
	《苍生》		《报告政府》		《洗澡》	
	频次/个数	比例	频次/个数	比例	频次/个数	比例
"在 L VP"行为构式	43	46%	69	44%	97	34%
"VP 在 L"行为构式	42	45%	49	31%	96	34%
"在 L VP"状态构式	3	3%	18	12%	22	8%
"VP 在 L"状态构式	6	6%	20	13%	67	24%
总计	94	100%	156	100%	282	100%

（续上表）

构式/动词类型	小说文本					
	《苍生》		《报告政府》		《洗澡》	
	频次/个数	比例	频次/个数	比例	频次/个数	比例
持续性动作动词	35	59%	70①	61%	58	58%
瞬间性动作动词	24	41%	44	39%	42	42%
总计	59	100%	114	100%	100	100%

从表 3 中的统计数据来看，首先，行为构式的使用频次是明显高于状态构式的使用频次的，这可能跟可以在"在 L VP"和"VP 在 L"两种构式中出现的动作动词数量众多有一定关系。相比之下，能进入状态构式"在 L VP"和"VP 在 L"中的动词要少得多。其次，我们发现，在三部小说中，动前构式"在 L VP"的出现频次与动后构式"VP 在 L"的出现频次总体相当，动前构式的行为构式和状态构式、动后构式的行为构式和状态构式在《苍生》中各占 49% 和 51%，在《报告政府》中各占 56% 和 44%，在《洗澡》中各占 42% 和 58%。除去小说内容和作家个人语言风格因素的影响，整体来看，这三部小说文本中"在 L VP"和"VP 在 L"构式的出现频次相差不大，语篇环境下汉语本族语者日常使用"在 L VP"和"VP 在 L"构式的频率是大致均衡的。考虑到本书将对空间方位行为构式展开习得研究，我们特地统计了三部小说中动前和动后行为构式及动词的使用情况。统计结果表明，三部小说中"在 L VP"和"VP 在 L"行为构式的频率也是大致相当的，母语者对两类空间方位构式的使用偏好不是很明显。就行为构式动词而言，三部小说的空间方位构式中持续性动作动词使用占比都在 58% 及以上，瞬间性动作动词使用占比都在 42% 及以下，前者比后者使用频次相对要高，印证了"VP 在 L"构式对动词的准入更为严格的说法（侯敏，1992）。

---

① "在 L VP"构式中存在持续性动作动词并列出现的个别情况。

2.2.4　两类空间方位构式中的语法标记

"在 L VP"和"VP 在 L"两种构式对时态要求不同，各自带有不同的时体标记。Tai（1975）认为动词前处所状语的作用在于表示动作本身的处所，所以"在 L VP"构式强调动作范畴；动后处所补语的作用在于表示受到动作影响的动作参与者的处所，所以"VP 在 L"构式强调结果范畴。这种语法意义的区分体现在所带体标记的不同上。"在 L VP"构式要求带进行体标记"着"或完成体标记"了"以表示动作或过程的范畴，而"VP 在 L"中 V 不带"着"或"了"时，必须带上处所短语以表结果。Chen（1978）分析了"在 L VP"和"VP 在 L"构式中存在的四个体标记：非完成体标记（imperfective marker）"在"、进行体标记（progressive marker）"着"、完成体标记（perfective marker）"了"和终结体零标记（zero aspect marker, terminal marker），只有终结体零标记可以出现在"VP 在 L"构式，另外三个标记都出现在"在 L VP"构式，并由此说明"在 L VP"构式是底层结构。范继淹（1982）指出，表进行语态时，"在 L VP"构式可用光杆动词；"VP 在 L"构式没有进行语态。沈家煊（1999）对此的解释是："在 L VP"构式中的"在"兼有空间义（表处所）和时间义（表进行），因此没必要再加"正在"这样的字眼；而"VP 在 L"构式含有已然的意思，跟进行语态相冲突。侯敏（1992）认为动作—持续动词出现在"在 L VP"构式中时，"在"是表未完成的副词"在"和介词"在"的重合。王灿龙（2008）也认为，"在 L VP"构式中"在 + 处所"一身二任，既表方所，又表进行体。侯敏同时还认为，"在 L VP"中及物的动作—状态动词有两种情况，施事主语句中，动词后面往往要带宾语；受事主语句中，动词后一定要加"着"。瞬间动词在"在 L VP"构式中表瞬间动作或状态变化发生时必须加"了"。岳方遂（1995）认为单价延续态动词（坐、飘、躺）出现在"在 L VP"构式中时，多数要在 V 后加"着"或其他补语成分，"VP 在 L"构式中则可以是光杆形式。

综合上述各家观点，可以得出这样一个大致结论，以动作动词为例，动前构式"在 L VP"主要表动作的持续进行，表述的是正在发生的事件。所以一般情况下需要带上时体标记或宾语，以使动作的时态得以完足。如

"他在家里待着""他在书房里写大字",至于"他在老家住"没有体态标记也没带宾语,是因为这里的"在"是表未完成的副词"在"和介词"在"的重合,只限放置于表持续动作的动词前。动后构式"VP 在 L"则倾向于表示动作的结束,呈现的是事件发生后的一种结果,事件过程不具备持续性。动词后的"在 L"本身就担当着动作结果的语义,是必不可少的,因而体标记这时可以不再出现。

2.3　"NP 上/里"中方位词的义项分析

2.3.1　"上"的义项分析

方位词"上"在汉语中的语义非常丰富,古籍中都有记载。《新编甲骨文字形总表》(2001)中,甲骨文"上"的字形是在一条长弧线的上面刻画一条短横线"二",长横线代表基准,短横线代表"上"的位置,说明"上"的原始义为位置在高处。《说文解字》中也指出古文和篆文中"上"都是指事字,高也。《辞源》(1998)列出了"上"的 11 个义项,其中第一个义项是"高处、上面"。《古代汉语词典》(2004)上列举了"上"的 12 个义项,其中第一个义项是"位置高的,上面"。可见在古汉语里,"上"的基本用法都是高处、上方的意思;现代汉语仍保留了这种不接触的"上方"义的用法,需重读为"shàng"。"上"在现代汉语中的"平面接触义"应该是后来引申出的语义项,根据《实用现代汉语语法》(2001:53),用于名词后的方位词"上",要读轻声"shang"。我们推断,这种语音上的弱化,是语法上的词缀化倾向促成的。

"上"在长期词义演变过程中逐渐形成一个多义体系,其最初原始义是指位置在高处,而表物体表面的方位义是后起的,再逐步引申出其他抽象义。曹先擢、苏培成(1999)编纂的《汉字形义分析字典》对"上"作为多义字的意义延伸途径作了描述:①构字理据:指事字,以长横为标准,上边有一条短横线表示处于其基准之上;②字的本义:高处,上边,这是就空间而言的;③物体的上边,即表面。这段描述确认了现代汉语中方位词"上"的两个基本用法：表高处、不接触的空间关系，以及表平面接触的空间关系，其他用法则由此引申。周统权（2003）认为，"上"的空间义在认知因素作用下向非方位词意义语义延伸，这种空间义向非空间义的隐喻投射可以让我们清楚地看到空间特征由不断削弱到完全消失的衍变趋势，这一趋势代表了语言演变的普遍规律——从具体到抽象，由特殊到一般。

方位词"上"的空间义包括目标物和参照物之间的三种空间关系：接触/附着关系、内包含关系以及距离关系。现有研究对"上"的接触/附着义、内包含义以及距离义三种用法上的读音有过讨论。刘宁生（1994）曾举例阐述"上"的具体含义所指受轻重音的影响，如"桌（子）上（轻声）有幅画儿"指两个物体相接触，画儿依附于桌子。而"桌（子）上（重音）有幅画儿"表示画儿在桌子上方，画儿与桌子不接触。沈家煊（1999）举"灯在桌子上"为例来说明，"上"轻读时，是附着的意思；重读时，可以是附着，也可以是"在上方"的意思。赵元任（1979：279）指出：方位词"上"的重读形式意思是 above，结合面远不及轻声形式的宽，"上"读轻声时的意思相当于英语介词 on，如"街上、柜上"。有鉴于此，本书所讨论的方位词"上"仅限于轻声用法，排除了重读的表距离关系的"上方"义。

根据《现代汉语词典》（2016）和《现代汉语八百词》（1980）中对"名词＋上"中"上"的语义归纳，我们将"上"的义项分为空间义和非空间义两大类。方位词"上"的空间义中依据［±具体可视］、［±平面接触］的语义特征，又细分为典型空间义和非典型空间义。"上"的典型空间义仅指物体表面的支撑/接触/附着等空间关系，包括二维和一维甚至零维空间内的平面支撑/接触/附着。"上"的非典型空间义则包括三维空间内的底面支撑，其实更倾向属于容器内空间包含关系，这是由二维平面支撑/接触/附着关系向三维空间包含关系的延伸；还包括范围义，可视性特征不是很明显。"上"的非空间义则包括方面义、时间义和固化义。

"上"的典型空间义指的是目标物和参照物之间形成的是一种二维平面上的支撑/接触/附着关系，如例［7］~［10］中的水平面支撑、斜面支撑、垂直面接触、平底面附着等关系。此外，还可以是指与一维或零维特征的参照物接触或附着所形成的空间关系，如例［11］~［12］。典型空间义所涉及的空间关系都是物理空间内相对直观可视的。

　　［7］水平面支撑：桌子上的书　床上的病人
　　［8］斜面支撑：山坡上的树　房檐上的猫
　　［9］垂直面接触：黑板上的字　墙壁上的画
　　［10］平底面附着：天花板上的吊灯　鞋底上的泥
　　［11］一维的线接触：球落在底线上
　　［12］零维的点接触：两线在一点上相交

　　我们把"上"所表述的平面支撑/接触/附着空间关系之外的义项都归属为非典型空间义范畴。"上"的非典型空间义范畴包括容器底面上的支撑关系，但实质上是内包含空间关系，如例［13］；这类用法中充当参照物的名词以交通工具类和建筑物类居多。"上"所表达的这一非典型空间关系并非客观世界的真实映像，其表述内部空间这一用法带有更多的空间关系认知的主体性特征。刘宁生（1994）解释说物体的几何性质转变成语言表达是一个过滤过程，一部分特征被强化突出为事物整体特征，另一部分特征被淡化甚至被舍弃了。"车上""飞机上""大殿上"中的"上"凸显的是容器空间内的平面特征。猴瑞隆（2004）解释为"体"包含着"面"。如果不着眼于它们的全部，而只注意局部时，可用"上"凸显方形容器的底（平）面。蔡永强（2010）认为汽车、火车、飞机等交通工具不但具备"容器"的物理属性，同时也具备"有承受面"的属性，交通工具最突出的功能作用是用"承受面"承载乘客等装载物，容器特征反而不处于凸显地位。方位词"上"对交通工具和建筑内空间等三维物理空间具有隐喻化功能，使三维物理空间的"承受面"处于凸显地位。"上"的非典型空间义用法还包括内空间高处义，如例［14］，这些参照物相对于人的观察点处在相对"高处"；与此相对应，这些参照物大多能后接"下"表低处义，如树下、楼下。这类处于人们观察点高处的参照物与"上/下"间的搭配使用有一定程度的词汇化倾向。"上"的非典型空间义还包括物体之间的从属关系，如例［15］。

　　［13］容器底面：车上的乘客　飞机上的座椅　大殿上的群臣

[14] 内空间高处：树上的鸟　楼上的住户　天上的云
[15] 从属关系类：毛巾上的洞　机器上的零件　冰箱上的铜管

　　"上"的非典型空间义包括更多的范围类义项，如例 [16] ~ [21]。"上"的范围类义项中，所定位的目标物不再是事物实体，而是无形的事物或抽象概念，"上"由限定实体概念的边界域隐喻为限定抽象的概念范围。像"电视—节目、笔记—内容、班级—同学"所构成的目标—参照关系中，表目标的名词都是没有边界的泛向性的事物名词。要么无形要么概念抽象，但"上"具备从实体空间的来源域向抽象概念的目标域投射的功能，在抽象无形的目标域中起到定域作用。

[16] 媒介类：电视上的节目　报纸上的新闻　网络上的消息
[17] 显示类：笔记上的内容　版图上的疆域　账本上的漏洞
[18] 场面类：市场上的物价　课堂上的趣事　赛场上的新闻
[19] 单位组织类：班上的同学　组织上的决定　社会上的不法分子
[20] 行政区划类：县上的干部　乡上的决定　镇上的旅游公司
[21] 部位类：放在心上　挂在嘴上　身上的负担　手上的权力

　　例 [16] ~ [17] 中"节目、新闻、消息、内容、疆域、漏洞"等属于无形的内容实体，但通过"上"的隐喻化功能，"电视、报纸、网络、笔记、版图、账本"等具有物理几何属性的实体所共有的"面"的特征被提升凸显，使物像和背景间形成一种隐喻的接触关系，无形的内容被以平面的形式加以展示。例 [18] 中"市场、课堂、赛场"都是物理几何实体，但"物价、趣事、新闻"却是无形的事物，"上"所具备的表面义可以将无形事物提升凸显到"市场、课堂、赛场"等场所的平面上，使之更具有可视性，理解起来更容易。例 [19] ~ [20] 中无论图形和背景都不是可视的具体实物，而"上"的平面化隐喻功能使图形与背景间的从属包含关系显性化。例 [21] 中各身体部位名词通过"上"的隐喻化处理，使抽象的图形有了可供确定的范围。
　　"上"的非空间义包括方面义、时间义和固化义，都是来自空间义的概念隐喻。隐喻就是把一个领域的概念投射到另一个领域，或者说从一个认知域（来源域）投射到另一个认知域（目标域）。认知语言学界普遍认为，在所有隐喻中空间隐喻对人类的概念形成具有特殊重要的意义，因为多数抽象概念都是通过空间隐喻来表达和理解的（蓝纯，1999）。空间隐喻是一种意象图式隐喻（Image Schema Metaphor），它将作为原始域的空间概念投射到抽象的目标域上，在这一过程中，空间意象及其内在的逻辑都被保留下来。

"上"的方面义来自典型空间义确定参照物上的一块具体区域的功能隐喻，这种功能投射到抽象名词后，也可隐喻确定抽象事物的某一个方面。"上"表方面义所后附的词分为抽象事物名词和抽象行为体词两种：

[22] 抽象事物名词＋上：思想上　生活上　形式上　艺术上
　　　　　　　　　　　　　精神上　内容上　水平上　法律上
　　　　　　　　　　　　　方针上　作风上

[23] 抽象行为体词＋上：安排上　学习上　管理上　写作上
　　　　　　　　　　　　认识上　改革上　表达上　教育上
　　　　　　　　　　　　发展上　应用上

莫晓春（1989）认为，表方面义的"W＋上"（W 指抽象名词或抽象体词），构成的不是词组而是词，这种用法中的"上"在性质上属于词缀用法。也就是说，"上"因为具有转变词性的作用，虚化的功能也更为明显。

"上"的时间义是始于空间义的隐喻义。时间概念是人类认识世界的基本概念，相对于实在、具体的空间概念，时间看不见也摸不着。但人类具备对已有经验引申扩展的能力，在对空间进行感知的过程中，人类积累出了认识直观具体事物的最基本的经验，并能将对空间的认识逐渐投射到对时间的认识之上，这种认知上的投射体现在语言上就是指示空间概念的"上"也可以后附于表时间阶段的词语，将时间范围隐喻化为平面，构成背景。

[24] 大三是十八岁上出门，漂流在外，差不多整二十年没回过黑石坡村。

[25] 我们的第一个五年计划，是我国历史上从来没有的一件伟大事业。

[26] 管秀芬看她满脸不高兴，知道她在<u>气头上</u>，就没有说她。

[27] 可劳森正在<u>兴头上</u>，哪肯住嘴，硬是把那<u>些</u>曾钻进他鼻孔的气味绘声绘色描述了一番。

（以上例句搜索自北京大学 CCL 语料库）

例 [24] ~ [25] 中"十八岁""历史"都表示时间阶段，认知上有一定的起始边界，方位词"上"将其隐喻化为时间平面后构成背景；"出门，漂流在外""第一个五年计划"作为有起始边界内的事件存在，认知上被凸显为物像。例 [26] ~ [27] 中"气头上""兴头上"表示某种状态点，"上"将这种状态平面化，构成时间背景，事件"满脸不高兴""绘声绘色描述"在认知上便成为被凸显的物像。"气头上""兴头上"都已词汇化，类似的还有"火头上""风头上"等。另外，方位词"上"也可用在某些表示动作、运动或事件过程的名词后表示时间，此时所表示的时间概念是以事件为时间视点的，例如：会上、课上、运动会上、开幕式上（陈满华，1995b）。

"上"的固化义是指"上"后附于抽象名词，其平面化隐喻功能通过将抽象概念平面化，以建立一种对所表述事情进行评价的基本出发点。这类"抽象名词＋上"的词汇化程度较高，一般都当副词使用，"上"已开始弱化为词缀。如：

[28] 本质上　事实上　根本上　基本上　实质上　实际上　表面上
　　　大体上　整体上　口头上　一般意义上　某种意义上
　　　严格意义上

2.3.2　"里"的义项分析

《说文解字》对"里"的解释是"里，居也。从田从土"，由此可推断方位词"里"的原初意义是表示居住之所。现代汉语中"里"也分轻重音。"里（lǐ）"的本义是衣服的内层，是名词，与"表"相对；如"大门里""白线里""围墙里""里"都需重读为 lǐ，表示二维空间的另一侧。作方位词时读"li"，表三维空间的内部，与"外"相对。汪维辉（1999）

认为表方位的"里（li）"是从名词"表里（lǐ）"的"里"转化而来的。作为方位词的"里（li）"，《现代汉语词典》中有明确定义，里（li）：里面；内部（跟"外"相对）。《现代汉语八百词》列举了方位词"里"的五种用法：一表处所，如"城里"；二表时间，如"夜里"；三表范围，如"话里有话"；四表机构或机构所在处所，如"向县里（机构）汇报情况"；五跟人体部位名词组合，表实指、虚指两种意义，如"手里（虚指）收集了一些资料"。崔希亮（2002）考察了方位词"里"意义转移的路径，认为"里"的意义演化有一个从具体到抽象的过程：居住之所→有边界的空间范围→具体方位→环境→氛围→机构→时间→内容→情感→活动，但都可用容器图式来刻画。他将不同语义范畴的"里"分为四个层次：空间范围、方位处所、环境氛围、抽象事物。可以说，方位词"里"遵循着与"上"相似的语义发展途径，除了空间义用法外，还有时间义、复数义和固化义等非空间义后起用法。张金生和刘云红（2008）调查了100万种语料，其中"里"的空间义比例为52.4%，非空间义为47.6%。下面我们将对其空间义和非空间义用法逐一展开分析。

"里"的典型空间义对应于"里－外"在空间方位关系中的基本对立。"里－外"所体现的容器图式（container schema）是人与外部世界互动在人脑中形成的最基本结构图式。齐沪扬（1998c）认为方位词"里"所表达的空间范围包括参照物三维的体和二维的面。在表达最典型的三维体空间内的包含义时，其所指示的目标物处于参照物的内部空间。朱晓军（2008）认为"里"体现的容器图式的参照点大多具有［＋可容］的特点，而［＋可容］性三维体空间又包括密封式容器图式和开放式容器图式两种，密封度越高，"里"的空间包含义也就越典型。密封式容器图式如例［29］~［33］，半密封和近似容器类分别如例［34］、例［35］。二维域空间能提供容器图式，是因为其有着区域边界，域中的参照物与目标物形成事实上的物理空间包容关系。二维域容器图式最典型的是自然域类和园场类名词，如例［36］、例［37］：

［29］密封容器类：冰箱里的水果　水管里的热水　手提箱里的文件
［30］建筑物类：电影院里的观众　酒窖里的木桶　大厅里的指示牌
［31］交通工具类：直升机里的乘客　车里的音响设备　飞船里的空气

[32] 人体器官类：心脏里的血液　嘴里的口香糖　手里的硬币
[33] 实心物体类：豆腐里的渣滓　木板里的蛀虫　柱子里的钢筋
[34] 半密封容器类：瓶子里的剩酒　篮子里的苹果　碗里的剩饭
[35] 近似容器类：椅子里的身躯　沙发里的话筒　角落里的一张桌子
[36] 自然域类：森林里的动物　海里的鱼　沙漠里的绿洲
[37] 园场类：花园里的植物　公园里的游客　农场里的拖拉机

以上"里"的典型空间义用法中，所要凸显的目标物像都是具体可感的，占据实在的物理空间，因此自然需要一定的含有边界的背景空间来承载容纳。这种典型性是由背景 – 物像的物理可视特征决定的。

相对于典型空间义中维度空间的物理性、背景物的边界性和目标物的具体可视性等特征，"里"的非典型空间义则是在容器图式认知模式的指导下，当凸显的是目标物为抽象概念时，"里"所提示的空间关系的隐喻化。"里"的非典型空间义主要用于目标物为不定指的事物或抽象的概念，承载这种不定指事物和抽象概念的背景空间特征可分两种，一种是实体空间或实体隐喻空间，一种是抽象隐喻空间。实体空间或实体隐喻空间由"具体事物名词＋里"表述，抽象隐喻空间由"抽象事物名词＋里"表述。"具体事物名词＋里"的用法具体包括：

[38] 行政区划类：省里的领导　镇里的改革　县里的财政收入　村里的选举
[39] 单位类：系里的活动　班里的矛盾　家里的气氛　队里的决定
[40] 机构类：饭店里的纠纷　图书馆里的服务　邮局里的员工　酒店里的布置
[41] 媒介类：书里的故事　电影里的情节　电视里的报道　网络里的信息
[42] 显示类：笔记里的重要段落　照片里的人物　电脑里的资料
[43] 场面类：市场里的物价　课堂里的趣事　赛场里的新闻
[44] 部位类：心里的事　手里的活儿　嘴里的脏话　骨子里的叛逆
[45] 自然类：大家冲进雨里　消失在夜幕里　独坐在黑暗里　陶醉在月光里

例［38］~［40］中各参照物本身都有一定处所义，但由于目标物都是泛指的事物或抽象的概念，不是指具体时空下占据一定边界的物像，因此"参照物 + 里"中的"里"已经虚化为范围义而非处所义，其泛向性意义跟具体时空不再联系紧密。例［41］、例［42］中媒介类、显示类参照物并非容器，其文本结构、影像内容都以平面形式展现，但文本或影像内容都具有一种内容结构，结构框架可被视作某种隐喻容器，因此媒介类、显示类参照物大多可后附"里"。例［43］中场面类同样为无形抽象的目标物提供了一个隐喻化的承载空间。例［44］中的目标物都是抽象名词，虚化的目标物不需要一个具体的承载空间，因此参照物也虚化为一种范围义。例［45］中参照物"雨、夜幕、黑暗、月光"等所指称的自然现象都是可视的事物，但无界无形，"里"起到容器化隐喻的作用，对自然现象进行定域限制，从而在人们心理上构筑空间边界，赋予其内部空间特征。"抽象事物名词 + 里"的用法具体包括：

［46］即使在病中，在睡梦里，你也感受到那里在刮风。

［47］一道红霞上了影的面颊，在激动的感情里，她看见了另一些奇异的景象。

［48］在我们的现实生活里，这样的人物是数不胜数的。

［49］这些日子，他的心沉浸在不可名状的痛苦里。

［50］原来，忐忑不安的国际金融市场从去年 10 月纽约股票暴跌以来仍处于惊魂未定的气氛里。

（以上例句搜索自北京大学 CCL 语料库）

例［46］~［50］中"睡梦、感情、生活、痛苦、气氛"等都属抽象概念，方位词"里"具有容器图式隐喻的功能，使这些无形的概念隐喻化为一个有边界的容器，为事件的发生提供背景。此外，还有"动词/形容词 + 里"的特定格式用法：笑里（藏刀）、黑里（透红），此处的"里"不仅含有容器隐喻，还有转变词性的作用。

"里"的非空间义可分为复数隐喻义、时间隐喻义、固化隐喻义。非空间引申义的形成源自空间方位感知，这是人类最基本的一种能力，也是个体成长过程中较早就能获得的基本经验，人们借助从这类基本经验中得出的基本概念，再通过隐喻去处理其他非空间的意象图式。

"里"的复数义指"里"后附于事物名词，泛化为表示集合的概念。集合是由多个个体组成的，群体类的"里"通过隐喻，将成员所属的集合视为占据一定空间的容器，个体则被包含其中，是其从属部分。这时"里"可用"中"替代。如：

[51] 火箭队其他队员里，弗朗西斯拿下18分和6次抢断。

[52] 疗养院的孩子里，只有两个是中国孩子——我和张闻天的儿子。

[53] 可以看到，明基的整合能力在所有品牌里响应最快、效率最高。

[54] 在中国55个少数民族的500余种乐器里，云南拥有176种。

（以上例句搜索自北京大学CCL语料库）

"里"的时间义用于表时段的词语和"里"连用的语境中。表示时间，是运用了隐喻的手法。时间词本身没有空间性，人们通过隐喻认知模式中的容器隐喻（container metaphor）将它们处理为有形的容器，将一维的时间喻为三维的立体空间，使时间可视化。一段时间就像是特定空间内可以感知的一个有界的区域。如：

[55] 在假期里，他们还经常帮助政府发放救济粮、冬衣，帮助群众捕虫等。

[56] 在这一年里，建成了炼油工厂、罐头工厂等一些重要的工业企业。

[57] 那一年，妻子生孩子时，他正忙，整个月子里都没能回家伺候。

[58] 照他想来，三五年里，乡里还会有些人家仍旧要造老式屋的，他的手艺暂还有用处。

（以上例句搜索自北京大学CCL语料库）

之所以要借助方位观念以隐喻的方式理解时间，与我们的生理属性有关。人类的视觉系统有空间方位的感知器，却没有感知时间的器官，因此，各种语言都大量运用空间词语表达时间，这个现象体现的正是时间的空间隐喻性质。"假期、一年、月子、三五年"是时间段，有两端的界点，表示对时间的限定。与"里"组合后，得以用空间的有界性来隐喻时段的有界性。

"里"的固化义用法词汇化程度较高，"名词＋里"结构一般都当副词使用，"里"也开始词缀化。这种固化义的用法中，"里"所依附的名词以及整个"名词＋里"都表示一种抽象化的空间。如：

[59] 端王杀了五大臣，余怒尚未平息，暗地里还排布密网，罗织成文。

[60] 美国一些官员硬说是"老一套"，但私下里又表示忧虑。

[61] 高士奇是深心人，背地里派下间谍，明侦密访。

[62] 再往四下里一瞧，妆奁物件，全都没动，所丢的不过是硬头货。

（以上例句搜索自北京大学 CCL 语料库）

2.3.3　"上""里"的语义句法功能

"NP 上／里"中方位词的语义功能，包括意义转化功能、择定功能、指别功能（储泽祥，2004）。意义转化功能就是指事物名词加上方位词后，有从事物到方所的转化功能，即范畴方所化，体现在三个方面：一是非离散体离散化，方位短语都被容器化或平面化了，如水里、阴影里、月光里、沙上。二是虚体实化，如话里、记忆里、社会上。三是群体化，如十二个人里（储泽祥，2004）。择定功能又是什么呢？未加方位词的处所词既可表机构也可表方所，而加上方位词后只能表方所。指别功能指方位词有指别位置和维向的作用，也被称为定域化和有指化，其中"上"具有平面化功能，而"里"具有线条化和立体化功能（方经民，2000）。除此以外，"上、里"也具有转指的功能。比如单位名词加"里"以后，并不仅仅指机构本身，而是指机构里的人员，或偏指领导，或偏指全体人员。在"这是省里的决定"中，"省里"就是偏指省里的领导（毛燕，2009）。物体所存在的空间可分为三类：实体的表面空间、内部空间和延展空间（储泽祥，2010：61－62），这三类空间分别具有三种功能：承置某物体、容纳某物体和指示某物体的位置（廖秋忠，1989）。考虑到容器内部的底面也具有承置功能，所以常用方位词功能上有个大致分工："上"指明物体表面或容器底面的空间位置，有承置功能；"里"指明物体内部空间位置，有容纳功能；"前、后、下、外"等指明物体延展空间，有指示方向的功能。

方位词在语法上具有后置性和黏着性（张斌，2010：92），除了在语义上对目标物在参照物中的区域进行指别，方位词还在句法上具有附着在普通事物名词之后，对普通名词作处所化处理，帮助其充当"在"的宾语，以表达出方所意义的功能。因此赵元任（1979）认为方位词表示事物的位置（包括时间上的），本身是体词性，但是翻译成外语时往往跟一个介词相当。刘丹青（2002）把方位词视为后置词，表具体的空间位置类型，与前置介词一起构成框式介词，认为这种框式介词是一种句法现象，而不是词汇现象。刘文认为，在普通话中，单音节的方位后置词"里、上、中"等虚化程度超过至今仍兼作动词的"在、到"等前置词。方位词作为后置词具有句法强制性，方位词之间常可替换（如"里""中""内"）而语义不变，并认为方位词主要满足句法而非语义需求。我们认为，不妨把方位词"上""里"看作句法标记，用来指别前面体词性成分的具体范围域。其中事物名词后面必须带方位词的为有标记项，如"桌子上""冰箱里"；专有名词后面不能带方位词的为无标记项，如"在中国""在成都"；而处所名词后面可带可不带方位词的为有标记项和无标记项两者兼容，如"在教室——在教室里""在屋顶——在屋顶上"。

2.3.4 "上""里"的语义交叉与选择

Leech（1969）按照参照物的特点将用来表述方所关系的空间维度分为五类：三维的体、二维有界的域、二维的面、一维的线、零维的点。方位词"里"表现的是三维空间关系中最典型的容器图式，参照物为典型容器类物体，有外壳或外部边框，内部存有空间。方位词"上"的原型义是物体表面的平面支撑，也可指线或点上的指称。周烈婷（2000）认为，典型的"（在）……里"表示某目标物处在一个封闭的参照物空间范围里，封闭越严，包含部分越多，用方位词"里"越自然。也就是说当参照物为封闭空间和半封闭空间时，"里"为最典型的方位。从基本空间语义来说，"里"强调封闭的容器与空间，封闭越严，包含部分越多，用方位词

"里"也就越自然。"上"强调开放的空间与平面,其典型模式为与目标物有接触但没有包含关系;换言之,"里"强调包含关系,"上"表达接触关系。但是,由于人的认知模式中"里"的封闭性并不强,以及认知模式的隐射,于是就出现了"里"所表示的空间结构由封闭向半封闭直至开放的空间转化过渡的现象,这就使得"里"所表示的空间结构和"上"出现了交叉和重合,如"手里"和"手上"等。于是从表包含关系的"里"到表平面支撑关系的"上",语义上形成一个渐变的连续统(武和平、魏行,2007)。这种渐变性见图 2。

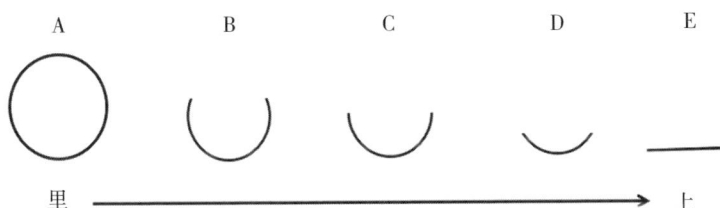

图 2 从"里"到"上"的语义过渡(转引自陈忠,2006:245)

那么,方位词"里"和"上"在维度和语义渐变过程中是否存在语义上的截然对立呢?张斌(2010:733)认为,"上"型方位词和"里"型方位词表示"点、线、面、体"等维度时分工是不明确的。邢福义(1996)和葛婷(2004)认为"上"和"里"之间存在意义交叉,"上"和"里"的意义交叉则处在典型"上"向"里"的过渡地带,这种过渡地带典型地集中在二维有界的域空间上,因此空间维度特征为二维有界域的方位短语中的"上"和"里"常常可以互换。如:

[63] 容器类	建筑类 1	交通工具类	建筑类 2
冰箱里	房间里	飞机里/上	亭子里/上
针管里	办公室里	火车里/上	法庭里/上
抽屉里	影院里	轮船里/上	大厅里/上
碗里	酒窖里	汽车里/上	走廊里/上
鞋子里	酒吧里	潜艇里/上	过道里/上

近似容器类	场面类	平面类
椅子里/上	广场里/上	桌子上
沙发里/上	操场里/上	墙壁上
角落里/上	农场里/上	悬崖上
树杈里/上	球场里/上	床上
阳台里/上	田野里/上	山坡上

容器类和建筑类 1 为参照物的"NP 里"表最典型的三维空间内的包含义，不能换用"NP 上"；平面类事物为参照物的"NP 上"表最典型的二维平面上的接触附着义，也不能换用"NP 里"。而处在语义过渡阶段的交通工具类、建筑类 2、近似容器类和场面类"上"和"里"都适用。能用"上"是源于这类容器主要由底面来支撑目标物，用"里"是源于其半封闭状态的容器隐喻用法；用"上"还是用"里"取决于观察者的主体视角，取决于对方位词功能义的倚重选择。这种"上""里"使用的两可性，跟参照物同时具备空间容纳和底座平面支撑这两种功能有关。参照物的内部空间容纳功能离不开其空间底面的支撑功能，即内部空间上的事物或活动都是由其底面支撑或在其底面之上展开的。比如"火车、飞机、轮船"等交通工具，其带有装载功能的部位主要在内部底面上。这种功能上的常规认知使交通工具的内部底面能轻易地激活整个承载实体的内部空间性，当认知主体要凸显出这种底面的承附功能时，常用"上"替换"里"来表述三维空间义，由此产生以局部空间指代整个交通工具的转喻用法。刘宁生（1994）解释说物体的几何性质转变成语言表达是一个过滤过程，一部分特征被强化突出为事物整体特征，另一部分特征被淡化甚至被舍弃了。例［63］中那四类处于过渡阶段的"NP 上/里"用法凸显的是容器空间内的平面特征，对此，缑瑞隆（2004）解释为"体"包含着"面"。如果不着眼于它们的全部，而只关注于局部，可用"上"凸显方形容器的底（平）面。处在过渡阶段的这四类用法中"上"和"里"的取舍，是认知主体自我中心意识的体现，即用观察者自身与目标物之间的位置关系来标明目标物的具体位置。葛婷（2004）认为当主体与参照物的视线距离较远时，倾向于用"里"，如"亭子里"；当主体接近参照物甚至置身其中时，倾向于用"上"，如"大殿上"。

功能因素对方位词使用的影响，可以从很多现象中得到印证。椅子的显著功能属性是支撑臀部的座板的二维平面属性，而不是整个椅子的三维立体属性，因此我们说"椅子上"较多，说"椅子里"较少。飞机、汽车、火车、轮船的几何性质在汉语中被图解为一个平面（刘宁生，1994：174 – 175），桌子、床、椅子最显著的功能属性也是平面，因此选择方位词"上"而不选择"里"。功能因素能发挥作用是跟人的认知主体性紧密相连的。人是认知的主体，从空间关系看，人是通过自己的身体与物体发生互动的，人体是互动的中心。根据认知语法的观念，人对物体的认知是跟人与此物体的互动行为模式以及人认识此物体的特定认知路径紧密联系的。因此，相同的某个属性依附在不同的物体之上，由于互动情况或认知路径不同，往往使得这个属性在不同物体上产生认知差异，而这种差异可以在编码时表现出来（张敏，1998：284）。如同为平面物，汉语习惯说"墙上""镜子里"。"墙上"指的是墙面，"镜子里"指的则是映射造成的内部空间。之所以出现方位词使用差异，在于人与墙的互动主要发生在墙面；人与镜子的互动行为，主要是照镜子，而镜子通过映射为人像提供内部空间。与此类似，同为拥有三维内空间的物体，人们在日常乘坐车子时，是车子底面与人体互动频繁；而人们使用箱子时，箱子底面一般不与人体发生互动。在人们眼里，车子的底面功能显著，所以人在车内，习惯说"车上"，也说"车里"。而箱子的底面功能不显著，人在箱子内时，只习惯说"箱子里"，不说"箱子上"。如果要说"箱子上"，一般不是意指箱子的底面。对于底面承附功能不显著的容器，如"水桶、碗、瓶子、锅、口袋、沟、坑"，人们在与其互动时，并不十分在意其底面功能是不是显著，在意的只是其内部容纳功能，所以这些容器名词作为参照物时，方位词明显倾向于用"里"。张敏（1998：284 – 285）强调方位词的选择需放在人与事物互动行为的背景下加以考察，认为有必要区分物体的客观物理属性和在互动中有意义的显著功能属性。而有些名词与方位词"上""里"的搭配频率相当，如"手套、鼻子"，是因为这些物件的功能属性不止一种，在不同的空间关系里有不同的图解。

典型的容器往往带有两个特征要素：三维内部空间和底面，如果容器兼具底面和内部空间的双重功能，就会形成"上""里"使用的两可性。如果突出的是容器底面的支撑功能，则使用"上"；如果突出容器内部的容纳功能，则使用"里"。研究"上"与"里"的选择倾向，可通过语料库中容器名词共现频次入手。看这三组例子和数据：

[64]	交通工具类			器物/管道类			机构场所类	
	上	里		上	里		上	里
飞机	395	43	篮子	0	95	旅馆	0	191
火车	258	21	书橱	3	28	商店	0	325
轮船	87	9	书架	261	13	银行	0	207
汽车	326	219	隧道	5	61	学校	0	952
囚车	0	6	嗓子	2	58	工厂	0	188

（"上""里"选择倾向的语料库调查，转引自储泽祥，2010：62–63）

第一组交通工具类底面显著，选"上"倾向明显。刘宁生（1994：174–175）认为几何因素是主因，交通工具的几何性质在汉语中被图解为一个平面。储泽祥（2010）则认为功能因素是主因，强调交通工具的底面作为容器内部的平面，与桌面平面空间不同。底面必须以容器为依托，平面不必依托容器。同样是交通工具，为什么囚车倾向选择"里"？储泽祥认为囚车除运载功能以外，还有限制犯人自由功能，容纳和密封功能很重要。第二组器具类中篮子、书橱内部空间突出，同书架比，书橱隔板的承置功能被淡化，而书架隔板的承置功能非常显著。隧道和嗓子是管道型容器图式，倾向选"里"。第三组机构场所类，人们在与其展开空间互动时，突出的是其内部空间的容纳特性，通常只选择"里"。也正因为是功能因素，决定了在出现"汽车上""火车上""飞机上""轮船上"等表达时，人们自然都会意指交通工具的底面义，而不意指交通工具的表面义。如储泽祥（2010：65）的统计：

[65]	汽车上	火车上	飞机上	轮船上
表示底面	326	258	395	87
表示表面	17	2	4	0

方位词"上"和"里"的选择也往往取决于语境。高桥弥守彦

（1992）论述了具体语境中"上"和"里"的选择问题。高桥弥守彦通过对句子用例的考察，推断出参照物名词后边用"上"还是用"里"，跟句子里的其他词语有着密切联系，是由与该方位词有关的动词以及其前面的名词的词汇意义所决定的。他举了这么两个例子：①他坐到沙发上。②我习惯于跷腿陷在沙发里，优哉游哉，听室内音乐。"他坐到沙发上"中的"上"可换成"里"，而"我习惯于跷腿陷在沙发里"中的"里"不能换成"上"，是因为"陷"这个动作只能发生在沙发坐人的部分的凹陷，而不能发生在其表面处。由此认为"上"和"里"的使用要根据整个句子的意思来决定。高桥弥守彦（1997）在讨论方位词"里""上"能不能换用时，再次强调一定要从整个句子的内容出发，特别是从方位词和谓语动词的关系来决定用哪一个方位词。

我们认为，参照物通常有多个可被用来行使参照功能的维向，比如"表面、上方、里面"，往往需要由方位词来确定具体的位置。决定参照物名词后面用"上"还是"里"抑或隐去，取决于句中多种背景因素；既跟参照物名词本身的维度特征有关，也跟句中主要动词有关，还可能跟参照物和目标物的关系有关。选择"上"还是"里"与参照物本身维度特征相关的例子，如"他把书放在了办公室（1）的桌子（2）"。空白（1）处参照物"办公室"是个场所类可选处所词，凸显的是容器内部空间义，可带方位词"里"，也可不带。空白（2）处的参照物是个非处所词，凸显的是平面附着空间义，因此必须带方位词"上"。选择"上"还是"里"与动词相关的例子，如"他把信夹在了书页（1）"。空白（1）处参照物"书页"是个非处所词，表处所空间时必须带上方位词；至于选择"上"还是"里"，动词"夹"的作用较为关键。"夹"在语义上凸显的是处在事物的中间，即内部，因而此处用"里"较为合适。选择"上"还是"里"与参照物和目标物的关系相关的例子，如"墙（1）有一幅画"。"墙"是非处所名词，表处所空间义时必须带上方位词，但参照物"墙"既有平面承附功能，又有实体内部空间特征，选择"上"或"里"都具有可能性。但目标物是一幅画，依据人们的理想认知模式，"画"与"墙"的位置关系应该是"画"位于墙面而不是墙体内，因此，此处应该选择"上"。

二语习得比母语要难，是因为二语者已先习得了母语，使用二语时需要面对如何处理母语使用习惯的问题。我们想知道，当参照物名词后使用

"上""里"两可时，当语境因素未成为方位词选择的决定因素时，学习者
会如何使用方位词？会不会表现出某种倾向性？母语中介词用法会不会影
响汉语方位词的使用？当母语使用习惯与目的语有所不同时，学习者如何
选择方位词？是根据目的语句子语境，还是迁移母语的介词使用习惯来进
行选择？学习者的方位词使用会不会受学习水平因素的制约？这些问题都
值得我们进一步作深入考察。

2.3.5　方位结构中的名词性成分及"上""里"的隐现

从认知功能的角度分析，现代汉语的空间区域范畴可分为地点域和方
位域两类（方经民，2004b）。地点域是由方位结构中处所名词来表达，直
接以地名指称某一地点或由物体名、机构名指称该物体或机构所占据的地
方。方位域是由方位结构中"事物名词＋方位成分"来表达，事物名词通
过使用方位成分确定方位参照，间接指称跟某一地点或某一物体相对的方
向或位置。指称地点域的名词包括地名、物名或机构名，一般有天然的空
间指称性，都能直接作"在"的宾语。"名词＋方位词"所指的方位域间
接指点跟某一地点或某一物体相对的方向或位置。方向是指时空中的朝
向，位置是指时空中确定的点、线、面、体。位置域所凸显的维度特征与
参照物所凸显的形态特征有联系但并不等同。汉语的位置域以方向域为前
提，先以方向参照点为背景定向，再以位置参照点为背景圈定范围。位置
域所凸显的维度特征通常是二维的面或三维的体，例如：操场上、板上、
学校里、报纸里。"上"指定的是一个二维面的接触区域，区别特征是
［＋接触］；"里"指定的是一个三维体的内空间，区别特征是［＋有界］。

方经民（2002）根据方位域中名词在表达空间范畴时是否需加方位成
分，把名词分三类：先天处所词、可选处所词、非处所词。先天处所词一
般不能加方位成分，这类处所词一般由专有地名组成，如：亚洲、北京、
安徽、东莞，这些词一律不能后附方位成分，不说"北京里""安徽里"。
可选处所词可加方位成分也可不加，可选处所词分这么几种：

［66］专名＋命名标：北京市　舟山群岛　黄山　北京大学　中山路
［67］名词＋准方位标：山顶　门口　江边　船头　山脚　树梢　湖底

[68] 建筑类：邮局　图书馆　饭店　学校　医院　公司　火车站

[69] 园场类：公园　花园　操场　运动场　球场　牧场

　　这类处所词加不加方位词较为自由，一般可根据语境来斟酌。如可以说"住在北京大学"，也可说"住在北京大学里"。非处所词表方所关系时必须加方位成分，此时的方位成分是强制性的，如：桌子、汽车、脑子、思想。方位域表述的空间范畴，除了自然空间、物体空间、社会空间外，还能表述心理空间。先天处所词能形成典型的地点域，非处所词能形成典型的方位域，从先天处所词到非处所词之间，形成一个由定点性到定位性的连续统，对方位词"上/里"的使用需求逐渐增强。

　　对方位词的隐现规则，学界曾从不同角度作出解释。邹韶华（1984）从语义分析的角度作出一定解释，他认为方位结构中的名词包含如下几个义素：①专有名词，如"北京"；②非专有名词，如"学校"；③地点名词，如"学校"；④非地点名词，如"杂志"。其中"专有"和"地点"是表示确定的方位的，是名词后不加方位词的因素。"非专有"和"非地点"是不表示确定的方位的，所以是名词后需加方位词的因素。"老王在北京学习"中的"北京"既有专有名词的确定性，又有地点名词的方位性，它在表示"确定的方位"这方面是自足的，不需要再另外加方位词。"老王在学校里工作"中的"学校"只涉及"非专有"和"地点"两个方面，正好属于两可。"老王在杂志上发表了一篇文章"中的"杂志"只涉及"非专有"和"非地点"两个方面，所以一定要加方位词。陈满华（1995b）从音节的角度考察了机构名词后面的方位词"上""里"的隐现情况，认为单音节"机构名词＋上/里"的组合，如"厂里、县里、县上、区上"等，方位词"里""上"不能隐去。双音节"机构名词＋上/里"的组合，如"厂子里、公司里、单位上、组织上"等，方位词"里""上"可以隐去。储泽祥（2004）也认为音节对方位词的隐现有强制性影响。当"NP＋方位词"的音节配置是"1＋1"方式时，方位词一般不能隐去。当 NP 是双音节或多音节时，其后面的方位词往往可以隐去。储泽祥还从处所词的词义典型性问题来考虑方位词的隐现问题，认为典型性的处所词表空间方所时，方位词可以隐去；而非典型性的处所词表空间方所时，方位词必须出现；中间阶段的处所词隐现有一定自由度。处所词与一般事物名词之间有一定连绵性，即两范畴间界限不明确，不能一刀切。从a组到f组，各组作"在"的宾语的能力越来越弱，对方位词的依赖也越来越强。

[70]　　　　　处所词　　　　　　　　　一般事物名词

a组	b组	c组	d组	e组	f组
旁边	办公室	黄山	屋子	电梯	家具
前面	警察局	长江	土窑	抽屉	思想
东边	外贸公司	黄龙洞	阳台	甲板	洪水
西部	火车站	广济桥	走廊	石凳	大火

（处所词与一般事物名词之间的连绵性，转引自储泽祥，2004：119）

对于方位词的隐现使用，标记理论似乎可以作出一定的解释。从标记理论看，"上/里"可被看作一个语法标记，有标记项用于定域，无标记项用于定点。定域指对于"名词+方位成分"的表达式，是以名词为位置参照点指定一个方位区域。如：他在食堂吃饭——他在食堂里吃饭。又如：他把车停在松山大学了——他把车停在松山大学里了。当位置参照物为处所词时，如果凸显的是一个地点而不是一处空间，则无标记项更常用。无标记的表述"他在食堂吃饭"可看作日常习惯性安排，也可看作具体的某个行为；有标记的表述"他在食堂里吃饭"则只看作具体的某个行为。"食堂、松山大学"作为地点域凸显其定点性，指称的是一个地点；后附方位成分则可凸显其空间区域性，成为用于定域的位置参照物。在汉语方位词"上""里"的隐现规律当中，先天处所词充当参照物时是典型的无标记项，非处所词充当参照物时是典型的有标记项，可选处所词则有可能两可，具体取舍视语境而定。

方位词"上""里"的无标记项可看作心理计算上的一个缺省值，标记缺省的原因既可以出于语用上的经济原则，也可能出于认知上的显著性（salience），即无标记项大多是各种范畴中的"典型范畴"，在信息处理中最容易被储存和提取，它们在人形成概念时最接近人的期待或预料。人类对事物的"熟悉度"与事物结构的"复杂性"相关，但两者成反比关系。越熟悉的事物，内部成员越多样，结构越简单。越生疏的事物，内部成员越单调，结构越复杂（沈家煊，1999）。如果位置域中参照物与目标物是常规空间关系，互动中已达成共识的空间关系会很容易被激活，参照物的维向和位置则可以被预见，这时，方位词传达的信息量较小，出现的可能性也较低。如"食堂"与"人吃饭"形成一种常规空间关系，"他在食堂里吃饭"中方位词就有隐去的可能。又如球场是供人玩球的，主体是平面型的，因此"他们在球场上踢足球"就也有隐去方位词的语义基础。邹韶华（2007）在用标记理论解释"在 + 名词"中方位词"上、里（中、内）"可以隐去的原因时认为，由"在"和名词性语素构成的词，不管名词性语素表处所、表物质还是表抽象，如"在岗、在家、在编"，其后在语义上也可看作隐含"上""里（中、内）"，这里的"上""里（中、内）"作为无标记项本可以加上，但实际上隐去了。储泽祥（2004）认为语义上负载新信息，隐去可能性就小。如果是常规性的，语义要求低，隐去可能性就较大。以方位词"里"来说，可以说"在图书馆看书"，也可以说"在图书馆里看书"。在图书馆看书是最自然不过的事，所以隐现的自由度很大。因为"图书馆"后面即使没有方位词标记，本身也能偏指"在图书馆里面"的意思，而不能指相反的"在图书馆外面"的意思。同样，"图书馆有人"只能是图书馆里面有人，而不可能指人在图书馆外面。这种习惯性语义所指现象被称作"中性词义偏移"（邹韶华，1988：252）。

　　方位词隐现规则也与参照物名词的维向特征及语义功能有关。周烈婷（2000）提出充当参考物的客观条件是相对稳定性和维向具体性。具体事物名词充当参照物时必须后附"上/里"这样的方位词指明目标物所处的具体空间区域。处所词像"学校、工厂、邮局、教堂"等既指处所，也指明处所的具体功能，其指明处所的功能使人类在进行一定处所活动时跟它们的关系产生稳定性，因此可不带"上/里"表处所。而专有地名如"北京、苏州、中国、香格里拉"等，是地点名字或地名、机构名的简称，只是物体的代表，并非实在的几何物体，无维向可谈，因此不具备带"上、里"的条件。方经民（2002）认为专有地名可看作一个抽象的实体，不体现为物体所占据的空间区域，是从空间世界中切分出来的自身区域，与方位成分的定域化作用矛盾。如：＊他住在上海里。储泽祥（2010）认为实体名词的物理空间性（原文用了"可居点"这一表述）影响着后置方位词的选择范围，主体与客体的位置关系影响着后置方位词的选择值，实体名词的空间语义功能影响着后置方位词的选择倾向。

2.4　介词短语"在 + 处所"中的介词"在"

2.4.1　关于"在 + 处所"中"在"的词性

"在 + 处所"是汉语中标引空间处所关系的一个介词短语，对"在"的语法研究，黎锦熙的《新著国语文法》中就有所涉及。有文献指出，"在"的介词用法始于甲骨文，介引时间、处所和对象（黄伟嘉，1987），但郭锡良（1997）认为先秦时的"在"属于动词用法，真正的介词用法是到汉代才产生的。占勇（2005）认为"在"最初的、最典型的用法是作动词用，甲骨文中出现的"在"属于后接处所名词的动词用法。范晓（1996）提出"在"的历史语法流变存在一个由动词向介词渐进虚化的过程，但这一演化过程中，有些介词虚化得不够彻底，造成了动词、介词的纠缠。至今，吕叔湘主编的《现代汉语八百词》把"在"分属于动词、介词和副词三个语法范畴。

汉语语法界普遍将含有"在 + 处所"的结构句式分为三种：

A 句式中，"在 + 处所"位于句首：在火车上，他认识了一位新朋友。

B 句式中，"在 + 处所"位于动词前：在汽车上看书（在 L VP 式）。

C 句式中，"在 + 处所"位于动词后：箭射在靶子上（VP 在 L 式）。

在关于"在 + 处所"中"在"的性质的讨论上，学界都认同范继淹（1982）和刘宁生（1984）将 A 句式中句首的"在 + 处所"视为介词短语、"在"视作介词的分析。但学界对 B 句式中"在"的属性争议较大，有动词、介词及体标记等多种说法。Chao（1968：333）把"他在家里歇着呐"中的"在"视为连动式（V-V series）中的第一个动词。Chen（1978）由"在"可以前置于持续动作动词而不能前置于瞬间动作动词推知"在"是一种体标记（aspect marker）和介词的合体（haplology），标明动作或状态的持续性或习惯性。王灿龙（2008）认为"在"最初的语法搭配是以处所动词身份参与构成多动词句式，随着语义磨损，"在"发展成为不完全动词。作为时体标记手段，"在"一身兼二任，既表方所，又表进行体。但学界主流意见是将这一句式中的"在"视为介词，如黄伯荣和廖序东（1997）将"在阅览室看书"中的"在"看作表示处所的介词。

对 C 句式中"在"属性的讨论集中于"在"是介词还是动词后附属成分的问题上，存在两种主要观点。一种认为"在"是介词，"在 L"作"V"的补语，如《暂拟汉语语法教学系统》就持这种观点。卢英顺（2005）认为"他把书放在桌上"中"桌上"是介词"在"的宾语，"在桌上"这个结构体在句中作补语。另一种观点认为"V 在"不能切分，即使带时态标记也是置于"V 在"之后，所以"V 在"是一个整体。蒋同林（1982）、王艾录（1982）和郭熙（1986）都把"V 在"视为复合动词，像"倒在地上"中的"在"表示动作的结果，与前面的动词在语音上合成一个语音单位。占勇（2009）从认知心理阐释了把"V 在"看成复合动词的理由：汉语的双音节化趋向和"在"语音上的弱化使其虚化成为一个附加成分。"在"甚至因进一步虚化而脱落，促成"放桌上""站讲台"这样的结构。但也有学者并不把"V 在"中"在"的介词属性和"V"的附加成分属性完全对立起来。金昌吉（1995）将"V"后的"在"看作介词，但同时提到它的虚化。岳方遂（1995）讨论了动词 V 的音节对"在"的属性的影响，认为 C 句式中当 V 为词根时，"V + 在"是合成词；当 V 为单音节或双音节动词时，"V + 在"是动介短语，"在"为介词。我们的观点是，从语法化理论出发，"在"的语法化确实经历了一个"动词→介词→附着成分"的过程，而且这个语法化过程是渐变的，渐变范畴之间的界限是模糊的。但是，只要"在"没有弱化到完全消失，"在"作为一个标记就应该承担同"在 L VP"中一样的语法功能职责，应该看作介词。我们下面对空间方位结构"在 L VP"和"VP 在 L"的习得考察，都倾向于将这两种结构中的"在"看作介词。

2.4.2　介词"在"的隐现使用

与英语介词在句法上具有强制使用性不同，汉语介词"在"的句法使用具有隐或现两种可能性。介词"在"引导的处所结构在句中可出现在 6

个不同位置：句首修饰语、主语、定语、述前状语、述后补语、述后宾语。关于"在＋处所"中"在"可以隐去的情况，学界主要对句首状语（储泽祥，1996，2010）、动词前状语（储泽祥，2010）和述后补语（郭熙，1986；齐沪扬、唐依力，2004）三处位置上的用法作过深入讨论。储泽祥（1996）认为，制约句首"在"隐现使用的因素有很多，如处所的音节数量、处所的结构类型、句子的内部结构以及"在"的涵盖义。"在"必现、必不现都是少数的情况，可隐可现的情况占多数。据储泽祥（2010：131）对《编辑部的故事》《我爱我家》《怎么爱你也不够》等小说文本中"在＋处所"使用频率所作的数据统计，句首修饰语中使用"在"的频率是 53.8%，隐去"在"的频率是 46.2%。

对于动词前状语位置上"在"的隐现使用，一般人的语感是"地点（处所）作状语的句子一般都需要用介词'在'"（吴丽君，2002：9）。张斌（2010：222）认为，介词短语在主语前、动词前和动词后虽然都有省略其介词的可能性，但所省介词类别不同，主语前常省略关涉、时间、处所类介词，动词前常省略工具和依据类介词，动词后常省略处所和目的类介词。这也印证了表处所的介词短语在动词前充当状语成分时介词"在"是不大可能省略的。储泽祥（2010：148）指出"在＋处所"（储文用了"在＋方位短语"这一表述）充当句子中心动词的状语时，"在"不出现的情形必须有着这样的共性：口语化＋简洁，比如"咱饭桌上绝不谈工作"；固定的用法，如"风里来雨里去"；特指性强的方位短语前，如"我这小茶馆内随意坐"。可见，"在"的省略主要出现在这种口语色彩浓厚的语境中，受语体特征的影响。而一般的叙述性语言中，动词前状语位置上的"在"因为要突出空间属性，是不能隐去的。

对于动词后补语位置上的"在"，郭熙（1986）认为动词后充当补语的方位结构中的"在"具有隐去的条件，单音节动词后的"在"可以隐去，口语化的双音节词后的"在"也可以隐去不用。齐沪扬、唐依力（2004：5－14）认为以下五种情况中补语位置上的"在"可以隐去：①移动性功能比较弱的动词，如非位移动词（停、锁类）和他移动词（扔、递类）；②"在"在口语里虚化为 de，容易隐去；③当方位短语表示事物存现的位置或事件发生进行的处所时，"在"容易隐去不用；④动词是单音节、方位短语的音节不太多时，"在"容易隐去；⑤口语色彩浓的祈使句或句末有完成成分"了"的句子里，"在"容易脱落。储泽祥（2010）认为"在"可隐可现时，结构关系是不同的，语义关系也发生了实质性变化。比如"放映机射出一束白光打在银幕上"中"在"出现，V 与"在 + 方位短语"是动补结构，V 与方位短语是动作与处所的关系，方位短语的空间属性很强；"在"不出现，V 与方位短语是动宾结构，V 与方位短语是动作与受事或对象的关系，空间属性被弱化。据储泽祥（2010：131）对《编辑部的故事》《我爱我家》《怎么爱你也不够》小说文本中"在 + 处所短语"的使用频率所作的数据统计，动词后补语位置上出现"在"的频率是 100%。这就是说，虽然理论上动词后补语位置的"在 + 处所短语"中的介词"在"有隐去的可能性，但人们真实的日常语感是倾向于让这一位置上的介词"在"出现的。

　　介词"在"有标示"定位"的作用，凸显某事物所处的位置，体现其空间属性，是汉语中的空间标记。从前文对"在 + 处所"介词短语在句首状语位置、动词前状语位置和动词后补语位置使用情况的分析来看，句首处所前边的介词"在"隐现最具有两可性，隐或现的比例都差不多是一半。作为存在句的主语，"在"更倾向于不出现。动词前状语位置上的介词"在"是不能隐去的，除非是为强化口语特征的语体需要，为追求简洁而刻意隐去"在"；一般情况下，状语位置上介词短语中的"在"是需要出现的。动词后补语中的介词"在"虽然有隐去的可能性，但语料库中母语者日常的产出中并没有发现隐去的用例，说明实际语言使用中，这一位置上的"在"是倾向于出现的。

2.5　汉语"在 + 处所"构式的英语表述

　　我们这里所分析的汉语"在 + 处所"构式并不与严格意义上的英语方位构式（locative construction）相对应。严格意义上的英语方位构式及方位动词（locative verb）是 Pinker（1989）提出的可学得性（learnability）理论所关注的问题，受到广域和狭域使用规则的限制。曾有学者将英语和汉语特定方位构式及动词做过比较研究（Juffs，1996；李红，2008；李红、张磊，2008），也有一些非严格意义上的空间方位构式的对比研究（张珂，

2007；绪可望，2012），但因为汉语和英语在严格意义上缺乏空间方位表述方面的对应性，若按西方的方位构式标准来展开比较，难免产生削足适履的牵强。因此，本书接下来展开的是一种单向比较，仅讨论分析英语中对应汉语"在＋处所"构式及其成分的表述形式。

2.5.1　英语对应"在＋处所"构式的表述

在表达目标物和参照物之间的关系时，对应于汉语中介词加上方位词的表述，英语主要采用介词。在多数场合，英语"介词＋名词"可与汉语"介词＋名词＋方位词"对应。英语表述空间关系时对空间维度的刻画较为精细，不同介词使用上各有分工。汉语在使用机构、场所类名词或专有地名充当参照物时，前面可以只单用介词"在"。比如：

> [71]　在花园浇花
> [72]　在球场看比赛
> [73]　在暨南大学学习
> [74]　在云南旅行
> [75]　在办公室开会

汉语中的介词"在"可以表静态和动态两种空间关系，静态空间关系如"位置"（position），动态空间关系如"到着"（destination）；区分"在"这两种表意功能靠的是"在……"的语序。"在……"表示"位置"时不能用在动词后，只能用在"在 L VP"构式中；"在……"表"到着"时不能用在动词前，只能用在"VP 在 L"构式中。而与此相对应的英语介词短语通常只能置于动词后①。正如刘丹青（2002）指出的，在使用前置词的语言当中，介词短语的常规位置是在动词之后。因此汉语中"在 L VP""VP 在 L"这不同语序的两个构式通常只跟英语中一种句序形式对应，比如：

---

①　英语中也可以把介词短语移到句首，如"In the water, I pushed my sister"，但这是一种比较特殊的句式，属于有标记的句式，带有特定的语用语篇功能。

[76] 我在水里推我妹妹。I pushed my sister in the water.

[77] 我把我妹妹推在水里。I pushed my sister into the water.

[78] 蚱蜢在草地上蹦。The grasshopper jumped in the grass.

[79] 蚱蜢蹦在草地上。The grasshopper jumped into the grass.

例 [76] 和例 [78] 表示动作"推"和"蹦"发生的位置，"在……"在动词前。例 [77] 和例 [79] 表示动作的对象"我妹妹"和"蚱蜢"在动作的作用下到达的地点，"在……"在动词后。英语中语序不是用来区分语义的主要语法手段，而是通过时态和不同介词的使用来加以区分（对此本书在 2.7.1 节中也有讨论）。

2.5.2　英语方位构式中的动词

英语中有着定义明确的方位构式，这些构式依据动词语义加以分类，一种是"V NP1 into/onto NP2"，另一种是"V NP2 with NP1"。根据 Pinker（1989）和 Levin（1993）的描述，方位构式中的动词是指"把物质或一组对象放到容器里或某物体表面上，或将该物质或对象从容器或物体表面转移走"的一类词。方位构式中的动词可以分为内容类方位动词（content verb）、容器类方位动词（container verb）和转换类方位动词（alternating verb）①。英语中的方位构式和动词类别分别和广域规则（broad-range rules）、狭域规则（narrow-range rules）相联系，如 Pinker（1989）指出，广域规则揭示句法与语义间的联系，描述结构意义中的共性；狭域规则限制方位动词在结构意义之间的转换。

汉语"在 NP（上/里）"构式与英语中的方位构式有一定程度上的对应性，但在动词的准入规则上则完全不同。虽然汉语的"在 L VP"和"VP 在 L"两个子构式与英语的"V NP1 into/onto NP2"和"V NP2 with NP1"两个构式对动词都有语义上的限制，但英语"V NP1 into/onto NP2"

---

① 内容类方位动词以图形为直接宾语，如 pour、dribble、drip、spill 等。容器类方位动词以背景为直接宾语，如 fill、cover、decorate、face、pave 等。转换类方位动词以背景和图形为直接宾语，可以在两类构式中相互转换，如 load、heap、pack、splash、spray、sprinkle 等。

和"V NP2 with NP1"两个构式中，动词是否带有完整覆盖义决定了能否进入其中一个构式。而决定汉语动词能否进入"在 L VP"和"VP 在 L"构式的，是动词是否带有［反复］、［持续］、［位移］义项。在表述跟汉语"在 L VP"和"VP 在 L"两个子构式相对应的句式时，英语不以语序作为区分语义的语法手段，只使用同一种语序，英语相应表述中也未见对动词准入有语义限制。比如：

[80] A. 我们在汽车站见面。We meet at the bus station.

B. *我们见面在汽车站。

[81] A. 他们在教堂做礼拜。They attend service in the church.

B. *他们做礼拜在教堂。

[82] A. 钱包掉在地上。The purse dropped on the ground.

B. *钱包在地上掉。

[83] A. 树倒在马路上。The tree fell on the road.

B. *树在马路上倒。

在例［80］和例［81］中，汉语中的动词性成分"见面""做礼拜"只能出现在"在 L VP"构式中，不能进入"VP 在 L"构式。在例［82］和例［83］中，汉语动词"掉""倒"只能出现在"VP 在 L"构式，不能进入"在 L VP"构式。而英语相对应的表述中都使用同一种语序，也就谈不上对相关动词有准入限制。

2.6　英语介词 IN 和 ON 的空间语义分析

英语空间方位研究成果众多，像 *The Semantics of Prepositions*（Zelinsky-Wibbelt，1993），*Language and Space*（Bloom，et al. 1996），*Space in Language and Cognition：Explorations in Cognitive Diversity*（Levinson，2003）等都是有代表性的专著和论文合集，上述研究主要结合心理学、语言学、社会学的研究成果对空间范畴问题展开多角度分析。介词是英语方位构式中不可或缺的结构成分，相关研究较为丰富深入，早期有影响的研究者包括 Clark（1973）、Miller 和 Johnson-Laird（1976）、Hottenroth（1993）、Cuyckens（1993）、Feist 和 Gentner（1998）等。

2.6.1　英语介词 IN 和 ON 的几何语义分析

空间维度是几何语义分析的切入点，介词 in 和 on 所表征的维度特性因具有视觉上的直观性而容易被人首先关注。几何因素反映了情境的拓扑类型，包括目标物、参照物的形状和接触与否等信息。几何法决定了人们在表征内包含空间关系时习惯于用 in，表征平面接触关系时用 on，并随着背景物凹度的变化来调整 in、on 的使用。Hottenroth（1993）对介词 in、on 的几何语义特征有过具体阐述，认为介词语义分析应与相关论元的空间特征联系，介词语义的生成涉及论元事物的不同特征、事物概念化和范畴化的特定原则、物体空间概念的系统心理操作等。Hottenroth 认为，介词所定位的是目标物和参照物特定区域间的方位关系，介词所界定的参照物空间域类型的信息决定了其具体语义。对不同参照物的认知和识解决定了语境中介词语义的核心部分。这种认知和识解的结果是针对参照物具有一个或多个可能性互动区域（regions）的界定。以下面四个名词短语为例：①the peaches in the bowl；②the crack in the bowl；③the objects in the box；④a hole in the box。介词与名词 bowl /box 的互动，产生了参照物的两种可能性区域：一是被 bowl/box 内空间所覆盖的区域，如例①和例③；一是 bowl/box 实体材料所占据的区域，如例②和例④。对目标物特征的识别，需要借助于解读目标物和参照物空间关系的一般性知识，这能决定对区域所指的判断。

英语介词 in 所表述的几何语义是空间关系中最基本的一种关系，早期有众多学者对 in 的空间语义概念作出界定。Leech（1969）认为"X in Y"所表述的应该是"X"被围绕（enclosed）或限制（constrained）在二维或三维空间"Y"当中这样一种空间语义关系。Clark（1973）、Quirk 和 Greenbaum（1973）则认为 in 所表达的其实是"X"和三维实体或二维域"Y"之间空间上的重合（coincidence）关系。Miller 和 Johnson-Laird（1976）提出"X in Y"中 in 的几何语义分析必须能够解释为什么"Y"在指向三维实体的同时，还能用于二维甚至一维的情形，比如"There are quite a few snakes in the desert."，又如"Watch out for that curve in the road."。他们认为 in 能用于指三维、二维甚至一维的情形是基于"Y"具备这样一个概念特征，即拥有内空间，内空间是 in 语义所指的关键。Cooper（1968）认为"X in Y"表述的 X 位于 Y 的内部，其限制性条件是 X 必须比 Y 小。Bennett（1975）持相似观点，认为"X in Y"表述的 X 位于 Y 的内部（interior）。Miller 和 Johnson-Laird（1976）认为 in 的拓扑语义要求关系词（relatum，即介词引领的关系名词）必须具备一个次范围（subdomain）来提供内部空间，比如"a city in Sweden"中的"Sweden"对"city"有一种方所包含关系，"the coffee in the cup"中的"cup"构成容纳"the coffee"的容器（container）。他们认为关系词（relatum）"Y"必须具备能提供内部空间的特征。

Cuyckens（1993）提出，in 所表述的空间构形特征可能是一个家族相似性结构（family resemblance structure），in 的概念子集间界限是模糊的。无论是围绕（enclosure）、重合（coincidence）还是内空间（interior），这些概念都不能涵盖 in 表达的所有空间关系，仅采用一个空间构形特征不足以概括 in 的所有用法。Cuyckens 主张放弃对 in 作语义特征上的统一界定的做法，认为实际上并不存在一个充分必要的语义特征可以概括 in 的所有用法。Cuyckens 把"X in Y"中的 in 界定为表述了 X 和 Y 之间的重合关系：in (X, Y) = coincidence X, medium (Y)。他把呈家族相似结构的媒介 Y 的空间构形特征按［维度］、［±边界］、［±中空］等分为六种（见表4）。

表4 "X in Y"中"Y"空间构形特征上的家族相似性结构

（整理自 Cuyckens，1993：52 – 55）

类型序号	媒介（medium）的空间构形特征	例句
1	三维、有边界（bounded）、中空（porous）	There is a lot of dust in the cupboard. Let us meet in the airport. The children are in the car. He lives in a country house. He lives in our street. She's got a child in her arms.

（续上表）

类型序号	媒介（medium）的空间构形特征	例句
2	三维、有边界、非中空（non-porous）	He felt a twinge in his finger. He has got a ring in his ear. The kettle hangs in the fire. The gold is in the ore.
3	三维、无边界（unbounded）、中空	the plane in the fog / the clouds the birds in the air There are black holes in the universe. Granddad is now in heaven.
4	三维、无边界、非中空	Jezus walks in the water. There is dust all over the place.
5	二维、有边界	They live in town. London is in England. The team is out in the field. He works in the harbour.
6	二维、无边界	He is all alone in this world.

　　Hottenroth（1993）对与空间介词 in 相对应的法语介词 dans 的空间几何构形特征作了详尽的认知语义分析，其所有分析都可借鉴用来对 in 进行几何语义特征上的解读。其认为"三维、有边界、中空"是空间介词 dans/in 最典型的语义特征，当参照物为封闭性容器时，介词属于最高频也是最典型用法。典型用法会被人首先意识到，也是儿童语言习得中最早被学会的。Hottenroth 运用格式塔原则（principle of Gestalt）进一步分析了 dans/in 的非典型用法，比如容器边界不全、空间包含不明显时，仍可以使用介词 dans/in 的情况。比如当堆叠起来的水果超出碗的边缘时，我们仍可以说"the peaches in the bowl"。他认为这是源自参照物功能促动的区域心理封闭（region mental closure），空间介词所辖区域即使处在材料边界之外仍可在概念上看作参照物的一部分，由人自己在心理上对参照物实体边

界进行补全，这就是心理封闭原则（the principle of mental closure）。其认为"the woman in the little boat"和"the man in the armchair"中 in 的使用都是源自这种对实体边界的心理封闭。实体边界封闭的心理操作很大程度上是在遇到开放性容器范畴时自动给定的，各类容器可以越来越开放，甚至可以是平板，如"the meat on（in）the plate"。这种部分封闭区域的实体边界可以减少到一个指环甚至一个点，如 the napkin in the ring、the bolt in the nut，以及 the man in the door frame。实体边界越少，封闭越倚赖心理上的边界补全，空间介词的使用越倚赖参照物作为容器的功能。这种情形下心理封闭都是功能促动的。除了功能促动，实体边界的心理补全也可以是视觉促动的：比如"the bird in the tree"和"the man in the crowd"。也就是说，当人们运用［±三维］、［±边界］、［±中空］构形特征给参照物分类时，都不自觉运用了维度投射原则（the principle of dimension projection）和心理封闭原则等最普遍原则。不同程度的参照物彼此相关，形成一个家族相似结构，与邻近概念特征重叠最多的，可以被看作典型概念成员。

很多关于空间词语义特征的调查都将场景几何性看作一个重要因素。Herskovits（1986：149）认为 in 的最典型用法是用于三维几何构造中的内空间包含（inclusion）。几何关系对于介词选择的重要性也得到了实验的验证。Feist 和 Gentner（1998）的实验发现，背景物凹度影响了受试使用 in 还是 on 来描述场景，凹度越大，受试使用 in 的比例越高。语际目标物和参照物如何被几何性图式化以及在空间关系的编码类型上是有普遍性的。比如 in 需要参照物具有一个内部空间，表征为具有一定容积（volume），目标物处在参照物内部，参照物需具备容积或域来定位目标物。Leech（1969）在考虑 in、on、at 时优先考虑维度，把 in、on、at 分别与一维、二维、三维对应。然而特征背后隐藏的事实其实复杂得多，因为标识为三维的物体可以有两个或三个维度，标识为二维的物体可以有一个或两个维度，这就涉及几何特征的典型性问题，正如 Vandeloise（1994）指出的"维度的魅力在原型理论中得以施展"。

英语介词 on 是另一个最为常见的表征空间方位关系的介词。《牛津高阶英汉双解词典》（第六版）中对介词 on 的表达空间方位关系的词义的解释为"in or into a position covering, touching or forming part of a surface"，意指覆盖在物体表面并与其接触，或构成物体表面的一部分。关于英语空间介词 on 在 "X on Y" 中的几何语义，Cooper（1968）提出是 X 和 Y 之间的平面关系，并指出 Y 对 X 有支撑的功能。Leech（1969）则认为在 "X on Y" 中，X 贴近 Y（contiguous with the place of Y），且 Y 应是以一维线条或二维平面的空间方式存在。Bennett（1975）提出的是平面方位关系框架 [on Y：locative surface（Y）]；但平面不需要一定是水平方向平面，如 "the label on the box"，"the picture on the wall"。而且他们认为，on 的水平支撑具有可传递性，比如地板上有一张地毯（rug）、地毯上有一张桌子，虽然桌子和地板中间隔着地毯，且桌子和地板并不互相接触，但我们可以说 "the table on the floor"。学者们把这种 "the table on the floor" 的可接受性归结为支撑关系的可传递性。但 on 空间语义上的传递性具有一定的限制，比如有一盏灯在桌子上，桌子又在铺着地毯的地板上，我们就不能描述说 "the lamp on the floor"。on 所能表征的范围一定是跟参照物表面互动的区域，而不仅仅是平面，在描述堆叠事物的空间关系时，on 在语义上的传递性是受限制的。

2.6.2　英语介词 IN 和 ON 的功能语义分析

Garrod 和 Sanford（1989）以及 Vandeloise（1991）率先提出英语、法语中介词功能的重要性，提出定位控制（location control）是 in、on 等介词使用中的重要因素，介词并不仅仅表示单一的空间关系。定位控制是指参照物始终控制目标物的位置，参照物的移动会引起目标物相应的移动。例如，介词 in 既涉及几何性的内包含关系，又与定位控制有关。他们认为物体间的功能关系对于空间语言的使用及词语的扩展使用来说非常重要。Hottenroth（1993）注意到，不是所有物体的三维空间都能称为内空间，比如将碗倒扣时，碗下面的土豆只能说 "the potato under/ * in the bowl"。同样的拥有碗内空间，为什么放正的碗有内空间可以用 in，而倒扣的碗却不可以拥有内空间而不能用 in？答案就在于它们的功能不同。放正的碗其三维空间具有充当容器的功能，能盛放、运送、储存东西，它们的内空间构筑了我们称为 Y 的活动区域（active zone）。而倒扣的碗，尽管材料一样，其三维空间失去了容器用来盛放、运送、储存东西的功能，不能满足 Y 所能提供活动区域的特征条件，自然不能称为内空间。能说明容器功能重要性的例子还有 "we had our legs under/ * in the table"。桌子下的空间看似将我们的 "腿" 包围，提供了容纳的内空间，但 "桌子" 对人的腿来说，常规互动关系不是空间容纳，桌子最重要的功能是平面的承放功能，相对于 "桌子" 的功能性平面，"腿" 自然是在其下部。

　　再看两个例子："the foot in the stirrup"，"the coin on/ * in the stirrup"。这两个例子中，"马镫" 本来是谈不上有内空间的，但就是因为与 "脚" 和 "硬币" 发生了不同功能的空间互动，使得在介词使用上出现了不同。两个例子中的 "马镫" 当然拥有同样的三维空间，但只有前一个例子中的马镫被看作有内空间，可以充当容器。Hottenroth 对此的解释是，容器这个概念不仅仅在于可以盛放或运送东西，同时也需具备控制被容纳事物位置的功能。前一个例子中 "马镫" 和 "脚" 在空间上有常规的互动关系，对骑行者的 "脚" 有一种空间位置的掌控性，因此用介词 in 呈现的是容器图式。"马镫" 跟 "硬币" 则没有常规的互动关系，也谈不上提供内空间存放的掌控，鉴于硬币形体较小，"马镫" 提供平面支撑的功能更明显，因而用 on。

图 3　IN 语义中的功能因素

基于视觉系统的几何分析法无法完全解释介词的使用，这时功能法往往能够补缺。功能法强调参照物的互动功能是介词使用的决定因素（Coventry、Carmichael 和 Garrod，1994；Vandeloise，1991，1994）。如图 3，尽管梨被苹果顶出碗外，已不在碗内部，但仍使用 in 描述梨和碗的关系，就是受碗充当容器功能的因素促动，这种功能性因素也称为表征空间关系的超几何规则（extra-geometry）。超几何这一概念是指几何特征之外的一种空间关系。大量的研究表明，空间介词的理解和使用不仅受几何关系的影响，也受超几何关系的影响。超几何关系涵盖了与物体功能相关的各种变量以及物体能否在语境中实现这些功能（Coventry 和 Prat-Sala，1998；Coventry，1998；Coventry，1999；Coventry，Carmichael 和 Garrod，1994）。Coventry 和 Garrod（2004）曾提出一个针对空间语言理解的功能几何性框架（function geometric framework）。这个框架下辖三个概念：几何性规则（geometric routines）、动态运行规则（dynamic-kinematic routines）和标准情境下物体互动的特定知识（specific knowledge），将空间关系的几何性解释和非几何性解释结合在一起。

空间关系中的超几何功能成分又有哪些因素呢？Talmy（1988）首先提出了语言中的力动态（force dynamics）这一概念，Vandeloise（2003）在谈到力因素在介词 in 用法中的角色时，认为是动态因素（dynamic factors）而不是几何因素（如三维）或拓扑因素（如包含）决定了法语介词 dans 和英语介词 in 的使用。其列举的一个例子是我们可以说 "The bulb is in the socket."，却不可以说 " * The bottle is in the cap."。对于此例中介词 in 的使用，几何因素如三维或拓扑因素如包含（inclusion）都解释不了，Vandeloise 认为是充当容器的物体与被承载的物体之间的力（force）因素促发了这种接受度上的差异。前一个句子中插座决定了灯泡的位置，而后一个句子中反而是瓶子控制了瓶盖的位置。如果 in 要成功表述容器和被承载物之间的关系，"X in Y" 中的 X 除了是填充物外，还必须是被支配物（dominated object）；Y 除了是容器外，还必须是支配物（dominating object）。介词 in 使用中力因素的角色（the role of force）被儿童语言习得所证实。儿童习得全包含与半包含关系一样容易，是因为虽然构形上不同，但动态上是等同的，这说明动态相似性（the dynamic similarity）比拓扑差异（topological difference）更重要。"The bulb is in the socket." 和 " * The bottle is in the cap." 这两个句子在接受度上的差异是出于动态因素考量的。如果物体间的动态关系是等同的，即使有明显的拓扑变化也将在 in 的使用上被忽略。

从 20 世纪 90 年代开始，关于空间介词语义中定位控制和超几何变量的实证研究开始涌现（Aurnague，1993；Feist & Gentner，1998；Garrod，et al.，1999）。空间介词语义中所含有的功能性因素也得到了介词习得研究的证明。Feist 和 Gentner（1997）调查了背景物的功能信息对 in、on 的使用具有影响的可能性，他们在实验中采用 5 个非生命度的背景物（碗、碟、盘、平板、石块）和一个有生命度的背景物（手掌）。结果表明，有生命度的背景物使用 in 的比例高于非生命度的背景物。而同样是非生命度的背景物如碗、碟、盘、平板、石块，因为凹度的不同，in 出现的比例由高到低分别是：碗（0.65）＞碟（0.50）＞盘（0.09）＞平板（0.08）＞石块

（0.07）。另外在向受试呈现带生命度目标物（萤火虫）和非生命度目标物（硬币）来考察目标物的生命度的角色作用时，他们发现对非生命度目标物使用 in 的比例高于带生命度的背景物。对于有生命度的背景物使用 in 的比例高于非生命度的背景物，他们的解释是，有生命度的背景物更倾向于发挥意念控制，更倾向于担当目标物容器的角色。与此相反，带生命度的目标物因为能控制自身位置，具有较低的可容性，对 in 的适应性也就降低了。Coventry（1999）采用完句填空任务（sentence completion tasks）和句子可接受度评判任务（sentence acceptability rating tasks）实验显示定位控制在成人介词使用中起到预测（predictor）的作用；in 在强定位控制情境中使用最多也被评定为最正确，在弱定位控制中使用最少。Richards、Coventry 和 Clibbens（2004）在针对儿童空间介词习得的研究中发现，儿童一开始更敏感于定位控制而不是目标物的位置。他们采用木偶剧情（naughty puppet scenario）为实验工具，测试了 80 个年龄为 3 岁、4～7 岁、8 岁的儿童的介词使用情况，发现即使是最年幼的儿童也会在出现定位控制的情境中最多地使用 in/on，而在没有定位控制的情境下很少使用 in/on。这一结果表明儿童在能产出介词 in、on 不久后就开始对定位控制敏感。定位控制比几何关系对他们选用介词描述情景时的影响更大。几何关系的影响随年龄增大而增加，而定位控制的影响在不同年龄组中是持续的。

2.7　汉英空间方位构式表述差异对习得的影响

2.7.1　汉英方位构式形式差异

比较"在桌上——on the table"，就能发现汉语、英语名词充当介词宾语时虽都受语义制约，但在结构表现形式上有所不同。英语中名词充当介词宾语时形式上没有特定要求，相比之下，汉语中事物名词充当介词宾语时，受语义制约会需要另加方位词，处所词充当介词宾语则无须加方位词。比如，"The key is in the draw."，译成汉语时说"钥匙在抽屉里"，方位词"里"在此时是必不可少的。就英语介词 in 和 on 来说，本身就表位置和维向；而汉语介词"在"只标识空间关系，具体维向要由方位词来体现。英语介词语义上分工明确，表征维度时各司其职，如 in 表三维体，on 表二维域或面，at 表零维点。汉语"上"和"里"虽有分工，但语义交叉的地方不少，可换用的地方很多，如"田野上/田野里""操场上/操场里"。所以英语介词 in、on、above、over 都或多或少地与汉语"在……上"存在语义上的对应性。

绪可望（2012）认为，英语中采用的是"方向＋背景"的空间方位概念结构，与汉语采用的"背景＋方向"的概念结构有所不同。在概念参数前后位置的顺序上，英语是将方向置于背景之前，汉语是将背景置于方向之前。概念结构上的差别直接导致了英语和汉语方位结构句法上的差别。相对于汉语中"在 ＋ 处所"介词结构具有"在 L VP"和"VP 在 L"两种句位，英语中则一般以句尾为优势句位，正如崔希亮（2002）所指出的，英语中标引空间方位关系的介词结构几乎总是居于句子的末尾。汉语"在 L VP"和"VP 在 L"结构形式上的差异，与语义上"在 L"分别表示动作发生处所和动作到达处所相对应。英语中一种句式结构在语义上能对应汉语的两种句式结构，是因为英语在区分句式语义时不靠句序，而是借助时态和不同介词的使用。例如：

不及物施动句

[84] The monkey is jumping on the horse's back. 小猴子在马背上跳。

[85] The monkey jumped/leaped onto the horse's back. 小猴子跳在马背上。

[86] He is jumping in the water. 他在水里跳。

[87] He jumped into the water. 他跳在水里。

及物施动句

[88] He is hanging the lantern onto the roof girder. 他在屋梁上挂灯笼。

[89] He hung the lantern onto the roof girder. 灯笼他挂在屋梁上了。

[90] He is writing a notice on the blackboard. 他在黑板上写通知。

[91] He wrote a notice on the blackboard. 通知他写在黑板上了。

汉语空间方位结构所采用的"处所短语 ＋ 动词"语序，可以说反映的是从大空间范围到具体事件的概念认知顺序。英语本体和习得研究中所指称的方位构式（locative constructions）跟汉语在语义上不完全对应，英语通常采用"动词＋方位结构"的语序，可解读为采用了具体事件——大空间范围的概念认知顺序。在例［84］~［87］的不及物施动句中，汉语"在L VP"与"VP 在L"的不同句序体现了施动者所处位置的变化。在例［88］~［91］的及物施动句中，虽然没有出现施动者或受动者所处位置的变化，但汉语仍有"在L VP"和"VP 在L"两种句序。而相应的英语表达都只采用同一种句序，只是在介词或时态的使用上有所调整。潘文国（1997：257）认为，因为汉语是语义型语言，语序必须符合逻辑性，所遵循的逻辑律包括时序上的先后律、空间上的大小律、心理上的轻重律和事理上的因果律。我们认为，汉语有"在L VP"与"VP 在L"不同句序，正是遵循这种逻辑律的体现。潘文国同时认为，英语语序遵循形态律，虽然英语逻辑性也很强，但这种逻辑性是通过形态来实现的。所以汉语"在L VP"与"VP 在L"不同句序所体现的语义差别，在英语中主要通过介词和形态来加以区分。

那么，英语母语者学习汉语空间方位结构时，能否掌握其母语中不具备的通过句序来表达空间逻辑关系的句法语义规则呢？同时，汉语中介词"在"只能描述空间关系的类型，指出参照客体的存在，而不能描述目标物在空间关系中的具体维向；汉语需要借助方位词，通过"整体－部分"图式来展现具体空间关系。汉英空间方位表述上的差异是否对习得产生影响值得探讨。学习者一旦只按母语空间认知的语言表征方式输出汉语空间表达，在中介语的认知系统作用下，有可能会产生错误输出。

2.7.2　汉英方位构式中动词准入的差异

方位构式对动词的选择在不同语言间是不同的（Bley-Vroman & Joo，2001）。汉英方位构式句法语义上不具备完全的对应性，对构式中核心成分动词的语义限制也有所不同。首先是动词在时间幅度上的差异。邓守信（1986）指出，英语中的一个动作动词（如 paint）有了动作便包含结果，而汉语中没有类似的含义。像"昨天我画了一幅画，可是没画完"适用于汉语语法，对应的英语句子"＊I painted a picture yesterday but I did not finish it." 就不合语法，邓文认为英语动词的动作时间结构更大。我们认为，这种动词时间结构的差异在汉英方位构式中也存在。汉语动前构式"在 L VP"倾向于表示动作，"VP 在 L"倾向于表动作结果，这种子构式的分工可以使动词的时间结构相对单纯，语序作为重要的语境因素在很大程度上对动词的时间性有具体的限制和补足。而英语方位构式的语序单一，动词时间结构缺乏来自语序语境的补足，这需要动词本身带有较大的时间性结构。

英语方位构式中的动词受广域规则和狭域规则的语义限制。比如依据狭域规则，英语方位动词可分为三类（Juffs，1996；Joo，2003）：图形类，如"pour、spill、nail"等，构式中目标物（即图形）可担任动词的直接宾语；背景类，如"fill、cover、decorate"等，构式中参照物（即背景）可担任动词的直接宾语；转换类，如"spray、load、pack"等，构式中目标物和参照物（即图形和背景）都可担任动词的直接宾语。动词在不同构式间的转换需受狭域规则限制（narrow constraints）。而汉语的动前构式"在 L VP"和动后构式"VP 在 L"中，对动词的动相是有具体要求的，动前构式中的动词所表现的动作具有［＋重复］、［＋意愿］、［＋进行］的语义特征，动后构式中动词所表现出的动作具有［－重复］、［－意愿］、［－进行］的语义特征。

2.7.3　汉英方位构式中介词成分的差异

人类的空间认知具有共性，英语和汉语在空间介词和方位词的使用上，对典型空间范畴几何义的划分，如 in 与"（在）……里"、on 与"（在）……上"，很大程度上是具有对应性的。比如 in 和"里"都反映了典型三维体内空间的包含关系，on 和"上"都反映了典型二维平面的支撑关系。现有研究表明，"在……上/里"与 on/in 在表述典型性内空间包含关系和平面支撑关系时，语义上具有一定对应性（马书红，2006，2008；魏行，2007；李亚非，2009；储泽祥，2010：30）。周烈婷（2000）认为，典型 in 和"（在……）里"都表示某目标物处在一个封闭的参照物空间范围里，封闭越严，包含部分越多，用方位词"里"越自然。因此当参照物为封闭空间和半封闭空间时，"里"为最典型的方位词。这类参照物为典型容器类物体，有外壳或外部边框，内部存有空间，为全封闭或大部分封闭结构。"上"的原型义是物体表面的平面支撑，而"里"的原型义是与"外"相对的二维域和三维体空间的内部。"上"和"里"的典型空间义之间，是个空间关系渐变的连续统（武和平、魏行，2007）。

　　但英语和汉语的空间关系表述也存在差异，首先体现在空间介词和方位词所对应的空间范畴有所不同。语言的出现虽然是出于交际需要而对外部世界的一种反映，却不是对客观世界的完全真实的反映。语言的形成更多的是建立在人与外部世界互动的基础上的，根植于人们的身体经验和文化经验，因此带有一定的主观性。但在语言的实际使用上，这种维度上的限制常被打破。这是因为很多空间介词概念的边界是模糊的（Cuyckens，1993），即使同一种语言，不同空间介词之间也会有语义交叉的地方，很难一刀切以作泾渭分明的划分。比如沙发和书架都是典型的含有三维空间的事物，但在表述空间关系时，英语倾向于使用介词 on 来描述有关沙发和书架空间内的事物，比如 "a book on the sofa"，"a vase on the bookshelf"，而不是使用介词 in。汉语也是一样的，我们更倾向于说"沙发上、书架上"，而较少说"沙发里、书架里"。这说明语言并非完全反映客观世界。在人们的认知中，这些事物的功能属性是更显著的也更有意义的，其客观的物理属性倒不是非常重要。正是因为主观性功能属性常替代了客观的物理属性，所以英语和汉语在非典型的空间内包含和平面支撑关系的表达上，会存在差异性。英语倾向于用 in，而汉语更多倾向于用"上"。

　　英语、汉语相同空间概念会映射到不同词汇形式上，造成语际空间关系表达的不对应性。介词 in 在汉语中要用介词"在"和方位词"里"一起对应。这也是为什么英语中有十几个表达静态空间关系的介词，而汉语中只有一个介词"在"却同时还拥有众多数量的方位词。沈家煊（1999：47）说汉语可以对维度不作任何形式的表现，只用"在"，方位词可以不出现。且汉语"上"对应与英语不同维度的介词：笔尖上、绳子上、地板上、报纸上、大厅上，是泛表"附着"的方位词。英语、汉语在反映几何关系的空间介词/方位词使用上，差异较为明显。英语中 in 的空间范畴大于 on，涵盖了 on 的一部分语义；汉语中"上"的空间范畴大于"里"，涵盖了"里"的一部分语义。在空间范畴的划分上，"上"和"里"表示"点、线、面、体"等维度时分工是不明确的（张斌，2010：733），这与英语 in 和 on 在维度、凹凸度上有明确划分是不同的。虽然我们常说在语义上，on 对应"上"，in 对应"里"，但在空间范畴上不完全重合，有时也会出现 in 对应"上"的情况。请看下面几个例子：

[92] 零维点　at the point　（两条直线交汇）在点上
　　　一维线　on the line　　在线上
　　　二维域　in the ground　在操场上
　　　三维体　in the airplane　在飞机上

从例 [92] 来看，英语中遵循的规则是，不同空间维度基本上使用不同的介词；而汉语中空间维度概念并不完全是选择方位词使用的标准之一。沈家煊（1999：62）认为，汉语在空间关系的维度表达上会牺牲一定的精确性来换取简洁性，不像英语那样用不同的介词将参照物的维度严格而系统地分为三类。英语很重视维度的划分，对不同维度使用不同的介词，语言与视像间的对应严密精当。空间的维度表示形式可以看作主观赋予名词的"体貌"特征，跟动词"体貌"一样，英语都比汉语来得严格和有系统（沈家煊，1999：47）。因此，只要参照物是三维的，英语都倾向于用 in。比如：

[93] a. the ship in the river　河面上的轮船
　　　b. the bird in the tree　树上的鸟
　　　c. the bulb in the socket　插座上的灯泡
　　　d. the bolt in the nut　螺帽上的螺栓
　　　e. the cars in the street　街上的汽车
　　　f. the foot in the stirrup　马镫上的脚
　　　g. the old man in the armchair　安乐椅上的老人

我们发现这部分三维物体参照物中，英语一律用 in，而汉语都使用"上"，这种差异来自认知主体。我们认为，英语有边界补全优先原则，即使不是全封闭的三维体，会倾向于想象其有个三维边界，把目标物包含在内。而汉语在处理这种不典型的三维空间内的目标物时，不会考虑去补全边界，而是优先突出其平面承载的特征，会倾向于想象参照物对目标物的支撑功能。比如"the foot in the stirrup——马镫上的脚"，英语用 in，汉语用"上"。实际上"马镫"既不是个容器，也不是个平面，就因为强调"马镫"的功能，英语和汉语都调动了格式塔原则。英语倾向于心理封闭原则，认为马镫能物理掌控人的脚并把脚盛放在一定空间，把马镫看作一个三维中空有边界的空间；汉语倾向于承附功能，把马镫看作一个平面。足可见英语、汉语认知视角的不同。又如"the coin on/ * in the stirrup——马镫上的硬币"，英语中并不认为"马镫"对"硬币"有内空间的盛放控制关系，没有功能关系，参照物则不能称作容器，所以用 on。而汉语可以说"硬币放在马镫上"，聚焦的是马镫的底部平面对硬币所具有的支撑／接触功能。对类似于这种英语用 in、汉语用"上"的语际差异现象，陈婧、鹿士义（2018）解释分析为不同语言在对目标物和参照物的空间关系进行编码时，几何和超几何规则在这些场景中的权重不同。我们再看一组目标物与参照物之间有嵌入关系的例子：

[94] a. the nail in the board　板上的钉子

b. the nail in the wall　墙上的钉子

c. the knife in the bread　面包上的刀

d. the axe in the tree-trunk　树干上的斧子

这些例子中汉语都忽略局部的嵌入，而整体上考虑为两物体间的接触和附着关系，更倾向于用"在……上"。而英语中这种细节的嵌入关系都得到了很好的表述，空间介词用的全是 in。再看下面表述"部分－整体"关系的用例，英语是倾向于用 in 表包含，而汉语则倾向于看成附着而用"上"，比如：

[95] a. the muscles in his leg　他腿上的肌肉

b. the vines in his hands　手上的血管

c. the hole in the box　（外侧）盒子上的洞

d. the crack in the bowl　碗上的裂缝

e. the notes in the margin　页边上的批注

f. curve in the road　公路上的弯道

　　至于 on 与汉语中所对应的"在……上"的对应性，汉语、英语之间的差异要小，多数情况下都对应，只有"on campus"用汉语说是"校园里"，这是因为汉语倾向于把校园看作有边界的域，而英语倾向于看作一处开放性场所。

　　语言学界对英语空间介词 on、in 的空间语义范畴的分析已经非常成熟了（Herskovits，1986；Zelinsky-Wibbelt，1993；Vandeloise，1994）。他们把 on 分为四种不同语义，表四种空间关系；把 in 分为九种不同语义，表九种空间关系。马书红（2007）按语义成员的不同，把汉语中"（在）……里""（在）……上"与英语中 in、on 的对应性作了比较：

[96] The pen is in the drawer. 笔在抽屉里。（核心成员，归入汉语对应范畴）

〔containment ＋ full enclosure ＋ full occluding〕

[97] The flowers are in the vase. 花在花瓶里。（核心成员，归入汉语对应范畴）

〔containment ＋ partial enclosure ＋ partial occluding〕

[98] He is sitting in the doorway. 他坐在门槛上。（非核心成员，归入汉语不同范畴）

〔partial enclosure ＋ partial occluding〕

[99] There is a nail in the wall. 墙上有颗钉子。（非核心成员，归入汉语不同范畴）

〔partial enclosure ＋ partial embedding ＋ partial occluding〕

[100] There is a hole in the fence. 栅栏上有个洞。（非核心成员，归入汉语不同范畴）

〔partial enclosure ＋ partial embedding ＋ non-occluding〕

[101] The veins in his hands are lumpy. 他手上的血管很突出。（非核心成员，归入汉语不同范畴）

〔part-whole ＋ full enclosure ＋ full occluding〕

[102] There is a curve in the road. 路上有个弯道。（非核心成员，归入汉语不同范畴）

〔part-whole ＋ partial enclosure ＋ non-occluding〕

［103］There are notes in the margin. 页边上（空白处）有一些注释。（非核心成员，归入汉语不同范畴）

［partial enclosure ＋ non-occluding］

［104］He is sitting in the sun. 他坐在太阳下面。（非核心成员，归入汉语不同范畴）

［full enclosure ＋ non-occluding］

［105］There is a glass on the table. 桌上有个杯子。（核心成员，归入汉语对应范畴）

［surface contact ＋ support ＋ non-occluding］

［106］There is a picture on the wall. 墙上有幅画。（核心成员，归入汉语对应范畴）

［surface contact ＋ attachment ＋ non-occluding］

［107］The dog is tied on the chain. 狗拴在链子上。（中间成员，归入汉语对应范畴）

［edge contact ＋ attachment］

［108］There is a gas station on the highway. 路旁有个加油站。（非核心成员，归入汉语不同范畴）

［edge contact ＋ contiguity］

在 on 的这四个语义成员中，［surface contact ＋ support ＋ non-occluding］和［surface contact ＋ attachment ＋ non-occluding］最具代表性，被定义为 on 的核心成员（Zelinsky-Wibbelt，1993）。［edge contact ＋ contiguity］的典型性最差，不具区别性，是边缘成员，而［edge contact ＋ attachment］则为中间成员，因为它的特征介于典型与不典型之间，起着连接核心成员和边缘成员的作用。在 in 的所有语义成员中，［containment ＋ full enclosure ＋ full occluding］和［containment ＋ partial enclosure ＋ partial occluding］是最典型的核心成员，它们所表示的是 in 这个范畴最具代表性的语义特征，正是这两个核心成员把 in 和 on 这两个范畴区别开来。其余的语义成员为非核心成员（包括中间成员和边缘成员）（Vandeloise，1994；Cuyckens，1993）。我们发现，在 in 和 on 核心范畴的语义成员中，其两个核心成员都完全分别与"在……里""在……上"对应，非核心成员则与"在……里""在……上"对应情况不一。on 的非核心成员都与"在……里"对应，而 in 的非核心成员则大多数与"在……上"对应。这印证了魏行（2007）和马书红（2008）的观点：与汉语的"（在）……里"相比，in 在确定其成员时所遵循的标准更灵活、更有弹性，因此 in 的语义成员不仅比"（在）……里"的成员要多，而且包括了"（在）……上"的语义内容。"（在）……上"的语义成员比 on 的要多，这是因为"（在）……上"不仅和 on 共享三个成员，而且把英语中一些属于 in 的成员也并入自己的范畴，这表明汉语"（在）……上"的空间语义跨越了英语的 in 和 on 两个范畴。上述语义对比说明汉、英语在空间范畴化上既有相似性又有差异，主要表现在：这两种语言把某些语义成员（尤其是核心成员）归入相同的空间范畴，而把另一些成员划入不同的范畴。汉英空间范畴上的关系不是一一对应的，而是有同有异、错综复杂的，这势必会给二语学习造成一定困难。

可见，汉英空间范畴既有对应性，也有不对应性。对应的范畴里既有典型的内包含和平面支撑/接触空间关系，也有非典型的空间关系，此时 in 对应"里"，on 对应"上"。如：

[109] IN – 里［容纳、全封闭、全遮挡］典型
　　　　　a watch in the drawer　抽屉里的手表
　　　　　［容纳、部分封闭、部分遮挡］典型
　　　　　rice in the bowl　碗里的米饭
　　　　　［部分封闭、部分遮挡］非典型
　　　　　flowers in the park　花园里的花朵

[110] ON – 上［接触、支撑、无遮挡］典型
　　　　　a book on the table　桌上的书
　　　　　［接触、附着、无遮挡］典型
　　　　　a picture on the wall　墙上的画
　　　　　［边缘接触、附着、无遮挡］非典型
　　　　　a lamp on the ceiling　天花板上的灯
　　　　　［环绕接触、附着、无遮挡］非典型
　　　　　a ring on the finger　手上的戒指

而汉英空间不对应的范畴则都是非典型的内包含和平面接触/接触关系，此时 in 对应"上"，on 对应"里"。如：

[111]　IN‒上[部分封闭、支撑、部分遮挡]

　　　　birds in the tree　树上的鸟

　　　　[部分封闭、部分嵌入、无遮挡]

　　　　a hole in the shirt　衬衣上的破洞

　　　　[部分整体、全封闭、全遮挡]

　　　　the vines in his hands　手上的血管

　　　　[部分整体、部分封闭、无遮挡]

　　　　a curve in the road　公路上的弯道

　　　　[部分封闭、无遮挡]

　　　　news in the newspaper　报纸上的新闻

　　　　[部分封闭、部分嵌入、部分遮挡]

　　　　a nail in the wall　墙上的钉子

　　　　[支撑、无遮挡]

　　　　sheep in the meadow　草地上的羊

　　　　[功能支撑、全封闭、全遮挡]

　　　　passengers on the plane　飞机上的旅客

[112]　ON‒里[容纳、封闭、遮挡]

　　　　buildings on the campus　校园里的建筑

汉语母语者和英语母语者对空间介词使用上所反映出的民族认知方式的差异，需要我们进一步加以论证。第五章先行实验将对此进行探讨。

2.8　小结

通过上述汉英空间关系表述的对比分析，我们发现汉英空间方位结构从形式到语义都存在差异，主要表现在空间介词/方位词语义范畴的划分上、空间概念与空间介词/方位词的语义映射上、空间介词/方位词的隐现上、空间方位结构的类别和动词的语义限制上，而这是否可能会对英语母语者的汉语二语习得造成一定影响，很值得关注。一方面，在汉英空间介词/方位词语义范畴的划分上，英语介词 in、on 的典型空间义项分别是表内包含和平面支撑关系，这和汉语方位词"里"和"上"分别对应。但非典型空间义或涉及空间介词/方位词的功能义上，英汉空间 in 与"里"、on 与"上"的对应性则不很明显。英、汉语也都存在使用 in/on、"里/上"两可的情况，这时介词/方位词的选用取决于主体对几何规则和超几何功能规则的权衡，取决于主体对参照物底面支撑或内包含视角的选择。由于语际认知的主体性，汉英空间方位词使用的不对应性可能越发明显。而这会不会也是二语习得中的难点？很值得探讨。就是说，方位词典型空间义项是否会因为母语二语中的对应性而促进习得？非典型义项会不会因为母语二语中的不对应对习得造成干扰？母语和二语之间在空间认知上的差异性会不会影响习得效果？这些都是本研究所关注的。

　　另一方面，在句法形式上，英语空间介词是强制出现的，而汉语的方位词分必隐、必现、可隐可现三种情况，方位词的隐现取决于作为参照物名词的空间维度特征。先天处所词（专有地名）不讲维度，在空间上是不作具体切分而以一个完整的点的概念出现；非处所词（普通事物名词）有外部或内部空间维度特征，需要方位词来具体指明维向性，没有方位词则不能表达出空间义；可选处所词（兼地名、物名或机构名）既可作为一个点空间，也可作为一个拥有内空间维度的事物，方位词的隐现取决于认知主体的视角和语用因素。因此在方位词必隐、必现规则的选择倾向上，在隐现两可的使用频率上，二语者能否达到母语者近似水平？能否表现出母语者一样的心理表征？这些也很值得关注。而且，汉语中体现为不同语序的两种空间方位结构具有不同的结构义，"在 L VP"表动作发生和状态出现的场所，"VP 在 L"表动作参与者经动作达到的处所。英语中只有一种语序模式，英语母语者习得汉语时能否正确区分两种不同空间方位结构的语义？而且不同空间方位结构对动词的空间义特征有限制，进入"在 L VP"结构的动词须具备［＋持续性］、［＋重复性］、［＋可控性］等语义特征，进入"VP 在 L"结构的动词须具备［－持续性］、［－重复性］、［－可控性］等语义特征，英语母语者能否以及在何种水平阶段上习得这种动词用法也是我们感兴趣的。

　　我们对汉语空间方位结构二语习得的考察除了包括体现空间范畴划分的方位词选用、方位词的隐现规则和空间方位结构义、动词的习得外，还将包括介词"在"的习得考察、方位词各义项的习得考察，同时我们也想探知英语母语者与汉语母语者在相同空间关系的认知上是否存在差异。汉语拓扑空间关系的表述使用两个处所标记：前置词"在"和后置方位词，而英语中只有一个处所标记：比如前置介词 in/on。汉语这种复杂的框式结构是否会导致二语学习者在习得框式结构时在成分上顾此失彼？陈凡凡（2008）曾指出"留学生将介词'在'和方位词也都当成了一种处所标志，表处所时便择其一而用之。汉语这种既有前置词又有后置词的现象给留学生带来了很大的困扰"，但陈的研究未对学习者的国别进行区分，我们希望能对英语母语学习者的汉语空间方位结构习得进行针对性研究。汉语方位词"上""里"都含有多种义项，分空间义项和非空间义项，空间义项又分典型空间义和非典型空间义。我们想探知是否学习者对空间义项的习得好于对非空间义项的习得、对典型空间义的习得好于非典型空间义的习得、词义典型性是不是二语空间词习得的一种重要的因素。

第3章 空间方位结构的习得研究

本书重点考察基于内包含和平面接触空间关系的汉语空间方位结构二语习得，对前人习得研究的回顾也集中在表述这两种空间关系的空间方位语言结构上。以往英语空间方位结构习得研究涉及对介词、动词以及空间方位构式（locative construction）的习得考察，而汉语现有空间方位结构相关成分的习得研究主要集中在介词"在"、方位词"上/里"的习得考察，未见到空间方位构式义和动词习得研究。以往的英语空间方位构式习得研究在理论上各有倚重，词汇—语义迁移、概念迁移、典型效应、标记理论和输入频率都曾被用来对习得过程进行解释。本书将在基于语言使用的习得理论框架下，对汉语空间方位结构不同成分的习得作具体分析。我们对空间方位结构习得研究的文献回顾从儿童母语空间词汇习得研究开始，然后是英语和汉语空间方位结构二语习得研究。

3.1 母语空间词汇习得研究

空间是人类认知的基础，所有语言都具备以特有方式描述空间关系的手段。母语空间方位语言习得是一个重要的研究领域，像空间介词、空间小品词、方位词的理解和产出都是关注重点。国外的儿童母语空间方位语言习得研究以 20 世纪 90 年代为分水岭。20 世纪 90 年代前，人们对母语空间方位习得的研究主要集中在空间词汇的习得顺序及其相关解释上（张仁俊，1985）。90 年代后，人们更多的是从认知的角度，考察人类空间概念特征的共性及语言的特定性、空间义项的典型性与非典型性、空间义项习得中的功能因素以及语言输入对母语空间词汇习得的影响。跟国外研究相比，国内的相关研究开展较晚，主要集中在空间词汇的习得顺序上，因此有着较为广阔的研究领域亟待开拓。儿童母语空间方位习得领域的研究主要验证具有共性的基本空间概念（如重合、容纳、支撑）的发展途径（Clark，1973；Slobin，1973），寻求空间概念共性存在的证据。大量研究表明，不同语言间儿童习得空间介词的顺序是相对一致的，这种顺序其实也是现实世界中空间概念被习得的顺序（Clark，1973；Choi & Bowerman，1991：84；Sinha，et al.，1994）。比如 Sinha 等人（1994）调查了英语、丹麦语、日语中方位小品词的语义和语素差异对一语习得过程的影响。他们的发现支持了前人的研究，即这三个语种的儿童在习得各自母语的方位词时显示了一致的顺序，先是对应于 in 的词，然后是对应于 on 的词，再是对应于 at 的词。这种跨语言的习得顺序似乎表明，无论母语是哪一种，所有学习者共享基本的方位概念，并加以编码（如 in、on、at、near 等），基于人类感知的空间共性便产生了语言共性。

3.1.1　儿童空间词汇习得顺序及相关因素研究

对儿童空间词汇习得顺序的研究主要是在普遍语法习得机制下展开的，各国儿童在习得顺序上的趋同性被看作对语言习得机制的支持和印证。Piaget 和 Inhelder（1967）把儿童所习得的空间概念关系分为三种：拓扑（topological）空间概念、投射（projective）空间概念和欧几里得（euclidean）空间概念。拓扑空间概念是指空间上的附着、支撑和包含关系，这种空间关系不随观察者的视角变化而变化；表拓扑关系的空间词有 on、off、in、inside 等。投射空间概念是指由一个形状和这个形状投射到平面上的影子构成的空间范围，形状和影子之间是非接触性的、离析的；表投射空间关系的词，有 over、above、under、below、behind、in front of 等。欧几里得空间概念指当一个形状的位置发生变化时，其实际量度保持不变；表欧几里得空间关系的词，有 across、through、between 等。那么，体现这三种空间概念的空间词语在各语言中作为母语习得的顺序又是怎样的呢？决定习得顺序的又有哪些因素呢？

总体来说，空间范畴上的习得不是齐头并进的，儿童习得空间上的包含概念早于支撑概念（Casasola & Cohen，2002；Gentner & Bowerman，2009）。Windmiller（1976）对 24 个 2 岁半至 7 岁半的以英语为母语的儿童进行理解和产出的测试。其将儿童分为五个空间发展阶段，使用不同实物作为道具来测试不同阶段儿童在拓扑词、投射词和欧几里得词的理解产出情况。结果表明各阶段儿童对拓扑空间词的理解都不存在显著差异，因为受试都正处于或已通过空间发展的拓扑阶段；各阶段儿童对投射词和欧几里得词的理解存在显著差异，说明理解投射词和欧几里得词取决于儿童所处的空间发展阶段。由此得出的结论是儿童所处的空间概念发展阶段决定了空间词汇的习得。

　　Johnston 和 Slobin（1979）对英语、意大利语、塞尔维亚 – 克罗地亚语、土耳其语四语种各 48 名儿童的空间词汇习得顺序展开调查，受试年龄为 2 岁至 4 岁 8 个月。实验过程中研究者借助实物引导受试儿童产出相关的语言空间描述。实验结果是：四语种儿童产生空间词汇习得顺序大体一致，都对应英语中的 in、on、under、beside、back、front、between。研究结论是，儿童空间概念的发展和语言加工难度之间的互动是解释空间词汇习得的重要途径。从概念发展角度看，in、on 先习得是因为它们指包含及支撑的简单概念；back 和 front 需要参照有前后特征的物体的前后部位，所以稍晚习得；而 between 需要协调参照物、被安放物甚至是观察者的关系，所以更难习得。是前置词还是后置词、是否有同义词、词法复杂程度及同形同音现象等都是语言加工难度因素。

　　汉语学者对汉语儿童的空间词汇习得也做了一系列研究。张璟光等人（1987）选用上、下、前、后、左、右、里、外、旁、中间 10 个空间词，通过实验考察了 58 名 2～6 岁汉语儿童对空间词汇的理解和产出，研究目的包括探求儿童掌握各空间词的年龄、掌握空间词汇的顺序。所采用的实验方法是受试儿童按照主试者的指导语把目标物放在参照物的相应位置上。在研究结果中儿童习得的大致顺序是：里→上/下→外→中间→前/后→旁→左/右。以全年龄组 75% 受试通过作为指标，2 岁组只掌握"里"；3 岁组已掌握"上、下、里"，对"前、后、外"掌握有提高，对"左、右"完全不懂；4 岁组有 1/3 会说"左、右"；5 岁组除"左、右、外"未通过，其余七个空间词汇都能理解和产出；6 岁组能理解和产出 10 个空间词汇。李向农等人（1992）在幼儿园对 1～5 岁汉语儿童采用观察法和话题法、现场笔录和录音相结合的方式，对随机抽取的 90 名受试进行了方位句及方位介词运用情况的调查分析。在他们的研究报告中，儿童习得6个空间方位词汇的出现顺序是：里→上→外→下→前→后。对应词间的习得一般隔半年左右。2～2.5岁前带空间方位词的方位句多于不带空间方位词的方位句，3岁以后两者大体相等。作者认为儿童只是把空间方位词作为构成方位句的部分语言素材。

孔令达和王祥荣（2002）以分年龄段调查和跟踪调查的方法来获取儿童现实话语中的语料，考察了汉语儿童方位词的发展顺序。结果大致是：里/上类→外/下类→前/后类→中/旁类→左/右类。他们的结论是：影响儿童方位词习得顺序的因素包括汉语方位词的语义理解难度差异、方位词的输入频度和方位词的句法功能。贾红霞（2010）对一名12个月大的汉语儿童进行了长达18个月的跟踪调查，采取每天写日记和定期录音录像的方式对受试的自发性言语进行观察。其得出的10个后置方位词的习得顺序是：里→上→下→后→中→前→外→旁→左、右，与孔令达和王祥荣（2002）的研究成果大致相同。作者对这一习得顺序的认知解释是：拓扑空间关系习得先于投射空间关系习得，投射空间关系习得先于欧几里得空间关系习得。贾红霞的研究成果再次印证了儿童语言的发展受儿童认知能力发展影响，不同民族语言儿童的空间认知能力发展阶段基本一致。但研究成果也显示不同语言的特定方位词的习得顺序并不完全一致，比如汉语中"旁"这一空间概念的母语习得时间要比英语、意大利语、土耳其语和塞尔维亚－克罗地亚语要晚。贾红霞认为这种差别是由不同语言空间系统的认知和分类不同，从而形成不同的语言空间表征造成的。

从上面的研究可以看出，各语言儿童在习得拓扑、投射和欧几里得三种空间概念时遵循大致相同的习得顺序。儿童语言的空间概念发展经历了一个从简单到复杂的过程。语言能力的发展和认知能力的发展是紧密联系的，认知的复杂程度是有共性的，不同母语的儿童都会在大体相同的时间内发展起某种认知能力。同时各语言相类似的空间概念在形式上有着不同的加工难度，这导致了同一空间概念在习得的时间上会有所差异。

3.1.2　儿童空间词汇习得的认知研究

从认知语言学角度开展的研究主要关注空间概念的先天性与空间语言习得之间的关系（Gonzalez-Álvarez & Doval-Suárez，2008）。在儿童空间语言习得领域，认知语言学主要是用于解释空间认知的普遍性、空间关系的典型性、空间词汇的功能因素、空间表述的语言特定性和习得过程中言语输入的重要性等。儿童的母语空间方位习得说明在表达空间方位关系上人类语言具有普遍性，这可从相似的习得顺序看出。但母语习得受输入的影响很大，各语言在空间关系表达上具有一定特定性。

关于儿童空间词汇习得中的认知普遍性主要是从习得顺序角度来阐释的。Slobin（1973）提出空间词汇的习得顺序在各语言间是相对一致的，这种习得顺序的基本一致性跟空间概念在非语言的认知中出现的顺序是一致的。Clark（1973）发现儿童通常是在知觉的基础上判断空间方位关系的，而不是依靠语言。当给儿童一个物体 A 和一个容器 B 时，不论提示语言中使用什么介词，儿童总是把 A 放入容器形状的 B 内。只要 B 是容器形状，提示语 put A in B 和 put A on B 会导致相同的结果。只要 B 有一个平面的、支撑的表面，同样的提示也会导致儿童把 A 放在 B 上。Clark 由此提出普遍空间范畴的存在。Sinha 等人（1994）调查了英语、丹麦语、日语中方位词在语义和音素方面的差异对母语习得的影响，他们的研究支持了前人的研究，即儿童都大致先习得各自语言中与 in 对应的介词，然后是 on，再是 at。无论母语差异如何，儿童都共享基本的方位概念，如 in、on、at、near 等。空间认知的普遍性会引发空间词汇使用的共性。空间概念认知上的普遍性也被理解为是一种认知上的先天性。Casasola 和 Cohen（2002）认为，当儿童处在同等进度的习得条件下，他们习得空间内包含的概念往往要比习得平面支撑的概念容易。

Bowerman 和 Choi（2001）认同 Slobin 的观点，认为世界上儿童最初的空间词汇都是与放入、取出、开、关、捡起、放下、站起、坐下等动作有关，空间词涉及的关系首先是包容（如 in、out）、支撑（如 on、off）和垂直（如 up、down），之后是毗邻关系（如 next to、between、beside），再是投射关系（如 in front of、behind）。这种词汇习得顺序是与空间概念的发展顺序相一致的，这是认知发展在空间词汇发展中的体现。空间概念的普遍性还体现在，各语言间凡是空间词汇出现频率较高的，往往也是较容易习得的部分。Clark（1976）的研究显示儿童对某些物体名词的倾向性使用是基于物体的形状，他们乐于使用的形状范畴（圆形、长条形）总是对应着与数量词搭配最频繁的范畴（汉语、日语都如此）。她认为语言习得与数量词的语义均受制于相同的认知基础，都能溯源到人类感知系统的根本特征。Gentner 和 Bowerman（2009）提出一个类型普遍性假设（Typological Prevalence Hypothesis，TPH），认为同等条件下语言中的某个给定范畴出现得越频繁，人类对它的认知就显得越自然，儿童对它的习得就越容易。他们同时认为，人类认知语际共有的语义范畴相对自然，这些范畴能被快速习得且偏误较少。语际共性少的语义范畴可能带有更多标记，分类不易，学起来会难些。

儿童空间词汇习得中的词义典型性研究表明，典型义项比非典型义项更早习得。Meints 等人（2002）考察了三组分别为 15、18、24 个月的英语儿童对空间介词的理解和产出情况。采用的实验工具是针对儿童父母的问卷调查和针对儿童的倾向性注意实验（the preferential looking task），研究目的在于找出是否存在一个阶段，儿童倾向于把空间介词 on、under 与典型情境联系起来。研究者在桌子上下方的中央位置（典型位置）和边缘位置（非典型位置）摆放实验物品或动物，考察受试在听到提示语后对实验物品或动物注意的时间长短。针对儿童父母的问卷调查结果显示，儿童对介词 on、under 所描述的典型情境要比非典型情境理解得好。儿童倾向性注意实验结果也表明，15 个月大的儿童对空间介词的理解仅限于典型情境（物体在桌子中心）；而 18 个月大的儿童对空间介词的理解则从典型情境扩展到非典型情境，会更关注物体处在桌子边缘位置的情形。可见儿童是把介词 on、under 的首个意义与物体所处的中心位置相联系，把典型义项作为空间词义发展的起点，然后学会把空间介词的范围进行扩展。这种经济的学习策略使他们在学习过程中不需要把物体与单词逐一进行映像。

Gentner 和 Bowerman（2009）考察对比了英语和荷兰语儿童习得包含关系和支撑关系介词的情况。英语和荷兰语中典型的包含关系介词都是 in，但表支撑关系时英语用 on，荷兰语则有三种对应情况，分别是 op、aan 和 om。其中 op 对应于"cup on table"中的 on；aan 对应于"picture on wall"中的 on；om 对应于"apple on twig"中的 on。两种语言中的受试都分为儿童实验组和成年对照组，儿童实验组按年龄分为 2 岁、3 岁、4 岁、5 岁、6 岁组，每组各 10 名受试，成年对照组每组也各 10 人。实验工具采用由实物来引发对话性产出（elicited production task）。实验结果表明，英语和荷兰语儿童同步习得 in，但英语儿童习得 on 早于荷兰语儿童习得 op、 aan 和 om。他们的解释是英语中的 on 是个较普遍（highly general category）的范畴，荷兰语的 op、aan 和 om 则是较特定的次范畴（specific subcategory），较普遍的范畴相对容易习得。其中荷兰语儿童习得 op 要比习得 aan 和 om 早，因为 op 更典型。相对于成人，荷兰语儿童倾向于在应该用 aan 和 om 的情境下用 op，Gentner 和 Bowerman 认为这跟 op 的典型性和高频率使用有关。

儿童空间词汇习得也受到空间词汇功能语义因素的影响。Choi 和 Bowerman（1991）认为韩语是根据定位控制程度（degree of location control）来刻画空间世界，而英语则是通过包含和支撑关系等几何规则（geometric routines）来刻画空间世界。他们提出母语影响儿童的空间概念和范畴的形成，但是各语言儿童都具备从几何和功能角度产出空间语言的潜能。McDonough 等人（2003）的研究显示，儿童在早期已经为学习位置控制做好了概念上的准备，他们对 9 个月到 14 个月大的儿童进行了测试，发现以韩语和英语为母语的儿童都已经对紧度、松度包含（tight and loose containment）和紧度、松度支撑（tight and loose support）范畴化了。这说明先于母语习得，儿童就已经在几何和超几何特征（geometric and extra-geometric properties）方面拥有了可用的信息。当语言习得步入正轨，所习得的语言实际是在构造语义范畴中形成的（Bowerman & Choi，2001）。Coventry 和 Garrod 在 2004 年提出了一个针对空间语言理解的功能几何框架（function geometric framework）。在功能几何框架下，空间语言的特定情形（situation-specific）意义是在动态运行规则（dynamic-kinematic routines）和场景中涉及的物体知识互动中建立的。以 in、on 为例，in、on 的理解和产出都受定位控制的影响，Richards、Coventry 和 Clibbens（2004）发现儿童在早期更敏感于定位控制而不是目标物的位置。他们测试了 80 个年龄为 3 岁 4 个月至 7 岁 8 个月的儿童，采用了儿童与木偶互动的实验。当一个顽皮的木偶把目标物搬到新的位置上时，受试儿童要告知一个双眼失明的木偶那个目标物被搬到了何处。研究发现，即使是最年幼的儿童也会在定位控制的情境中最多地使用 in，而在没有定位控制的情境下却很少使用 in。这一结果表明儿童对定位控制有很强烈的敏感性。定位控制比几何关系对他们选用介词的影响更大。

儿童空间词汇习得过程中也体现出一定的语言特定性，这种儿童空间词汇习得中所体现出的特定性研究主要集中在韩语习得研究中。Choi 和 Bowerman（1991）曾指出英语和韩语中的空间概念习得呈现出惊人的差异性。他们调查了英语和韩语的儿童母语习得，结果显示儿童早在 20 个月大时，其空间语义范畴就已具有语言特定性（language-specific）。他们发现，尽管非语言知识（nonlinguistic knowledge）在习得中很重要，但以英语和韩语为母语的儿童习得空间语义范畴却采用不同的习得策略。而空间语言习得策略的差异是与儿童母语的语义相对应，儿童所习得的空间义建构在其母语中。Bowerman（1996）提供了英语、荷兰语、韩语作为母语影响儿童空间词语习得的证据。她显示习得这三种语言的儿童对基本空间概念中所涉及的具体物体的侧重点有所不同。如动词 put in、put on 的习得，英语儿童侧重把动词 put 与 in 联系起来以表述把物体放在容器内，韩语儿童则侧重形状和体积的差异，在谈论一个容器时关注物体是紧切合还是松切合。英语儿童习得 put on 时倾向于把背景物看作提供支撑，荷兰语儿童则关注支撑关系中背景物的特定特征，如环绕（encirclement）程度等相关因素。

Bowerman 和 Choi（2001，2003）的研究显示儿童对空间的划分更类似于本族成人，不同语言间儿童最初阶段的空间划分缺乏一致性，这说明了空间词汇的习得具有语言自身的特定具体的特征。他们对比了英语和韩语儿童的空间表述差异，发现由于英语中的包含、支撑关系在韩语中大致分紧切合、松切合和松接触（loose contact）三种情形，当儿童在表述空间情形时，会采用自己母语中特有的方式对空间情形进行分类。英语儿童会对涉及包含、表面接触/支撑的行为作系统划分，而不管其是否具有切合度上的特征。而韩语儿童则忽视这种系统区分，他们更着重切合度上紧密与松弛情形之间的区别。英语儿童认识到包含是与 in 相关的范畴，而不与紧切合相关，韩语儿童能认识到紧切合是与动词（如 kkita）相关的范畴，而不与包含相关。儿童构建空间语义范畴的语言特定性也可从他们所犯的偏误中得到印证。Bowerman 和 Choi（2003）的研究发现，欧洲各语言的儿童在 16～21 个月之间都有泛用 open 的倾向，而韩语儿童很少犯此类错误。因为英语中所有能用 open 表述的动作在韩语中都被具体分析为大量的特定范畴。这说明语际空间概念虽然有相通性，但语言使用中又存在各自表述上的具体特性。正如 Young-Davy（2000）指出的，虽然空间概念是普遍存在的，但不同语言表述却存有差异。习得需要语言的普遍性，也离不了语言的具体特性。语言的多样具体性（linguistic diversity）与语言习得中起重要作用的先于语言的概念（pre-linguistic concepts）完全可以相互兼容、并行不悖（Vandeloise，2003）。所有语言都把方位关系离析为相似的成分，如包含（containment）、支撑（support）、重合（coincidence）等（Bowerman & Choi，2001），但各语言中，这些概念在空间词语以及范畴上的具体体现是不同的（Lakoff，1987），空间词汇的习得在各语言中也有特定性和具体性（Gentner & Bowerman，2009）。

除了空间表述的语言特定性因素外，早期的母语输入也是习得中的一个决定因素。Bowerman 和 Choi（2001）认为儿童早期所形成的空间语义范畴并非来自先天性空间知觉和概念倾向（conceptual predispositions）的直接映像，而是来自先天性空间知觉及概念与后天语言输入中的语义结构的互动，他们强调这种互动是空间概念形成的特征。他们对英语和荷兰语儿童的介词使用作了对照分析。英语儿童对介词 out 和 off 的使用是分不同场合的，out 用于从包含的空间中取走物体（如 taking a cassette out of a case），off 用于从所接触的平面上取走物体（如 taking a ring off a pole），而荷兰语儿童却在这两种不同场合都用 uit（out），这是因为 uit 在荷兰语中是个多义词。Kelly（2002）考察了 10 名母语为英语的儿童和他们的母亲使用介词 in、on 的情况。文章把 in、on 按构型（structure）分为介词、小品词（particle）和夹缀（split）三种用法；把 in、on 按使用类型分为空间（spatial）、时间（temporal）和关系（relational）三种用法。文章采用的语料来自 MacWhinney 的 CHILDES 数据库，这些语料是他们对 1 岁 6 个月至 4 岁 8 个月年龄段的儿童进行长达 32 个月的追踪而采集到的。分析结果显示母亲和儿童对 in、on 的使用都涵盖了空间介词、时间介词、关系介词和短语动词（phrasal verbs）各种用法。母亲使用 in 的非典型用法（non-prototypical uses）要少于典型用法，使用 on 的非典型用法比典型用法稍多些。但是儿童使用 in 时 90% 是典型用法，使用 on 时非典型用法与典型用法接近。儿童的 in、on 非典型用法都少于成人，但是儿童 in、on 的非典型用法在母亲的使用中都有发现，而没有发现儿童使用了非典型用法而母亲没有使用的情况。由此可以归结出一点：儿童产出的 in、on 非典型用法都是源于成人的言语输入。

现有的儿童母语空间习得主要是集中在空间词汇习得上，跨语言的母语空间词汇习得大体上遵循一致的习得顺序：拓扑空间词汇、投射空间词汇、欧几里得空间词汇，儿童对空间词汇的理解和产出取决于儿童所处的空间认知发展阶段。而语言形式加工难度的差异会使各语言间在个别词汇的习得顺序上有所不同。同时借助认知语言学的解释力，现有的儿童母语空间习得阐述了儿童母语空间习得中的普遍性问题、语言表述的特定性问题、词义的典型性问题、空间词汇功能因素问题以及语言输入对习得的影响问题。但目前还看不到对空间方位结构母语习得开展的研究，这将可能成为未来研究的一个新方向。

3.2　英语空间方位结构二语习得研究

二语空间方位习得过程与母语习得有所不同，这使得二语空间方位习得研究关注的重点与母语习得研究也有差异。母语习得中学习者的语言能力与人的认知能力几乎同步发展，语言习得前的大脑就如一张白纸，可塑性很强。而二语者尤其是成人二语者所面对的情境是，之前已经成功习得了母语，语言能力已经充分定型，因此成人二语习得者拥有了现成的基于母语的认知系统（well-established cognitive system），而这种现成的认知系统会对新习得的二语产生影响，学习者会倾向于在母语的基础上去拓展语言能力（王初明，2010）。之前习得的母语中的空间关系概念或语法形式会不自觉地在二语习用时产生影响，这对于二语习得者来说会产生两方面的影响：一方面是二语学习者仅仅需要习得区别于母语的二语中不同空间关系下的空间词的运用，他们无须习得新的空间概念。另一方面是母语中原有的空间概念和语法表达形式会不可避免地对二语的相关概念和语法形式产生干扰。多数二语习得研究者都承认学习者的母语在二语习得中扮演一定角色，且有大量证据表明二语习得的某些特征是跟母语相关的，比如学习者的母语在与二语规则相似时会有益地促进二语习得，但也可能导致负迁移。但对迁移会采取什么形式，有多普遍，在什么阶段体现出来，现有研究还很难达成一致意见。

目前学界对空间方位二语习得研究主要集中在空间介词和方位构式习

得上。研究表明，二语空间介词具有较高的掌握难度（Young-Dave，2000；马书红，2007，2008；Gonzalez-Álvarez & Doval-Suárez，2008），主要原因在于二语与母语间的差异以及母语向二语的词汇语义迁移。早期二语介词习得研究主要是描述性的，通过分析介词的语义组成和语法使用，寻求理解二语学习者所面临的困难；后来的研究则进一步深入调查影响习得的认知因素。Bowerman（1993）认为成人二语习得者拥有现成的基于母语的认知系统，根据 Kellerman（1979）的原型性（prototypicality）观点，非核心意义不容易从母语向二语迁移。研究领域的扩展使更多研究者提出了母语语义影响二语习得的问题。随后学者又开始聚焦于介词偏误的调查和母语对语义、语用、篇章层次的影响，他们对介词习得的考察遵循着两个框架：词汇—语义理论和原型理论，其中母语迁移是空间词汇习得研究的一个重要议题。

3.2.1　基于普遍语法理论的方位构式二语习得研究

这方面的研究主要从句法语义关联的角度来阐述普遍语法对二语习得的制约。所谓句法语义关联理论是指动词和句法形态间联系的规律性和可变性的理论，是关于自然语言语义信息与句法信息关系的研究。其关注的问题包括：动词哪些语义与句法结构有关？如何表征与句法相关的部分动词语义？动词论元与句法位置间如何联结？映射规则系统的本质是什么？（沈园，2007）这一理论当中有两个重要术语，广域规则是指对构式意义的限制；狭域规则是指对能进入某构式的动词类别的具体限制。因此句法语义关联理论下的二语习得主要关注的是英语方位构式和相关动词类别的习得情况。

Bley-Vroman 和 Joo（2001）调查了韩国母语者习得英语方位构式（广域语义知识）和进入构式的动词类别（狭域语义知识）的情况。选取了17 名英语本族语者和 59 名韩国英语学习者作为受试，实验工具为图片选择任务。研究人员呈现一个背景宾语方位构式句或一个图形宾语方位构式句，同时呈现一幅宾语受到完全影响和宾语受到不完全影响的图片，要求受试根据句式选择符合句式所表达场景的图片。测试材料为 12 个英语方位动词，分别为 4 个背景类方位动词（fill、cover、decorate、pollute）、4 个图形类方位动词（pour、spill、glue、nail）、4 个转换类方位动词（load、pack、spray、sprinkle）。实验结果通过方差统计分析表明，在二语习得组和英语母语组中，构式类别主效应显著，韩语组：$F = 32.495$，$p < 0.0125$；英语组：$F = 37.60$，$p < 0.0125$。当给受试呈现背景宾语构式时，受试倾向于选择背景图片，说明无论二语组还是母语组都意识到宾语完整效应的存在，都了解方位构式的构式意义。而动词类别主效应只在英语母语组中体现出主效应（$F = 66.120$，$p < 0.0125$），英语母语组受试在出现背景类方位动词的句式时倾向于拒绝选择与图形类方位动词匹配的图片，能判断出背景类方位动词的句式中出现图形类方位动词是不符合语法规则的。在出现图形类方位动词的句式时倾向于拒绝选择与背景类方位动词匹配的图片。而韩语母语者动词类别主因素分析显示没有显著效应，他们对出现图形类方位动词句式与背景类方位动词所描述图片的匹配判断，对出现背景类方位动词句式与图形类方位动词所描述图片的匹配判断，以及对可在两类构式中出现的转换类动词与相应图片的匹配判断，得分差不多，说明他们还没有具备本族语者所具有的方位构式狭域语义知识。Bley-Vroman 和 Joo 的研究结论是，韩国英语学习者掌握了英语方位构式的广域语义知识（构式意义），但是没有掌握英语方位构式的狭域语义知识（方位动词意义）。

Sawyer（2002）调查了日本英语学习者的方位构式习得情况。选取了50 名日语母语者为受试，实验工具为图片描述和语法判断任务。测试材料为三类方位动词，分别为转换类（spray、load、pack、sprinkle）、背景类（fill、cover、decorate、pollute）和图形类（pour、spill、glue、nail）。给受试呈现 12 幅图片，图片上画有一些物品，同时标出物品的英文名称，图片的下方有一个方位动词，要求受试用方位动词造出尽可能多的方位句式。如果受试用背景类方位动词 decorate 只造出背景类方位句式，说明受试知道 decorate 是背景类动词。如果受试还继续造出图形类方位句式，则说明受试认为方位动词 decorate 也是图形类动词，由此推知受试并未掌握这一动词的用法。实验结果表明，受试在图片描述任务中，图形类动词出现在了图形类方位句式中，并没有出现在背景类方位句式中，说明受试能区分这三类方位动词。在语法判断任务中，学习者表现出的倾向是并未拒绝图形类动词出现在背景类方位句式中，在 1 至 6 的可接受性等级梯度中得分为 3.5，与英语母语者的得分 1.8 有明显差距。但学习者对图形类动词是否可出现在图形类方位句式以及背景类动词是否可出现在背景类方位句式的判断得分分别是 5.3 和 5.4，与母语者的 5.6 和 5.6 没有显著差别。因此总体来说，母语为日本的英语学习者是能够区分三种方位动词类别的用法的。

Choi 和 Lakshmanan（2002）研究了韩语母语者学习英语方位结构狭域语义知识的情况。他们将韩国受试分为中级和高级两个水平组，分别有 11 名和 9 名受试，另有 10 名英语本族语者作为对照组参与实验调查。他们采用的实验工具是英语语法判断任务，对含有四类方位动词的句式进行是否符合英语语法的判断。四类方位动词包括可转换的背景类动词（load、stuff）、可转换的图形类动词（spray、plaster）、不可转换的背景类动词（fill、cover、soak）、不可转换的图形类动词（pour、spill、spit）。判断正确得 1 分，判断错误为 0 分。他们的研究结果表明，韩国中级英语学习者在可转换类的背景类动词、可转换的图形类动词、不可转换的背景类动词的得分与英语本族语者存在显著差异，不可转换的图形类动词的得分与英语本族语者不存在显著差异。虽然总体上中级学习者未能掌握英语多数动词的狭域语义知识，但至少是掌握了不可转换的图形类动词的狭域语义知识。从测试结果上看，9 名韩国英语高级学习者的成绩与 10 名英语本族语者的成绩不存在显著差异。

Joo（2003）探讨了韩语母语者习得英语方位构式广域语义知识（构式意义）和狭域语义知识（进入构式的动词类别的限制）的情况。英语方位构式广域规则的语义限制也即宾语完整效应，而方位构式狭域语义限制为英语所独有。受试为 17 名英语母语者和 59 名韩国高水平英语学习者。实验工具和实验材料与 Bley-Vroman 和 Joo（2001）的研究相同，实验工具为图片描述和语法判断任务，所用测试材料仍为转换类、背景类和图形类三类方位动词。实验结果显示，在英语母语组中，构式类别（$F = 37.60$，$p < 0.0125$）和动词类别（$F = 66.120$，$p < 0.0125$）主效应都有显著性；韩语组中只有构式类别具有显著的主效应（$F = 32.495$，$p < 0.0125$）。实验结果表明英语母语者和韩国英语学习者都掌握英语方位构式的构式意义。在动词类别进入构式时的判断方面，英语母语组倾向于在出现背景类构式时拒绝与使用图形类方位动词的图片相匹配，在出现图形类构式时拒绝与使用背景类方位动词的图片相匹配。转换类动词因为允许进入两种构

式，正确判断率比前两类高。韩语母语学习者则不能辨别不符合语法规则的句子，动词类别主因素没有显著效应，说明韩国英语学习者没有具备本族语者所具有的方位构式狭域语义知识。在图片描述任务中，英语母语组在出现应使用背景类动词的图片时选择背景构式的频率（3.88）高于选择图形类（0.41）和转换类（3.24）的频率。而韩国受试组在三种动词类别中选择背景的次数相当，当呈现应使用背景类动词的图片时，受试倾向于选择含背景类方位动词的构式；当呈现应使用图形类动词的图片时，受试倾向于选择含图形类方位动词的构式，即使该构式中的方位动词是背景类动词。他们在图形类动词语境中选择背景类动词的次数少，在背景类动词语境中选择背景类动词的次数多。因此，研究的结论是韩国英语学习者只掌握了方位构式的广域语义限制（宾语完整效应）并在应用中过度泛化该知识，只用完整效应判断句式是否正确，忽略了句式中的动词类别。这与Bley-Vroman 和 Joo（2001）的研究结论相似。

　　Juffs（1996）调查了中国母语者习得英语方位动词的情况。受试为具有 4 种不同英语水平的 120 名中国大学生。采用的实验工具为诱发性产出任务和语法判断任务。所用测试材料为 15 个英语方位动词：5 个图形类方位动词（pour、spill、vomit、nail、throw）、5 个背景类方位动词（cover、block、decorate、stain、touch）和 5 个转换类方位动词（load、pack、paint、spray、splash）。在诱发性产出任务中，受试被展示 12 幅图片，图片的物品标以英文名称，图片下方配有一个方位动词，要求受试用这个方位动词造出尽可能多的句式。如果受试知道方位动词 decorate 是背景类动词，就会只造出用于方位构式的背景句式；如果受试继续造出方位构式的图形句式，则说明受试认为方位动词 decorate 也是图形类动词，也能用于方位构式的图形句式，可以据此推知受试没有掌握方位动词 decorate 的用法。在诱发性产出任务中，只有高水平组英语学习者的方位构式认知水平接近英语本族语者。语法判断任务则是给受试呈现不同类方位动词的句式，要求受试判断句式是否符合语法规则。结果表明，高水平组英语学习者倾向于认为在含有容器物的句式中，目标物也可以作为宾语，而在英语中这是不符合语法规则的。

　　李红（2008）调查了中国英语学习者习得英语方位构式转换的情况。受试是 76 名英语专业学生，分两个水平组：本科生组（38 人）和英语专业研究生组（38 人）。实验工具采用了句子—图片匹配任务和语法判断任务。句子—图片匹配任务中的实验材料是含有 12 个英语方位动词的 24 个句子和 24 套图片。12 个英语方位动词分为三类：图形类（pour、spill、glue、nail）、背景类（fill、cover、decorate、pollute）和转换类（spray、load、pack、sprinkle）。每个方位动词可进入分别含有图形和背景宾语的两个不同构式，共 24 个句子，每种含有不同动词的构式各自配有背景图片（图形论元完全受到影响）和图形图片（图形论元没有受到完全影响）。语法判断任务中使用相同的 12 个英语方位动词和 24 个句子，要求受试判断每个方位动词所进入的图形和背景构式是否符合语法规则。句子与图片匹配任务的实验数据表明，本科生组构式的主因素效应显著（$F = 116.154$，$p < 0.001$），而动词类别的主因素没有显著效应（$F = 3.085$，$p = 0.052$），两个因素之间有显著交互作用（$F = 11.196$，$p < 0.001$）。研究生组构式的主因素效应显著（$F = 24.844$，$p < 0.001$），方位动词类别也有显著主因素效应（$F = 12.617$，$p < 0.001$）；两个因素之间没有显著交互作用（$F = 0.968$，$p = 0.385$）。研究得出的结论是两个水平组的学习者都习得了广域规则所涉及的语义限制，具有宾语完整效应知识。虽然数据结果表明两个水平组的学习者都在一定程度上习得了狭域规则所涉及旳语义限制，但研究生组对狭域规则的习得要好于本科生组。语法判断任务的统计数据显示，本科生组的构式的主因素效应显著（$F = 12.607$，$p < 0.001$），方位动词类别没有显著主因素效应（$F = 1.285$，$p = 0.283$）；两个因素之间有显著交互作用（$F = 20.989$，$p < 0.001$）。研究生组的构式的主因素效应显著（$F = 7.104$，$p < 0.01$），方位动词类别没有显著的主因素效应（$F = 1.313$，$p = 0.275$）；两个因素之间有显著交互作用（$F = 22.81$，$p < 0.001$）。这一数据结果表明，两个水平组的表现不存在显著差异，两个水平组的学习者都习得了广域语义限制，即习得了构式意义；同时在一定程度上习得了狭域语义限制，英语水平越高，对动词类别的习得也就越好。

3.2.2　基于语言使用观的空间方位结构二语习得研究

3.2.2.1　空间介词习得的原型性研究

原型理论主张语义范畴间不是二分的，而是呈范畴边界模糊的家族相似性结构。处在语义范畴中心的属于典型成员，处在语义范畴边缘的属于非典型成员。范畴化是概念与词语形成的基础，具有体验性特征。原型理论在二语中的运用体现为，典型义项的习得更接近母语者，非典型义项的习得在母语者和二语者间差异显著，这是因为非典型义项是不容易（less transferable）从母语迁移到二语中的（Ijaz，1986）。空间词语多义词各个义项并非孤立存在，而是以基本义项为原型组成语义网络。把空间词语放在多义网络系统中开展二语习得研究，可以探寻出空间词义的习得是否遵循一定的语义延伸方向。Taylor（1989）发现二语习得与母语习得有相似之处，即原型意义比边缘意义更早被二语学习者习得，随着学习者水平的提高，其对二语原型的选择和判断将越来越接近本族语，但是无论学习者水平高低都会同本族语者存在差异。空间方位的习得路径是空间方位习得研究关注的一个重要问题，具体义项一般比抽象义项先习得，空间义项比非空间义项先习得。一般认为，介词的多义性决定了不同语义间的衍生关系遵循着抽象义来源于基本义的发展方向。Dirven（1993）提出了英语介词的语义特征发展模式，即空间义是基本义，其他义经由时间义向更抽象义引申。他提出的词义网络是空间（space）→时间（time）→方式/状态/领域（manner/state/area）→情境/原因（circumstance/cause）。

Tanaka（1983）在调查日语者习得英语空间介词时发现，越是典型性的义项，在习得中越具有可迁移性（transferability），因此空间概念的核心成员或原型事例更容易习得。Tanaka 的实验验证了典型性与语言迁移间存在的这种互动，得出的结论是，一语词汇形式在运用中的相对典型性对词汇语义迁移起到制约作用，习得者将习得二语中的高度典型性用法，日语学习者在习得更典型的概念化的空间介词时不会有难度。Correa-Beningfield（1985）提出一个典型性迁移假说（Prototypicality Transfer Hypothesis，PTH）：与西班牙语介词原型概念最紧密对应的英语介词比其他介词更容易被西班牙学习者所接受。这一假说预测，因为西班牙介词 sobre 的核心语义特征与 on 相对应，都表示水平面上提供支撑的接触关系，因此将明显促进英语介词 on 的习得，受典型性影响产生的偏误也较少。研究数据支持了这一假说。总的来说，积极迁移通过英语、西班牙语空间概念间的语义对应而得到促进，这一假说在方位介词 on、in 的使用上得到证实。Young-Davy（2000）的研究问题之一是学习水平与方位词习得的典型性间的互动问题。其预测不同水平组的二语习得者在习得核心范畴时有较高习得率，其他非核心范畴的习得将受制于学习者的二语水平因素。预测在非核心范畴上受试更易受一语干扰产生词汇迁移，低水平者比高水平者在非核心的范畴上有更多偏误。研究结果表明，核心概念的确有助于习得，高、低水平者都有高习得率。在典型概念的习得上，一语的心理表征更易于映射到二语词汇上。但研究结果也同时表明，高水平二语习得者在四个范畴上并不都是低偏误率，只有在核心范畴的习得上，高、低水平组的差异是有显著意义的，其他三个水平组都不存在显著意义上的差异，这与预测不符。

瞿云华和张建理（2005）对 100 名中国大学生习得英语介词 before 的词义系统进行了研究。他们先根据认知语言学的相关理论和前人研究，确定了 before 的多义系统及各个义项的扩展路径。研究目的在于确定是否在 befeore 的多义系统中存在一个众义项的习得顺序，是否大学英语各阶段存在习得 before 程度上的差异，以及是否非英语专业学生与英语专业学生的习得存在程度差异。他们选取的三组受试分别是：39 名大学英语二级学生、36 名大学英语五级学生和 25 名大学英语专业四级学生。实验工具是 15 道汉译英题目（对应着 before 多义系统中的 15 个不同义项），要求受试用 before 来进行翻译。结果显示，受试在 before 各个义项上的得分情况体现出了他们对 before 多义系统的习得确实存在一定顺序；不同阶段的非英语专业学生在习得 before 各个义项的程度上没有显著差异；专业英语四级的学生与大学英语的学生在习得程度上存在显著差异。

马书红（2007）以范畴化理论为基础，考察目的语的语内认知因素、语际认知因素和学习者二语水平对英语空间介词语义习得的影响。语内认知因素指的是英语内部各空间范畴之间在语义特征上的区别与联系，而语际认知因素则指汉、英语在空间范畴化上的异同。受试共 232 人，分为四个组。初级水平组为来自某中学高二的 59 名学生；中级水平组 61 人，高级水平组 54 人，分别是某高校外语学院英语专业大一和大三的本科生；对照组是 58 名英语本族语者。结果表明：当范畴 A 的核心成员与范畴 B 的非核心成员共享某些语义特征时，中国学生往往把范畴 B 的非核心成员错误地归入范畴 A 的核心成员，却很少会把范畴 A 的核心成员错划入范畴 B，这体现了语义成员的典型性因素的作用。

李佳和蔡金亭（2008）以认知语言学的原则性多义网络为框架，研究了中国学习者对四个英语空间介词（above、over、under、below）的习得情况，采用的实验工具包括自由造句测试、语义相似性判断测试以及回顾性访谈。研究结果有两点发现，一是中国学习者与英语本族语者对这四个空间介词的多个义项和核心义项之间的语义相似性判断及心理认知距离有显著差异；二是中国学习者对这四个空间介词的语义网络习得情况不佳，但对空间介词核心义项的掌握情况比边缘义项好。马书红（2010）考察了中国学生对英语介词 in、on 和 over 语义成员的分类和习得情况。受试共186 人，分初、中、高三个不同英语水平实验组（分别为 49、49、56 人），加一个 32 名英语本族语者组成的对照组。要求受试对三个介词从中心义到边缘义进行等级评估。研究发现中国学生在 3 个介词核心语义成员的分类上倾向于与英语本族语者一致，而在非核心成员的划分上则与本族语者有很大的不同。调查结果为 3 组中国受试在各类语义成员上的得分之差都有显著意义，3 个介词的核心、中间和边缘这三类成员确实给中国英语学习者造成了不同程度的习得困难，对这 3 个介词核心语义成员的习得难度远远低于非核心成员。

　　空间介词的功能性因素也对二语习得产生影响。这方面的研究主要来自 Garrod、Ferrier 和 Campbell（1999），他们认为典型义主要是由几何关系定义，非典型义则是由功能关系定义。介词的语义表征虽然以几何特性为主，但在解释方位用法的引申扩展时不能发挥很好的作用，如远距离接触、隔物接触都是功能性的。他们提出空间介词如 in、on 在语义表征上呈现的是模糊的空间关系，这体现了一定场景中物体的物理关系是一种动态功能几何关系。他们考察了功能性包含（containment）情境下受试使用 in的信心情况。分两步，一是测试受试在静态环境下使用介词 in 的情况（测试 a），二是测试动态变化如何影响受试对球和碗之间的几何关系进行判断（测试 b）。实验当中有三个控制因素：乒乓球在碗中的位置（分碗底、碗底与碗沿之间、与碗沿齐平、高于碗沿四种位置）、其他球对乒乓球的围绕程度（分乒乓球被其他球支撑和独处两种情况）、乒乓球是否被系上细绳（分备择性控制和非备择性控制两种，备择性控制即乒乓球被系上细绳，另一端固定在金属支架上）。先行实验表明这三种操控都影响到受试使用 the ball is in the bowl 进行场景描述的信心。53 名本科生参加了测试。测试 a 实验结果显示，三个控制因素之间都存在明显的 two-way 互动。当乒乓球处在碗底或碗底与碗沿之间时，乒乓球与碗之间属于几何性控制关系，这时 in 的使用不受是否为众球围绕或是否系上细绳产生的备择性控制的影响。当乒乓球高出碗沿时，in 的使用则受到众球围绕程度和是否系上细绳的备择性控制的影响。这说明在 in 的典型几何位置上，功能性因素无法发挥作用，而在非典型几何位置上，功能性因素方能显灵。测试 b 中，研究者向受试展示一堆乒乓球和一个玻璃碗被安排在不同的相对位置的录像。黑球上系根绳悬挂在碗上方，根据定位控制的外几何程序（extra-geometric routine of location control），受试使用 in 描述黑球处在碗内的信心直接与受试所见容器对目标物控制的程度相关。研究中一半受试需要根据碗和球的不同构形对描述的正确性进行判断，另一半则被问及当碗被移开时黑球会发生什么。受试在这个假设性移动中怎么判断球同碗的关系，其判断比例将被看作碗被当作球空间的控制力的一个外在显示（indicator）。研究发现定位控制影响语言判断，而且定位控制判断（location control judgements）与有关 in 的使用的正确性判断之间呈现出很强的相关性。

3.2.2.2 空间介词和方位结构习得的迁移研究

空间方位习得中对迁移问题的关注经历了从早期词汇语义迁移到近来概念迁移的转变。迁移被认为是一种初始阶段的学习者策略，尤其是词汇意义迁移在学习者开始阶段能被有规律性地观察到（Ringbom，1978；Taylor，1975）。这个阶段，一语中的概念常常未经分析就迁移至二语甚至新的语言标签上（Ijaz，1985）。在经历了学习的起始阶段以后，迁移现象是否会随着学习者的二语水平上升而逐渐减少，不同的研究结果间未达成一致。

Tanaka（1983）在语义迁移框架（Semantic Transfer Framework，STF）下调查了日语者学习英语介词的情况。这一框架提出了在习得起始阶段所形成的假设成型策略（hypothesis formation strategy），即成人学习者会借助母语翻译的方法把意义附着在一个新的二语词汇形式上，学习者是借助母语词汇语义系统而进入二语词汇语义系统。因此在对等翻译的基础上，学习者会把和母语词汇形式对应的语义使用范围迁移到二语词汇形式上，形成一语等于二语（L1 = L2）的假设。另外，STF 认为二语习得者的词汇发展进程中有一个重构加工过程（a process of restructuring），所谓重构就是二语习得者借助 L1 = L2 策略，把他们在二语中遇到的新的语义全部吸收到现存的母语图式当中。Tanaka 随后通过实验来考察词汇语义迁移对习得是否有显著影响，结果发现词汇语义迁移在英语介词习得中扮演了重要角色，学生在母语与二语间的对照翻译呈统计意义上的显著程度。

Ijaz（1985，1986）考察了高级阶段的母语为德语的二语学习者学习英语介词的情况，所选择的介词分 on、on top of、upon 和 over、above 两组，她声称二语习得者所构建的介词意义系统受到他们母语概念方式的影响。先行实验是由英语母语者使用上述介词造句，再以成分分析为基础对介词的核心意义特征或典型概念进行梳理。Ijaz 通过介词在介词连续统上的意义相关度考察和完形填空两个实验，发现高级二语习得者对语义边界的使用显著不同于母语者，说明习得者的母语影响了他们的决定。分析实验结果后发现，只有 20% 是重合的，其他 80% 的形式上的差异都来自相对重要性在母语与二语中的差异。她注意到少数德语母语者不能正确使用 on，而使用 onto 替代，并认为此偏误是学习者勉强把非典型成分（non-prototypical component）归结到 on 的用法上造成的。她认为在空间介词的典型义用法上，二语者与母语者是一致的，而在非典型义用法上，二语者与母语者差异明显。

Young-Davy（2000）以语义迁移为理论框架，以语言相对性为理论依据，由偏误入手调查了日语者习得英语空间介词的情况。作者认为迁移是一个母语二语成分合并且致使母语影响进入二语系统的复杂加工过程，而方位词用法的偏误反映了来自学习者母语概念系统的概念迁移（conceptual transfer）。作者把概念界定为包括特定文化的心理表征（culturally-specific mental representations），而概念迁移是指建立在母语物体关系空间动态心理表征基础上的对二语空间语素的选择，即借用母语空间心理表征来表述二语。正式实验研究分两部分展开。第一个实验是开展句子启动和语法判断评级测试；第二个实验是对在大学学习的英语母语者和日语母语者实施非言语提示的空间范畴测试。结果显示日语母语者习得英语介词用法的偏误体现了两个根本性问题：一是一语迁移过程中的词汇不具体策略（lexical non-specification strategy）导致了介词 at 的泛化；二是表述英语空间义命题时未能使用正确语言形式构造并完成空间概念和空间关系的心智表征。他将日语母语者习得英语空间介词时出现的偏误原因归结为两点：母语策略迁移和未能执行正确的母语空间图式，即日语学习者出现的偏误可用母语图式的迁移来解释。即使日语学习者能正确使用空间介词 in、at、to，也并不代表其理解了英语介词语义上的特定性程度，不代表具备了母语者一样的心理表征；即使是正确使用二语，也还是在迁移母语用法。文章由此归结出，熟练使用二语空间语义的基础是建立在对母语的重构以及习得二语策略和二语图式之上的，二语习得者面临的一大挑战是学习一种新的语言策略，学习者必须学会重构思维（restructure thought）。

李佳和蔡金亭（2008）基于 Tyler 和 Evans 提出的一套关于英语空间介词多义网络的系统的理论模型——原则性多义网络（principled polysemy network），研究了中国学习者习得四个英语空间介词（above、over、under、below）的情况。他们的受试分三个水平等级：中国高校 30 名英语专业二年级学生（中级水平组）；中国高校 30 名英语专业研究生（较高水平组）；英国 15 名大学本科学生（本族语组）。他们假设中国学习者在使用这四个英语空间介词时，在空间关系的认同、描述空间关系时附带的信息量及描述空间关系时对物体的概念化方式三个方面可能存在母语概念系统迁移现象。通过对受试进行自由介词填空测试以及回顾性访谈，他们发现中国学习者在习用这些介词时，因汉、英语概念系统的不同导致两类迁移现象产生：一是英语使用 above /below 来表达"距离"概念，而汉语却不把这种概念视为空间关系，中国学习者倾向于用对应于"从……到……"的 from 来表达距离关系。二是描述某种空间关系时，汉语对物体（即射体和界标）的概念化方式较笼统，而英语的概念化方式较具体，在该用 above 和 over 的地方，中国学习者倾向于借助汉语对"在……上"的释义而使用他们认为相对应的介词 on。他们认定这些母语概念系统的迁移导致了二语空间介词习得的偏误。

李锡江和刘永兵（2015）在研究中国学习者习得英语介词 in 时发现，概念迁移是妨碍英语介词习得的重要因素，且在不同义项之间差异显著，其中汉、英语在空间认知上的异同和二语输入频率是影响概念迁移的两个主要因素。李锡江（2023）在研究高频时间维度介词 in、at 和 on 时又发现，概念迁移不完全取决于语际概念异同，其作用程度会因频率因素而得以加强或削弱。比如语际概念共性和频率因素会共同促进 at 和 in 的习得，频率因素会强化概念共性带来的正迁移作用。而频率因素会抑制语际概念差异对习得的阻碍作用，但负迁移仍会发生。

Suh（2017）考察了母语各为英语和韩语的汉语学习者习得汉语"在 + 处所"短语的情况。跟英语中定位短语只能出现在动词后不同，韩语中定位短语只能出现在动词前。该研究旨在通过语法判断、图文匹配和作文语料搜索，来调查母语中定位短语的位置如何影响二语者习得"在 L VP"和"VP 在 L"，能否习得两种构式的语义差别。研究结果表明，二语者都明显展示出使用"在 L VP"的偏好，"在 L VP"的习得早于"VP 在 L"，作者把此归结为是"在 L VP"构式的高频输入（input saliency）促动的。相较于"在 L VP"，二语者的母语对"VP 在 L"构式的影响更大，表现为英语为母语的学习者对"VP 在 L"构式的语法接受度比韩语为母语的学习者更高，后者更多地回避使用"VP 在 L"构式。

3.2.2.3 空间介词习得的输入频率效应研究

Lowie 和 Verspoor（2004）考察了输入频率和迁移这两个因素在英语介词习得过程中的作用。参加实验的 75 名荷兰英语学习者被分成低、中低、中高和高水平四个组。为保证即使是低水平组的受试也熟悉所测试的介词，作者选取了二语习得过程中出现比较频繁的介词，低频或高频均根据所测试介词在 CELEX 和 COBUILD 语料库中介词出现的频率进行认定。词频超过 75 000 被视为高频词，词频低于 20 000 被认为是低频词。根据所测试英语介词与荷兰语词汇在结构上是否相似，作者又分别从高频和低频介词中筛选出了结构相似度高和结构相似度低的介词。研究者设计了 25 道介词填空题作为实验工具，测试结果表明：①相似度和频率因素对低水平和中等水平的二语学习者都有影响，但对高水平组的学生不起作用。研究者使用了天花板效应（ceiling effect）来解释后一现象，即高水平学习者已经完全习得掌握了这些介词，因此研究中的变量未对他们产生任何影响。②对于词频较低的介词，结构上的相似程度不会对学习者的习得和使用产生影响。研究认为，出现这种情况的原因是，学习者只有在碰到自己不熟悉的介词时，才会向母语寻求帮助。

Gonzalez-Álvarez 和 Doval-Suárez（2008）考察了西班牙高级英语学习者习得英语介词 at 的情况。基于对比中介语分析的理论框架（Contrastive Interlanguage Analysis，CIA）和范畴化认知模式，重点分析了学习者在学习 at 的哪种语义功能时与母语者存有显著差异。研究数据分别来自西班牙人学习英语的中介语语料库 ICIE 和英语母语语料库 LOCNESS。独立样本 t 检验表明，at 的各个语义范畴在母语者和二语习得者语料库中以相似频率呈现，大多数义项没有显著差异，说明大多数义项被二语习得者正确掌握且达到母语者熟练程度。研究结果也显示，空间义和时间义作为 at 的典型义项，在母语者和二语者的数据中出现频率都占前两位，但在频次排序和频次差异度上均有所不同。在母语者语料库中，at 最常用的两个义项——空间义与时间义在使用频率上没有显著差异，空间义出现频率相对高些。在二语习得者语料库中，空间义与时间义在频率上出现显著差异，时间义出现频率要高。作者对此作出解释，二语习得者对 at 时间范畴义项的高频率使用主要集中在 at the end、at the same time、at the beginning 三种固定用法上（二语习得者达 53.47%，母语者只有 27.88%），且重复率高。

3.3 汉语空间方位结构二语习得研究

目前对汉语空间方位结构开展的习得研究主要集中在方位词"上""下""里"以及介词"在"的习得考察上（丁安琪、沈兰，2001；吴丽君，2002；张艳华，2005；戴会林，2007；陈凡凡，2008；肖奚强，2008；林齐倩，2011；李遐，2012；周文华，2013），还未见到对空间方位构式义以及构式动词开展的研究。"上"和"里"是方位词中使用频率最高的两个词（肖奚强，2008；付宁，2009；储泽祥，2010：61），"上""里"二语习得上的偏误也很常见（高桥弥守彦，1992；李遐，2012）。现有的习得研究文献中，研究对象主要集中在韩语母语者（丁安琪、沈兰，2001；林齐倩，2011）和日语母语者（吴丽君，2002），其他则不分语种国别只考察留学生的整体情形（陈满华，1995a；李金静，2005；崔希亮，2005；肖奚强，2008；陈凡凡，2008）。这些研究大多立足于对习得中的问题进行描写，供教学参考。但对习得存在的问题和现象普遍解释得不够，缺乏相应的理论支撑。

丁安琪和沈兰（2001）以录音的方式对韩国人学习汉语情况进行调查。"在"作为介词，用法可表时间、处所、范围和条件，她们的研究表明"在"的介词用法中，85.5%的用例属于处所用法。在表处所的介词"在"的用法中，93.22%出现在动词前状语位置上；6.78%出现在动词后补语位置上。在受试高频使用的"在 L VP"结构中，常见介词缺漏、状语后置、方位词冗余等错误。吴丽君（2002）举了日本留学生习得汉语发生缺漏"在"的情况:"我（　　）照片上看见了很多陶制的人、马什么的""他（　　）牌子上加了一句'隔壁阿二不曾偷'""以后我们（　　）学校里钓鱼吧"。因为日语用格助词标引空间方位,所以介词"在"的缺省应该可从母语中找到解释。

肖奚强（2008）从偏误分析入手,通过对中介语语料库和汉语母语者语料库的搜索,对方位词使用中容易出现的偏误类型进行了描述,主要有八大类:一是生造词或短语（如:"＊上个年""＊在两条河中边"）。二是方位词遗漏（如:"＊晚上我躺在奶奶的膝,奶奶给我听故事。"）。三是方位词冗余（如:"＊我很高兴以为她工作的地方是在韩国里有。"）。四是不同方位词的误代（如:"＊乞丐坐在地下等着有行人来给他施舍。"）。五是方位词与其他语法成分的误代。六是方位词与前后语法成分的搭配错误（如:"＊原来一般石塔的样子呢,上面层比下面层窄点。"）。七是框式结构的误用,包括介词遗漏、介词误代、方位词遗漏、方位词误代（如:"＊我多个学校中选这个南京师范大学。"）。八是韵律配置不当（如:"＊我去兵马俑,因为我的脑里面什么都没有只是兵马俑。"）。

陈凡凡（2008）考察了汉语空间关系八个句式的二语习得情况:"有"字句、"是"字句、"在"字句、"V着"句、"V在"句、"在……V着"句、"V了"句和"V有"句。通过学生所在班级将学生分为初、中、高不同水平,采用对四幅图片描述的方法,收集到来自7个国家的71名学生表物体空间关系的句子435例。通过考察归纳了学生的物体空间关系的二语表达句式及其发展过程,发现留学生集中使用了6个句式,除过多使用"有"字句外,"在"字句、"V着"句和"在……V着"句在使用率上接近母语者;没有使用"V了"句和"V有"句。各句式在不同习得阶段还有不同的语义分工。受联系项居中原则的影响,遗漏方位词的偏误在"V在"句和句首"在"字句句式中频现,而在"有"字句、"是"字句、"V着"句和"在……V着"句中很少见到遗漏方位词现象。初级留学生常借助"在"来增强处所表达的定位性,喜欢在句首处所前加"在"。从纵向来看,留学生物体空间关系的表达经历了一个"贫乏表达—句式发展—功能竞争和分化—分工明确"的发展与分化过程。

黄理秋和施春宏（2010）以北京语言大学开发的中介语语料库"HSK动态作文语料库"为基础,对其中介词性框式结构使用的偏误现象作出较为系统的描写，并对各国留学生产生偏误的原因作出一定的说明。他们指出学习者在习得表方位义的框式结构"在/从/到＋方位词"时，会出现遗漏前置成分或后置成分的现象，导致框式结构不完整；也会出现不需要添加却添加了前置部分与后置部分的"误加偏误"；或是框式结构出现在不该出现的位置上，导致语序偏误。他们把学习者习得介词性框式结构的语义偏误类型归结为：框式结构的前置部分和后置部分配合错误；框式结构出现冗余成分；框式结构的误代；框内成分的句法语义错误。他们认为偏误产生的原因主要是：对"框"的结构特征了解不充分，容易去框式化；对框式结构"形式－意义配对体"的形式特征把握不到位；受母语迁移或语内迁移的影响；以及中介语认知特征导致的目的语规则泛化、简化目的语规则。

林齐倩（2011）调查了韩国学习者习得汉语"在 NP L"在句首（甲式）、句中动词前（乙式）、句中动词后（丙式）三种句式的使用频率和习得顺序情况。受试分三个水平组：初级水平二语组（20 人）、中高级水平二语组（20 人）、汉语母语组（20 人）。实验设计为图片诱发性产出任务，要求受试根据所给动词和名词写出 8 个句子来描述所出示图片。实验结果表明，初级阶段学习者使用甲式比例最高，随着学习者水平的上升，乙式和含有"把"字的丙式使用频率明显上升，但与母语组都有显著差异。在习得顺序上，根据不同水平组的习得情况分析得出结论是，甲式和乙式比丙式习得要早，丙式是习得难度最大、习得速度最慢的句式。调查同时发现韩国学习者在处所名词后缺失方位词的现象较为严重。文章最后对方位词教学手段和教学顺序安排提供了参考意见。

李遐（2012）基于学生汉语习得中介语语料，从认知角度分析新疆少数民族学生汉语方位词习得中出现偏误的原因。其主要分析了新疆学生习得汉语方位词所出现的三种问题：方位词缺漏、方位词误用、方位词隐现。文章从语言对比的角度分析了导致这些偏误的原因。作者认为方位词缺漏的习得问题是由汉语与维吾尔语对空间方位的认知方式和语言编码形式有差异造成的。汉语方位表达通常采用两步法，先用"在"指明一般性空间关系，再用方位词来表示维向特征；而维吾尔语方位表达最基本的形式是采用格附成分。方位词误用的问题集中在方位词隐喻用法上，其原因跟方位词"中、里"和"上"出现语义交叉重合有关，也与隐喻义本身的认知难度有关。方位词隐现使用上的偏误则是由学习者对方位参照点语义认知不明造成的。

　　周文华（2013）考察了韩国留学生习得不同句位的"在＋处所"短语的情况。其将汉语"在＋处所"短语在句中的句法位置分为五种：主语前、谓语动词前（无主语）、主语后谓语动词前、谓语动词后以及定语中心语前。其研究结果表明，对韩国留学生来说，主语后谓语动词前位置上的"在＋处所"产出频率最高；受母语主题突出的影响，二语者在定语中心语前位置上的"在＋处所"使用频率高于汉语母语者；受韩语中缺乏处所短语置于动词后的结构影响，谓语动词后的句法位习得难度最大，这一句法位的"在＋处所"的使用规则也影响学生对其他句法位的习得，提出应加强"在＋处所"短语后置于谓语动词的规则教学。另外，几乎所有句法位都存在方位词的误代、误加和遗漏，"在"的遗漏及与其他相关介词的误代；主语前和主语后动词前两种句法位存在较多错序。

3.4　现有空间方位习得研究对本研究的启示

　　首先，原型范畴理论在英语和汉语的母语和二语习得研究中应用广泛，其对汉语方位词二语习得结果的解释力有待验证。现有的儿童空间范畴习得研究表明，词义典型性对词义范畴的习得影响明显，典型义项比非典型义项更早习得，而习得空间词非典型用法则需要更多的言语输入。相较于母语习得，成人二语空间范畴习得难度要大很多，Ijaz（1986）的研究证实，二语习得者在空间词使用上通常会经历特别的难度。词义典型性对二语空间范畴习得的影响已得到证实，现有的研究发现，成人习得空间介词非典型义项的难度较大，出现的偏误也明显比典型义项多。那么，汉语空间范畴的二语习得是否也受典型性因素制约呢？原型范畴理论在多大程度上影响汉语空间范畴的习得有待考察。现有的汉语空间范畴习得研究表明，学习者习得汉语方位词时容易出现各种偏误，但已有的研究大多以描述性居多，对偏误原因作深层次理论分析的少。以表征内包含和平面接触空间关系的方位词来说，"上"和"里"各自有典型的空间语义范畴，但也存在语义界限模糊的中间地带，加上"上"与英语介词 on、"里"与英语介词 in 在空间语义范畴上并不完全对应，这种复杂的语际对应情况多大程度上会影响二语习得值得探讨。根据 Jarvis（2007）的观点，学习用一种新语言指称空间不仅仅涉及语言具体的介词和空间副词的记忆，还需掌握空间范畴的几个内化：包括强制性和可选性空间关系的内化，典型成员与边缘成员的内化，空间布局框架的语言具体性、倾向性的内化，空间概念的内化，等等。英语母语者习得汉语空间方位结构时，多大程度上能完成空间方位词词义范畴划分的内化，完成"上/里"隐现使用规则的内化？相关研究值得期待。

其次，母语迁移在汉语空间方位结构习得中的影响有很大的挖掘空间。目前针对单一国别学习者开展汉语空间方位二语习得研究尚不多见，母语如何影响汉语空间方位习得过程很值得关注。儿童的空间词汇习得是逐个增加词语语义成分直到形成成人词语意义的过程（Clark，1973），而成人的空间义二语习得是在已经具备了母语空间概念情况下展开的。在习得二语时，不需要习得新的概念，但需要对母语的概念进行重构，也就是建立起概念结构和空间表征的新的映射。Young-Davy（2000）提出，在Slobin（1987）所提的"因言而思"（thinking for speaking）框架下，迁移是不可避免的。根据语言相对论，空间关系在不同语言间所形成的结构形式差异，一定程度上会引起语言使用者在空间思维和空间概念范畴的差异。现有二语习得研究表明，不同母语持有者在二语习得的诸多方面存在显著差异（Gessica，2005）。汉语空间方位结构的二语习得，不仅要涉及方位词的选用、方位词的隐现、空间介词的隐现频率，也涉及方位结构意义和空间动词类别的习得，涉及词汇、语义、句法多个层面，涉及不同语言成分的二语内化加工。影响汉语空间方位结构二语习得的因素既可能来自学习者母语与汉语结构形式的差异，来自汉英空间认知心理图式的差异，也可能来自汉语空间方位结构形式的独特性。我们需要在前人对空间方位结构有关成分所作的本体和习得研究的基础上来拓展自己的研究。

汉语空间方位结构习得的母语迁移现象是一个值得探讨的话题。比如二语者能否形成方位词"上/里"所体现的汉式空间认知思维方式和空间概念表征？学习者母语原有思维方式和空间概念表征多大程度上会影响汉语空间方位结构习得？英语母语者在习得汉语空间方位结构时是否会借助母语表述形式而产生迁移？可能发生的迁移是词汇语义迁移还是深层的概念迁移？学习者正确使用汉语方位词是否代表已具备汉式空间方位的心理表征，还是仅仅在延续母语的心理表征？除了结构和词语的正确使用，对于方位词隐现两可的情况，其隐现倾向性能否达到汉语母语者水平？二语习得者能否正确理解和表述方位词和方位结构所表述的空间关系和空间事件？Becker 和 Carroll（1997）认为，外语学习者对空间介词语义的学习在很大程度上是一个对母语的空间概念系统的重构过程。在这个过程中，学习者不可避免地要受到母语和外语的空间范畴化系统的双重影响。因此，外语学习不仅仅是记住一些词汇语法规则，更重要的是内化规则所表征的认知模式，从而改变母语习惯思维，学会用外语思考（郭红霞，2011）。同时，汉语框式介词结构的有标记性也可作为研究方位词习得中母语迁移现象的一个切入点。汉语方位词的使用遵循一定的隐现规则，根据参照物名词的维度特征和语义功能分为必隐、必现、隐现两可三种形式。英语中表述空间关系时，空间介词一般在句法语义上要求强制出现，且是无标记的。相对来说，汉语框式介词的隐现规则是有标记的。母语迁移现象在母语无标记而二语有标记时容易发生（Ellis，1986；戴炜栋、王栋，2002）。

最后，可借鉴现有英语方位构式习得研究方法开展汉语空间方位结构义和动词类别习得研究。基于句法语义关联理论的英语方位构式习得研究较为深入，而汉语这方面还未见到相关研究。借鉴英语二语习得研究思路来考察汉语空间方位结构义和动词类别的习得，不仅能在一定程度上丰富现有空间方位构式习得的研究成果，从汉语的角度对二语习得相关理论进行检验和补充，同时也将从二语习得角度对汉语空间方位结构本体研究提供有益的反馈。但汉语空间方位构式有别于英语空间方位构式，因此研究必须结合汉语构式的自身特点展开。

第4章 本书的理论基础和研究假设

本书在基于语言使用的二语习得理论框架下开展汉语空间方位结构二语习得研究。汉语空间方位结构的习得涉及多个语法成分结构，是一个受多种因素制约的复杂习得过程。汉语空间方位构式义习得与构式中介词、方位词以及动词习得各具有自身的特点规律，可能需要我们从不同理论视角出发来分别观察并作出解释。本书将基于使用基础论，同时借助原型理论、标记理论对英语母语者习得汉语空间方位结构的中介语特征进行分析。比如空间方位构式义和动词的习得主要从频率效应的角度进行解释，方位词义项习得主要从原型范畴理论和概念迁移理论的角度作出分析，而方位词隐现习得规律将从标记理论中寻找原因。

4.1 原型范畴理论

范畴是反映事物本质属性和普遍联系的基本概念。范畴研究经历了从古代经典理论到现代原型理论的发展过程。亚里士多德（Aristotle）是西方哲学史上第一个对哲学范畴进行系统阐述的学者，他的经典范畴理论从语法或修辞学的角度提出范畴学说，其主要观点是，范畴若用其全部成员共有特征来定义，其边界就需具有明确性，因此没有一个成员会比其他成员更加典型，范畴内全部成员的地位是相等的。直到20世纪维特根斯坦（Wittgenstein）提出"家族相似性"后，人们对范畴的认识才发生重大变化。维特根斯坦的范畴观是，人们无法用一组共同的特征来描述一个范畴内的所有成员，范畴的边界是开放的，无法明确界定的；范畴内的成员根据所具备的共同特征的多少而分为范畴的典型成员和非典型成员。20世纪70年代，以Rosch为代表的认知心理学家通过实证研究发现，在范畴化中起关键作用的是原型，把具有家族相似性的这些自然范畴称为原型范畴（prototype category），从而建立现代范畴理论，即原型范畴理论（The Prototype Category Theory）。

原型范畴理论作为认知语言学最为重要的组成部分，其为语义的划分提供了理据。根据原型范畴理论，语义范畴也有"家族相似性"，即语义范畴具有"中心"和"边缘"的内部结构。范畴中心是范畴的典型成员（原型），往往是人们首先认知的，也是语言符号里最早获得的义项。与原型相似性较低的成员即属于非典型成员。典型与非典型成员之间的范畴边界是模糊的。语义范畴家族相似性能较好解释一词多义现象的存在，即词的多个义项是由原型生发出来的，是原型义项向边缘义项的演变。词义范畴没有明确的边界，随着范畴的扩展，其边缘变得越来越模糊，并且出现与其他词义范畴的交叉。因为语言符号是有限的，而感知的信息是无限的，所以人类在表达过去没认识到或没发现的语义范畴时，主要通过隐喻和转喻认知的创造性来扩展，这种创造性的隐喻和转喻思维推动发展了语义范畴的抽象意义。Ungerer 和 Schimid（1996：144）认为，自然语言中的词语多义性大多是通过隐喻表达派生的，大部分多义性可以看作隐喻化的结果，隐喻是人们对抽象范畴进行概念化的有力认知工具。

4.2　语言迁移理论

语言迁移是二语习得研究当中一个至关重要的领域，正如 Ellis（1994）提出："一个关于迁移的理论很可能就是一个关于外语习得的一般理论，因为母语的作用很难与影响外语发展的其他因素分割开来。"美国语言学家 Odlin（1989）在学术专著《语言迁移：语言学习的语际影响》（*Language Transfer：Cross-linguistic Influence in Language Learning*）中把迁移解释为"目标语和其他任何已经习得（和可能尚未完全习得）的语言之间的共性或差异所造成的影响"。2008 年，Jarvis 和 Pavlenko 共同出版了《语言与认知的语际影响》（*Crosslinguistic Influence in Language and Cognition*），成为语言迁移研究纵向深入发展的标志。他们对语言迁移的界定是：一个人关于一种语言的知识对他另一种语言的知识或使用产生的影响。作为二语习得的分支，语言迁移研究紧随二语习得理论的发展步伐，迁移现象研究也经历过很多不同的研究视角和理论支撑。大概说来，有对比分析假设、偏误分析理论、标记理论、语义迁移理论和概念迁移假设，甚至还包括语言加工理论。本书重心从形式到心理再到社会和认知并重，语言迁移理论无不刻上了二语习得研究时代发展的烙印。

4.2.1 语义迁移

二语习得过程中的母语迁移发生在所有语言子系统之中：语音、词汇、语义、句法和语篇，有形式上的迁移，也有语义和概念上的迁移。形式迁移最可能发生在母语和二语形式在学习者看来相似的情况下，一般发生在习得初期。语义迁移则无论是否观察到跨语言相似性都会发生，是来自高度熟练的一种语言（Ringbom，2001）。20 世纪 90 年代以前人们对语义迁移的研究主要是词汇语义迁移。词汇语义迁移表现为学习者倾向于按照母语对应词的语义维度和边界来理解和使用二语词语；与母语相对应的二语词语学起来比较容易，准确度较高；词汇习得偏误大多源于二语者依据母语对应词的语义范围和原型来使用这些词语，倾向于过度使用与母语对应性程度高的二语词语，回避使用母语中没有准确对应的二语词语。对于词汇语义迁移有多种解释，其中之一是语义等同假设（the equivalence hypothesis）。这一假设认为，学习者在二语习得过程中总是倾向于将二语与母汇（词汇）的意义等同（Swan，1997：166），有母语对应词的二语词汇学起来比较容易，学习者可直接将母语对应词的意义搬过来，供二语词汇使用。语义等同假设认为，学习者不必学习或不必从零开始学习这类与母语相对应的二语词汇的意义（Jarvis & Pavlenko，2008），不同语言的词汇语义有差异但也共享一定语义成分，这些共享的语义成分可帮助初级阶段的二语习得者获得较高的准确性。Jiang（2004）用成人二语词汇习得发展模型来解释母语词汇迁移。该模型认为成人二语词汇发展经历词汇联想、母语词目干预和充分整合三个阶段。第一阶段学习者二语词条的词目里缺乏语义、句法、形态等信息，对二语词汇的使用要靠指针（pointer）激活其母语对应词的词目信息（句法语义等信息）来实现。第二阶段二语词条的词目里已经包含的语义、句法、形态等信息都是属于母语对应词

的，即二语词汇共享了母语对应词的词目信息。只有到了第三阶段，二语
词条的词目里才真正发展起了完全属于自己的语义、句法、形态等方面的
信息。根据这一模型，二语词汇中若有母语对应词，则可以利用与母语对
应词共享的那部分语义信息，来建立二语词条的词目信息；二语词语中没
有母语对应词，则必须白手起家，经历一个长期过程才能建立起二语自己
的词目信息。

4.2.2　概念迁移

随着 21 世纪认知科学的发展，语言迁移研究出现了由语义迁移研究
向概念迁移研究方向的转化。二语习得研究学者开始从一个新的视角——
语言与认知的接口处（概念层面）来考察语言迁移现象，他们提出了"语
言迁移发生在概念层次"的主张，发表和出版了一系列论文与专著
（Hinkel，1992；Gass & Selinker，1994；Slobin，1996；Jarvis，1998，
2002；Pavlenko & Jarvis，2001，2002；Odlin & Jarvis，2004）。对于什么是
心理概念，根据 Murphy（2002）的说法，概念就是一类事情的心理表征，
即被赋予相同相似的标签。Galotti（2004）认为概念就是关于事物、时间
和方式的心理表征。作为对一类基本相同或相似事物的心理表征，概念由
通过感官获得的多个意象（image）或意象图式（image schemas）构成。
概念影响个体的感知、注意、回忆，使得特定语言和文化群体中的成员能
够以相似的方式进行识别、理解、推理和范畴化等活动。概念是人类认知
世界所形成的一般性知识的内在组成部分，正是借助于概念，人类才能理
解正在发生的一切。在范畴划分上，概念可分为被视作中心成员的核心意
象或图式、与核心意象或图式相近的典型意象或图式、边缘意象或图式
等；不同层级概念之间具有联系。

与概念相联系的另一个名词是"概念化"（conceptualization）。概念化
是发生在人脑中的认知过程，是对既有概念的激活，是个体参与世界活动
的基本方式，具有动态性、互动性、图式性和想象性等特征。操不同语言
的人类群体之间概念种类或概念结构存在差别，概念化模式也有所不同
（Slobin，1991；Lucy，1992）。二语习得领域概念迁移假说即指操不同语
言的人在概念种类或结构及概念化模式上存在一定程度的差异，这些差异

可能会在语言之间迁移。一个人因习得一种语言而获得的概念及概念化模式会影响此人对其他语言的学习和使用。二语习得过程中的概念变化包括五种：概念内化（internalization）、概念重组（restructuring）、概念同化（convergence）、概念转换（shift）和概念磨蚀（attrition），可在不同概念域内同时发生（Jarvis & Pavlenko，2008）。Jarvis（2007）把"概念迁移"界定为一种母语的概念知识和思维方式对新习得语言的影响，二语习得过程中，学习者需要对母语的惯性思维重新进行排列组合，需要对世界观本身进行概念更新。

对于语义和概念这一对术语，认知语言学所作的区分是：语义表征涉及词与概念间的映射。概念表征涉及与特定范畴的联系，比如范畴典型与边缘成员的联系、范畴内部结构与其他范畴的联系（Jarvis，2007）。而习得不仅仅是个映射过程，还涉及概念的扩展重构，重构是否成功决定了思维的成功转换。如 Jarvis 和 Pavlenko（2008：120－122）所说，二语习得者的词汇系统是一个概念或语义表征的混合体（amalgam），以主导语言（respective languages）为主，有些表征会丢失或不全，因此会出现二语词汇通过母语方式与概念联结，或两个概念与单个词语联结的情况。

Kecskes（2000）认为，不同语言的差异不仅表现在形式结构上，也表现在底层的概念化方式上。二语习得比母语习得更为复杂是因为，二语学习者除了要学习一种新的形式系统，还要掌握一种新的概念系统。二语学习者的语言形式系统包括业已形成的母语和正搭建起来的二语，是分两个存储库独立表征的，而基于母语的概念系统以及基于二语的概念系统则是混合表征在同一个存储库里的（Paradis，1997）。语言表层结构受底层概念结构支配，学习者的外在言语行为受制于内在的心理概念过程。二语学习者在习得新的语言并形成与之联系的新的概念时，也在不断地对先前的母语概念表征系统进行重组。二语初学者在语言产出过程中，因为二语经验有限，会有大量基于母语的概念参与概念化过程，在建立二语形式表征时，容易将二语形式表征映射到已有母语概念表征上，这大概率会导致母语迁移。而随着二语水平的提升，二语者会根据二语经验对母语概念表征进行重组，对原有母语概念进行修正和扩允，调整原有的二语形式与母语概念之间的联系。原有的二语形式与母语概念间的映射联系会被逐渐习失（unlearned），并建立起与二语形式相对应的新的二语概念系统。在二语概念更多地参与概念活动的情况下，学习者对母语概念的依赖性大大减弱，母语迁移发生的概率就会降低。

4.3　标记理论

20世纪70年代末80年代初，基于普遍语法的标记理论（markedness theory）推动了语言习得中的迁移研究。语言中的标记现象（markedness）是指一个范畴内部存在的某种不对称现象，例如就英语名词的"数"这一语法范畴而言，复数形式是有标记的（marked），一般要加"s"这一标记，如boys；单数形式则是无标记的（unmarked），不加"s"。Eckman（1977）的标记性差异假说（markedness differential hypothesis）认为，语言中某些成分比其他被看作有标记的成分更为基本、自然，出现频率更高。当母语是无标记的参数设置而二语是有标记的参数设置时，母语迁移现象最容易发生。基于这种假说，二语比母语更显著的部分是标记性，标记的使用与否成为二语习得中最难以掌握的部分；若二语比母语标记性弱，即使语际差异较大，标记的学习也不会成为难点。因此，迁移原则上是在一语特征是未标记而二语特征是标记的时候发生。普遍语法理论认为语言的普遍规则由核心语法和边缘语法构成。反映所有语言共有特征的核心语法由相对无标记规则组成；反映语言独有特征的边缘语法受历史发展、外来语及其他偶然因素影响，多由标记规则组成。从语言的核心语法到边缘语法，标记性呈递减变化。Kellerman（1979）则进一步阐述了迁移的认知制约，认为迁移性与词的核心意义密切相关，学习者对词义空间的直觉可以用于可迁移性预测；学习者感知母语与目标语的距离越远，迁移的可能性就越小；相关语项的标记性特征越明显，其迁移的可能性就越小。

20世纪80年代，许多二语习得研究者（Correa-Beningfield，1985；Kellerman，1979，1983；Tanaka，1983）开始将传统原型理论中的某些观点带入二语习得的基于标记的理论中。原型理论认为一个范畴原型代表了范畴的核心方向，它也是范畴中最典型和最明确的样本。二语习得原型理论假设很多普遍性概念范畴是所有语言的使用者都进行编码的，这些范畴为所有语言共享，是基于跨语言社区间的高度相似语义特征的。一个范畴中最原型的例子将比语言具体的例子更容易被二语习得者习得。在标记性词语中，范畴的核心部分更容易显得概念突出或语义透明，因此也是范畴中最少标记的。这一方法表明，二语习得者在方位词的典型用法中很少犯错，反而在非典型用法或习语用法中遭遇困难，导致一语词汇的迁移。比如介词 in，"in + 方位名词"关系的原型概念是物理上的容纳关系（physical containment）。"There is a ball in the box"中的"in"是高度原型的用法，是因为圆球被封闭在盒子这一三维物体中。"There are cows in the field"和"Mark's in a terrible state after his wife's death"中的"in"在使用上原型度欠缺，是因为"the field"不可能拥有边界，尽管它是一个域；"in a terrible state"表示一种感情状态而不是物质实体。遵从二语习得原型理论，二语者能习得"There is a ball in the box"中的方位词"in"，也会没有什么困难地把"in"应用于相似情境，如 in the drawer、in the bag。然而，"There are cows in the field"和"Mark's in a terrible state after his wife's death"将不会那么容易习得，因为物理容纳概念的语义扩展和方位词的引申用法更具有标记性。

4.4　语言使用中的频率效应

结构主义语言学者和生成语法学者都把研究语言结构和语言能力作为第一要务，并不看重语言交际和语言情境对语言构建的影响。而功能主义语言学者却以交际性和情境化的视角来研究语言，关注语言使用对语言结构的影响，关注社会情境和交际环境对语言的塑造作用，形成基于使用的语言学理论。王初明（2011）指出基于使用的语言学理论不是一个理论，而是指遵循相同理念的多个语言学理论。基于使用的语言学理论包括认知语言学、构式语法、系统功能语言学（Systemic Functional Linguistics, SFL）和篇章功能主义（Discourse Functionalism）等。其中认知语言学致力于从心理学、神经科学以及输入频率在母语习得中的作用等方面来寻找语言构建的证据。Langacker（2008）认为，语言知识的建构有赖于人所具备的生理条件和基本的认知能力，这是内部条件；而日常大量、反复出现的用例则是外部条件。高频率出现的用例通过人的认知机理形成一系列从具体到抽象的认知结构。基于使用的语言学理论的核心理念是一个人所使用的语言在接触大量语言使用的事实后涌现出来的结果（Kemmer & Barlow，2000）。Tyler（2010）曾概括出基于使用的语言学理论所遵循的五个基本原则：承认语言使用以交际为根本意图，语言的使用受情境因素制约，语言是习得而来的，意义存在于词汇中也存在于语法中，句法样式并非只靠深层和表层结构之分来说明。

基于使用的语言习得观建立在基于使用的语言学理论之上。基于使用的语言习得理论以"人们对语言的体验决定语言习得"为核心理念，认为语言知识源于语言使用体验、语言在交际使用的过程中习得。Tomasello（2003）认为语言知识是学习者主动积极建构起来的，语言习得主要依靠认知能力以及学习者与周围环境的互动。如何成为一个语言的熟练使用者，不是一个逻辑问题，而是一个实践问题。文秋芳（2003）在介绍 Nick Ellis 的二语习得理论时指出"强调频率是语言习得的关键"是其理论之一，因为储存在大脑中的语言表征反映了形式与功能相匹配的出现概率，学习语言就是在这些语言表征之间建立联系，而联系的加强靠的是输入类型频率（type frequency）和练习频率（law of practice）。Bybee（2008）认为重复的语言接触和操练对二语学习者的认知结构发展至关重要，这直接影响语言流利度和语法准确度。因为语言知识源于语言体验，所以习得效果与语言接触量的多少密切相关，语言接触频率也就被视为语言习得的一个机理。Ellis 和 Ferreira Junior（2009）指出，语言使用频率决定语言体验的程度，是语言习得的关键，语言各层面的所有规律都源于人们对其输入频率特征的分析。语言接触频率可分为两类，一是实例频率（token frequency），二是类型频率（type frequency）。实例频率指一个语言表达式在语言体验中出现的次数，类型频率指一个语言形式在语言使用中的具体表现个数。在语言体验过程中，一个表达式的实例频率决定其固化程度和被提取使用的流利程度，而类型频率则决定一个语言形式使用的可生成性（productivity）。一个语言形式的类型频率越高，此形式的可生成性就越强。

4.5 研究假设

汉语空间方位结构成分复杂，关涉形态、句法、语义各个方面。汉语空间方位结构习得不仅涉及空间介词和方位词的记忆，还关系到对空间词典型义与非典型义边界的划分，关系到对方位词隐现规则的把握、空间方位构式义的概念重构，以及不同构式内动词准入的识别。我们想知道，英语母语者在已习得母语并形成相应空间认知范畴之后，再去学习汉语时是否会出现原有空间思维和概念认知对二语所映射的新思维和概念认知的干扰？学习者能否成功习得二语表达形式并完成对原有空间语义概念的扩展和补充？学习者能正确使用二语空间方位结构表达形式，是否意味着就具备了二语的心理表征？这样的研究也许能揭示汉语空间范畴二语习得中的一些规律，能为汉语教学提供参考，为解决课堂教学中遇到的问题提供帮助。

我们需要先明确研究问题，进而有针对性地提出研究假设。在第 1.1 小节中我们曾提出四个研究问题，在这里逐一回顾。

问题一：英语母语者能否习得汉语空间方位构式义？

汉语"在 + 处所"行为构式含有两个子构式，有研究认为动前构式"在 L VP"和动后构式"VP 在 L"各自依靠句子的语序形成的内部逻辑联系来达意，语义上的区分可由所遵循的"时间像似性原则"来解释。英语的空间介词短语以出现在动词后为优势句序，英语主要依靠语言本身的语法手段如虚词和时态来达意，不常以语序作为区分语义的手段。根据语言相对论的观点，空间事件语言表述形式上的差异反映了认知思维方式上的不同，因此英语母语者习得汉语"在 + 处所"行为构式义需要完成叙述空间事件思维方式的转变。汉英空间方位构式表述上的差异可能对英语母语者的二语习得造成干扰，由此我们提出第一组研究假设：

1a. 学习者难以习得动前构式"在 L VP"行为构式义。

1b. 学习者难以习得动后构式"VP 在 L"行为构式义。

1c. "在 + 处所"行为构式义的习得受制于学习者的二语水平。

问题二：英语母语者能否习得汉语"在 + 处所"行为构式中的动词准

入规则？

汉语两类"在+处所"行为构式对动词的语义有一定限制，以动作动词为例，带有［+持续］语义特征的只可进入动前构式，带有［-持续］语义特征的只可进入动后构式。而在英语的空间介词短语位于动词后的单一句式中，对动词没有具体的准入限制。这可能使得英语母语者习得汉语空间方位构式中独特的动词准入规则时面临困难，由此我们提出第二组研究假设：

2a. 学习者难以习得"在 L VP"行为构式中的动词准入规则。

2b. 学习者难以习得"VP 在 L"行为构式中的动词准入规则。

2c. 动词准入规则的习得受制于学习者的二语水平。

问题三：方位词"上/里"空间语义范畴习得以及"上/里"选用由什么因素决定？

现有研究表明，二语词汇义项中的典型性意义比非典型性意义更容易习得。一些研究发现，二语学习者习得空间介词时，介词的典型意义的表征与母语者极为相似，而边缘意义的表征则与母语者有所不同（Tanaka，1983；Ijaz，1986；Krzeszowski，1990；Young-Davy，2000），并由此推断出，习得者并没有形成二语介词的完整的概念表征，因此在迁移与母语对应译词相联系的抽象性边缘用法和比喻引申用法时，显得犹豫。除了词义典型性，英语母语者在习得汉语方位词"上"和"里"时所面对的问题还可能包括：方位词"上-里"空间范畴边界的划分与空间介词 on-in 空间范畴边界的划分不一致；"上"的空间语义范畴比"里"大，而 in 的空间语义范畴比 on 大，这种语义范畴上的语际差异性有可能给二语习得制造障碍。所以我们关注的是，词义典型性在多大程度上影响"上/里"的习得？汉英空间词语义范畴的差异性在多大程度上会引起二语习得过程中的母语迁移？由此我们提出第三组研究假设：

3a. 学习者对"上/里"典型空间义的习得好于非典型空间义的习得。

3b. 英、汉语在典型空间义上形成的 in-里、on-上 的空间词对应性会对方位词非典型空间义的习得造成干扰。

3c. 学习者对"上/里"空间语义范畴的习得与二语整体水平相关。

问题四：英语母语者能否习得汉语空间关系表述的特定结构——框式介词结构？能否习得方位词的隐现规则？

　　英语空间关系表述中介词是必不可少的。汉语在表述拓扑空间关系时常需要前置介词和后置方位词共现，空间方位结构中的前置介词"在"是必须出现的，而后置方位词"上"和"里"的使用分必隐、必现和隐现两可三种情况。方位词"上"和"里"的隐现机制由参照物名词的维度特征和语义功能促动，体现出汉语独特的空间维度认知方式。英语母语者能否以及在多大程度上可以掌握与其母语不同的汉语框式介词结构和方位词隐现的使用规则呢？二语与母语在空间表述上的结构形式差异是否会引起习得过程中的母语迁移呢？由此我们提出第四组研究假设：

　　4a. 学习者能习得空间方位结构中的前置介词"在"。

　　4b. 学习者很难习得方位词"上/里"的隐现规则。

　　4c. 方位词隐现规则的习得受制于二语水平。

第 5 章　先行调查研究

本书将对英语母语者习得汉语空间方位结构中各成分情况展开全面考察。考察内容包括方位词"上""里"的空间义项、方位词选用、方位词隐现、空间方位构式义以及构式中动词的习得。我们开展的调查和数据收集工作包括两个先行调查项目和三个主体测试任务（含四个测试目标）。本章描述两个先行调查的研究方法及结果。先行调查的目的首先在于考察汉英母语者在特定空间关系的空间意象上是否有差别，以及汉英空间认知的主体差异性；其次是借助母语和中介语语料库对"上/里"典型义及引申义的整体习得情况作摸底分析，也利于从研究内容和研究手段上对后面的主体测试内容作印证和补足。

5.1　先行调查（1）：汉英认知主体空间意象的先导测试

此测试目标在于考察英语和汉语母语者的空间意象差异，也即英语母语者和汉语母语者在面对相同的空间关系时，空间认知判断是否相同，在相同空间关系的概念表征上是否一致。这一测试的结果将有助于我们判断在汉语方位词的习得过程中，英语母语者所出现的方位词使用上的偏误是否可能来自母语迁移，以便为我们在教学上提出相对应的解决办法提供依据。

5.1.1　研究设计

如前所述，方位词"上"与介词 on 之间、方位词"里"与介词 in 之间、方位词"上"与介词 in 之间、方位词"里"与介词 on 之间都有可能形成语义上的对应关系。"上"与 on、"里"与 in 对应时既可能表典型空间义（如"桌子上的书"——the book on the table；"碗里的米饭"——rice in a bowl），也可表非典型空间义（如"手上的戒指"——a ring on the finger），还可表非空间关系引申义（如"他们在孩子的教育上有分歧"——they have different ideas on children's education）。而"上"与 in、"里"与 on 对应时一般只表示非典型空间义或抽象的范围义（如"世界上的动物"——animals in the world）。出于测试调查的可操作性考虑，我们只选取表空间义（含典型和非典型空间义）的汉英空间词对应情况来开展汉英空间意象的调查。这种调查分三类，即"上"与 on 对应的用法中，我们选取典型空间义中的平面支撑关系的用例；"里"与 in 对应的用法中，我们选取典型空间义中的内包含关系的用例；"上"与 in 对应的用法中，我们选取非典型空间义中的功能义或范围义的用例。"里"与 on 对应的用例不多，如"校园里的大楼"——buildings on campus，这一类语际对应情况本研究暂不作调查，所以我们选择的测试材料集中在以下 A、B、C 三类汉英空间方位词使用的对应形式上：

A 类："上"对应 ON（典型平面支撑空间关系）

　　[113] A1：the book on the table　桌子上的书

　　[114] A2：toys on the floor　地板上的玩具

　　[115] A3：cat on the roof　屋顶上的猫

B 类："里"对应 IN（典型内包含空间关系）

　　[116] B1：rice in a bowl　碗里的米饭

　　[117] B2：books in the drawer　抽屉里的书

　　[118] B3：flowers in the vase　花瓶里的花

C 类："上"对应 IN（重功能或表范围的非典型空间关系）

　　[119] C1：the birds in the tree　树上的鸟

　　[120] C2：sheep in the meadow　草地上的羊

　　[121] C3：advertisements in the newspaper　报纸上的广告

我们借鉴 Young-Davy（2000）的实验设计，在每一个目标短语后面备有四个几何图形选项（如示例［122］），让受试根据出示的目标方位短语来选择与之相匹配的几何图形。采用根据目标方位短语选用相匹配的几何图形这一实验工具，是基于图形能直观呈现出空间意象，受试对几何图形的选择能展现其对目标短语所示空间关系的认知视角和概念表征。四个备选项中，"×"符号代表目标物，线形图形代表参照物，两者关系由典型平面支撑向典型内包含形成视角和程度上的渐进变化：a 选项是高处平面支撑关系，b 选项是底面平面支撑关系，c 选项是浅度包含关系，d 选项是深度包含关系。我们的考察分两步：一是汉英母语者所形成的两组受试，各自组内是否对上述 A、B、C 三类语际空间对应关系形成一致的空间认知和概念表征，二是两组受试之间对这三类空间对应关系形成的空间认知和概念表征是否有差异。我们预估对于 A 类和 B 类汉英语际对应的空间关系，受试无论是组内还是组间，所形成的空间认知和空间概念是趋同的，在空间意象和心理表征上是一致的。对于 C 类，汉、英语在空间词使用上具有不对应性；我们预估组内可能在空间意象范畴的判断上趋同，相同母语者的空间认知和概念表征趋于一致，但两组之间可能会呈现出空间概念上的认知差异。

给汉语母语者的示例，如：

［122］桌子上的笔

你可能会认为"桌子"和"笔"之间的空间关系用"a"表示相对合适，所以你的选项可能是（ a ）。

具体测试用例，如：

［123］桌子上的书

［124］碗里的米饭

a. b. c. d. （　　　）

［125］树上的鸟

a. b. c. d. （　　　）

给英语母语者的示例，如：

［126］a pen on the desk

a. b. c. d. （　　　）

If you think the spatial relationship between the pen and the desk can be described by item "a", you may choose "a" as the appropriate choice.

具体测试用例，如：

［127］a book on the table

a. b. c. d. （　　　）

［128］rice in a bowl

a. b. c. d. （　　　）

［129］birds in the tree

a. b. c. d. （　　　）

17 名汉语母语者和 13 名英语母语者参加了这次先导测试。汉语母语者都来自国内，年龄在 20～50 岁，都能独立阅读，没有作教育背景方面的区分。英语母语者都为英国约克大学的教师和学生，年龄在 18 ～ 40 岁。测试材料使用受试的母语来表述。调查持续 5 ～ 10 分钟，所有问卷当场完成并回收。提供给汉英母语者受试的测试材料均以相同顺序呈现。测试题一共有 15 道，其中 9 道题与本研究相关。测试卷见附录 D 和 E。

5.1.2　结果与讨论

在备选的 a、b、c、d 四个选项中，a 和 b 都表平面支撑关系，a 和 b 之间虽然在目标物的位置上有差异，但仍属于二维平面空间上的支撑这一语义范畴。c 和 d 都表容器式内包含空间关系，c 和 d 之间虽然在容器深浅及包含程度上有差异，但仍属于三维空间的内包含这一语义范畴。受试对 a、b、c、d 四个几何图形选项的选择可能呈现出三种倾向。第一种情况是，无论是组内受试还是组间受试，在 a/b 平面支撑关系和 c/d 内包含关系二选一时相同，要么都判断为平面支撑关系（不论 a、b），要么都判断为内包含关系（不论 c、d）。这种情况说明所有受试所作的判断都处于同一语义范畴之内，组内和组间受试对目标空间关系的空间认知趋同，在空间概念表征上趋于一致。第二种情况是，组内受试选 a/b 平面支撑关系或 c/d 内包含关系时相同，要么一致判断为平面支撑关系（不论 a、b），要么一致判断为内包含关系（不论 c、d），但在组间呈现出选择上的差别，一组判断为 a/b 平面支撑关系，但另一组判断为 c/d 内包含关系。这种情况说明组内受试对相同空间关系的空间认知趋同，空间概念表征一致；但组间受试之间的空间认知有差别，空间概念表征不一致。第三种情况是，受试无论是组内还是组间，在判断是 a/b 平面支撑关系还是 c/d 内包含关系时都不够一致。这种情况说明，不仅组间受试对相同空间关系的空间认知不同，空间概念表征不一致，就是同一组内的受试在特定空间关系的判断上也存在空间认知差异，在空间概念表征上不够一致。测试结果见表 5。

表 5　汉英空间意象测试对比测试结果

	汉英空间方位词对应						汉英空间方位词不对应		
	平面支撑			内包含			功能或范围		
	A1	A2	A3	B1	B2	B3	C1	C2	C3
汉语组受试编号									
1	a	b	a	d	d	d	d	b	b
2	a	b	a	d	d	c	b	b	b
3	a	b	a	d	d	d	c	b	d
4	b	b	a	d	d	d	a	b	c
5	b	b	a	d	c	d	c	b	c
6	a	b	a	d	d	d	b	b	b
7	a	b	a	d	d	d	c	b	b
8	b	a	a	d	d	c	a	a	d
9	a	b	a	d	d	d	a	c	c
10	b	b	b	d	c	d	d	b	d
11	b	b	a	d	d	c	a	a	c
12	a	b	a	d	d	c	a	b	d
13	a	b	a	d	d	c	a	b	c
14	a	b	a	c	c	d	a	b	d
15	a	b	a	c	d	c	c	b	b
16	a	b	a	d	d	d	d	b	d
17	b	b	a	d	d	c	d	c	d
英语组受试编号									
1	b	b	a	c	d	c	a	b	b
2	a	b	a	d	d	d	a	b	b
3	a	b	a	d	d	c	a	b	c
4	a	b	a	c	c	d	a	b	d
5	a	b	a	c	d	c	c	b	d
6	a	b	a	d	c	d	a	c	d

（续上表）

	汉英空间方位词对应						汉英空间方位词不对应		
	平面支撑			内包含			功能或范围		
	A1	A2	A3	B1	B2	B3	C1	C2	C3
英语组受试编号									
7	a	b	a	c	d	d	a	d	d
8	a	b	a	c	d	d	a	c	b
9	a	b	d	d	d	c	c	c	c
10	a	b	a	c	c	d	b	b	d
11	a	b	a	c	d	c	d	d	c
12	a	b	a	c	c	d	c	c	c
13	a	b	a	d	d	c	c	c	c

　　从表 5 来看，对 A 类三个目标短语（"上"对应 on）的判断，汉语母语组的选择都集中在 a 或 b 上，没有选择 c 或 d 的；英语母语组的选择同样也集中在 a 或 b 上。可见在对这类典型平面支撑空间关系的判断上，无论是汉语母语组还是英语母语组在空间认知上是相同的，不同母语者之间对相同空间关系的概念表征是高度一致的。对 B 类三个目标短语（"里"对应 in）的判断，汉语母语组的选择都集中在 c 或 d 之间，没有选择 a 或 b 的。英语母语组同样也只在 c 或 d 之间作出选择。可见在对这类典型容器式内包含空间关系的判断上，无论是汉语母语组还是英语母语组在空间认知上也是相同的，不同母语者之间对相同空间关系的概念表征是高度一致的。因为 A 类目标短语和 B 类目标短语同属典型空间义项，汉英母语者在这两类空间关系上的判断趋于一致，说明在表述"上"与 on、"里"与 in 相对应的空间范畴时，汉语和英语使用者对目标物与参照物之间空间关系的认知是相同的，所形成的空间概念表征是一致的，他们倾向于把同一空间关系归入相同的空间意象范畴当中。

　　对 C 类目标短语的判断结果显示，汉语母语组和英语母语组无论是组内还是组间，在同一空间关系的判断上都没有出现空间意象范畴划分一致的情况。虽然汉语对这类空间关系使用方位词"上"，但汉语母语组没有完全倾向于把目标短语判断为平面支撑关系的空间意象；虽然使用介词in，英语母语组也没有完全倾向于把目标短语判断为内包含关系的空间意象。我们看到的结果是，在 C 类三个目标短语的判断上，汉语组和英语组都在组内就已出现跨意象范畴判断现象，即各自组内在对各用例的空间意象范畴划分和判断上均未能达成一致。以 C1 "树上的鸟"来说，汉语组有 9 名受试判断为 a/b 类平面支撑关系，有 8 名受试判断为 c/d 类内包含关系。英语组有 8 名受试判断为 a/b 类平面支撑关系，5 名受试判断为 c/d 类内包含关系。汉语和英语组组内和组间都未达成空间意象范畴划分的完全一致（如表 6）。以 C2 "草地上的羊"来说，汉语组除两名受试判断为 c/d 类内包含关系外，其余 15 名受试都判断为 a/b 类平面支撑关系。英语组则有 6 名受试判断为 a/b 类平面支撑关系，7 名受试判断为 c/d 类内包含关系。组内和组间也未达成空间意象范畴划分的完全一致。以 C3 "报纸上的广告"来说，汉语组 5 名受试判断为 a/b 类平面支撑关系，12 名受试判断为 c/d 类内包含关系。英语组除两名受试判断为 a/b 类平面支撑关系外，其余 11 名受试都判断为 c/d 类内包含关系。组内和组间的空间意象范畴划分也未完全达成一致。

表 6　汉英母语者空间意象范畴划分判断结果

类别	汉语组（17 人）	英语组（13 人）	组内是否趋同	组间是否趋同
A1	17（a/b）	13（a/b）	同	同
A2	17（a/b）	13（b）	同	同
A3	17（a/b）	13（a）	同	同
B1	17（c/d）	13（c/d）	同	同
B2	17（c/d）	13（c/d）	同	同
B3	17（c/d）	13（c/d）	同	同
C1	9（a/b）；8（c/d）	8（a/b）；5（c/d）	异	异
C2	15（a/b）；2（c/d）	6（b）；7（c/d）	异	异
C3	5（b）；12（c/d）	2（b）；11（c/d）	异	异

　　从上面对 C 类语际对应空间意象范畴划分的判断结果来看，汉英母语组在对这一类目标短语的空间意象范畴进行划分时，无论组内还是组间，都出现判断不一致的情况。我们分析认为，因为这类用例中方位词"上"与介词 in 都属于非典型空间义项，具有边缘性，这类用例中的"上"涵盖了一部分"里"的内涵，in 涵盖了一部分 on 的内涵，内涵跨度大，具体语义需要母语者根据具体语境来判断。相对于 A 类和 B 类中空间词属于典型空间义用法，C 类中空间词属于表功能或范围义的非典型性空间义用法，对其空间关系的意象范畴判断不像 A、B 类明确，而是带有间接和隐含性，需要认知主体依据具体情境进行判断，带有明显的认知主体性。同一语言使用者在面对这类非典型词义范畴表征的空间关系时，容易出现个体视角上的差异，导致对空间关系意象范畴的划分出现不一致。这也说明他们在识解这类空间关系时表现出不同的空间心理表征。

　　在 A、B 类的"上/里"典型空间义项上，因为汉语母语者与英语母语者的空间意象范畴划分是一致的，空间概念表征是相同的，典型义项的高频输入有助于习得。即使在二语习得过程中出现词汇语义迁移或概念迁移，因为"上"与 on、"里"与 in 在语义和形式上的对应性，学习者将母语中的空间概念与汉语方位词建立映射联系时，也是跟正确的词汇形式联系，不容易出现偏误。但在 C 类的非典型空间义项上，因为汉语母语者与英语母语者在相同空间关系的空间意象范畴划分上不完全一致，受试组间的空间概念表征是不完全一致的，这种情况下若在二语习得过程中出现母语迁移现象，就不再属于因为将母语中空间概念与二语中方位词建立错误映射联系的词汇语义迁移，而当属于空间概念迁移，即迁移的产生源于语际空间概念上的差异。因此习得这类对应关系的方位词时需要二语者克服原有母语空间范畴的认知模式，完成母语空间概念的二语重构。同时因为"上"与 in 的对应关系，需要学习者打破自身在初级阶段建立的"上"与on、"里"与 in 之间对应的词汇等同策略，需要形成约定俗成的新对应关系。但这类方位词的习得难度在于，其习得过程失去了原有的"上"与on、"里"与 in 之间建立的对应关系，方位词的习得无法靠类推展开，需要一个一个地记忆。如果输入频率不够，则难以在学习者头脑中建立新的二语词义与空间概念的新的联系，导致习得最终无法实现。

　　汉英空间认知的差异还表现在频率的使用上。由于空间认知具有一定主体性，所以汉英母语者在 on/in、上/里的选择上带有自己民族的主体性，体现了空间认知的民族意识，正是语言对思维的影响的反映。我们对汉英母语者语料库进行检索（英语语料库为 British National Corpus，BNC；汉语语料库为北京大学现代汉语语料库，CCL），发现如出现"凳子"这种具有二维平面支撑功能参照物名词的语境，英语中都倾向于用 on，汉语中都用"上"，一致表现出维度在使用空间词上的决定作用。而对于有靠背的沙发，其原本就有立体空间，但英语和汉语都倾向于用 on 和"上"，使用空间词时的维度标准又都被功能标准替代了，汉、英语在这两种坐具的空间词使用上是一致的。关于椅子和沙发，Tai（1993）、张敏（1998：284 – 285）都认为最显著的功能属性是二维平面，因此选"上"不选"里"，但对于有靠背的椅子，英语中更倾向于看作内包含的空间关系，跟 in 搭配使用的频次是 504，其中 in the chair 出现 333 次，in a chair 出现 171 次。而跟 on 搭配使用的频次是 333，其中 on the chair 出现 161 次，on a chair 出现 172 次。汉语中更倾向于看作平面支撑关系，使用"上"的频次是 679，而使用"里"的频次是 105。

[130]	ON 频次	IN 频次		上 频次	里 频次
the/a chair	161/172	333/171	椅子	679	105
the/a sofa	296/37	5/0	沙发	919	20
the/a bench	363/91	1/0	凳子	168	0

　　我们又对汉、英语中交通工具底面支撑关系所使用的空间词的频率进行统计，英文数据来自 BNC，汉语数据来自储泽祥（2010：62）。虽然汉、英语都注重事物的功能属性，但在具体选择空间词所体现的空间关系认知上也不大相同。我们选取"飞机、火车、轮船、汽车"四种交通工具来统计，发现汉语中除了"汽车"被看作内包含关系和平面支撑关系的比例近乎平均等外，其他三种工具都倾向于被看作平面支撑关系，人们都倾向于用"上"。而英语中选择 on 还是 in 的倾向性差距不像汉语这么明显，英语母语者选择 on 多一些，但与选择 in 的频次差距不像汉语母语者在两种方位词选择频次上的差距那么大。这都说明汉英母语者在空间概念的认知上确

实有些差异，在对乘客与交通工具的空间关系的认识上，是采用底面承置视角还是容器包含视角，汉英母语者的选择不完全一致。可见，空间认知不可避免地带有民族、文化甚至地域差异。

[131]	ON	IN		上	里
	频次	频次		频次	频次
the/a plane	152/70	66/49	飞机	395	43
the/a train	361/153	58/41	火车	258	21
the/a ship	73/42	41/16	轮船	87	9
the/a car	135/52	8/123	汽车	326	219

　　汉、英语空间认知主体性差异还体现在空间关系所采用的表述结构形式上。比如英语空间关系的表达采用的是"空间介词+NP"形式；汉语是框式结构"在+NP+方位词"的形式。如沈家煊（1984）指出的，英语方所关系的表达形式属于融合式，汉语方所关系的表达形式属于分析式。又如，语序上英语通常只有"VP+介词+NP"一种语序形式，不同空间关系靠介词变化来区分；而汉语在使用方位短语表达空间关系时注重语序，动前式"在L VP"表示动作发生或变化的场所，动后式"VP在L"表示动作参与者经动作所达到的场所。还有一种形式差异体现在空间介词/方位词的隐现上，英语空间介词须强制性出现，汉语框式结构中前置介词和后置方位词则遵循一定的隐现规则。可以说英语讲求精确，介词的使用跟维度严密对应。汉语讲求经济简洁，方位词具有泛用的功能，多个用法呈连续统状渐进变化。从"桌子上—船上—电视上—单位上—思想上"中使用"上"来看，从表典型的平面支撑义，到表范围义，再到表方面义，"上"的空间义越来越虚化，"思想上"中的"上"虚化为方面义的语义标记。

5.2　先行调查（2）："上""里" 义项习用的语料库检索

5.2.1　语料的选取

方位词"上"和"里"的语义范畴都可分为空间义和非空间义两个部分。空间义可分为典型空间义和非典型空间义；非空间义中，"上"的义项含有方面义、时间义和固化义，"里"的义项含有复数义、时间义和固化义①。调查中我们将主要考察英语母语者对这些义项的习得在多大程度上跟汉语母语者不同；词义典型性是否影响习得的因素。

我们收集的二语者语料来自北京语言大学的留学生中介语语料库，汉语母语者语料来自北京语言大学的 BCC 现代汉语语料库。北京语言大学的留学生中介语语料库对学习者学习时间作了标注，根据学习汉语的时间长度，我们把二语受试的汉语水平分为三个等级：初级（半年和一年）、中级（一年半和两年）和中高级（两年半、三年及以上）。我们从留学生中介语语料库中选择英语母语者的作文语料，随机抽取含有方位词"上"的用句 286 例，含有方位词"里"的用句 252 例。含"上"的用句中，方位词"上"出现 308 次（有的句子中会出现两个或以上的方位词），其中有 68 例来自初级水平的学习者，119 例来自中级水平的学习者，121 例来自中高级水平的学习者。含"里"的用句中，方位词"里"出现 286 次，其中有 52 例来自初级水平的学习者，162 例来自中级水平的学习者，72 例来自中高级水平的学习者。同时从北京语言大学 BCC 现代汉语语料库中随机检索出带有方位词"上"和"里"的用句各 200 例，分别得到方位词"上"和"里"的用例 227 个和 223 个。

---

① 虽然表方面义、时间义和固化义的"上""里"其方位词性质已弱化，固化义甚至带有词级性质，不再具备方位词的语义功能，但从源流上看，这些后起义都由方位词用法演化引申而来，这里仍作为方位词的一个义项进行习得调查。

5.2.2　结果与讨论

　　表7总结了现有语料中二语者和母语者使用"上"的各义项的概况，我们从三个方面来进行概括。第一，在"上"的各义项的产出分布上，无论是母语者还是二语者，都集中在典型空间义、非典型空间义、方面义和固化义上，未在语料中发现对时间义的使用。可见"上"的时间义用法在语言实际使用中较为鲜见，缺乏输入导致二语者对这一义项用法很陌生。

　　第二，从方位词"上"各义项的使用频率来看（见表7），二语者三个水平组和母语组在各义项的使用频率上大致遵循相同的顺序：典型空间义＞非典型空间义＞方面义＞固化义。各组间随着水平的上升，可以发现典型空间义的用法比例在递降，而非典型空间义、方面义和固化义的用法比例大致在递升（如图4）。这说明二语者和母语者习得方位词"上"义项的路径是较为相似的，都是典型空间义→非典型空间义→方面义→固化义的习得顺序，这印证了词义典型性影响到二语者甚至是母语者的方位词义项习得顺序。

　　第三，表7显示中高级组的二语者在"上"各义项使用频次的比例上近似于母语组，他们对典型空间义、非典型空间义、方面义和固化义四个义项范畴的使用频率分别为44.6%、22.4%、23.1%和9.9%，与母语组相对应的使用频率（44.5%、24.2%、23.8%和7.5%）非常接近。值得一提的是，中高级组的二语者对固化义的使用频率甚至超过了母语组（分别是9.9%和7.5%）。这是否意味着中高级组对方面义、固化义的掌握已接近母语者水平了呢？仔细考察语料发现，中高级组虽然在非空间义（方面义和固化义）的使用频率上与母语组非常接近，但在表现相关义项的搭配类型的多样性上远不及母语组丰富。以对"上"的方面义用法的固定搭配使用种类来说，中高级组使用方面义的"上"共28次，分布在18种搭配用法上；母语组使用方面义的"上"共54次，分布在39种搭配用法上，二语组对方位词"上"的方面义的掌握远不及母语组。再看固化义的使用频次，中高级组的用例集中在"事实上、实际上、表面上、本质上和基本上"五种搭配用法上，而母语组的固化义用法达13种之多：实际上、一般意义上、较低层次上、根本上、基本上、较低水平上、某种意义上、严格意义上、口头上、一定意义上、本质上、表面上、事实上。可见，即使使用频次上接近，但对二语者来说，对方面义和固化义这些引申义的掌握，即使到了中高级阶段，也还与母语者存在差距，还达不到近似母语者的水平。

表 7　语料库中二语者和汉语母语者使用"上"各义项的概况

分组	典型空间义		非典型空间义		方面义		固化义		总计	
	例数	占比/%	例数	占比/%	例数	占比/%	例数	占比/%	例数	占比/%
初级	45	66.2	17	25.0	4	5.9	2	2.9	68	100.0
中级	63	52.9	42	35.3	9	7.6	5	4.2	119	100.0
中高级	54	44.6	27	22.4	28	23.1	12	9.9	121	100.0
母语	101	44.5	55	24.2	54	23.8	17	7.5	227	100.0

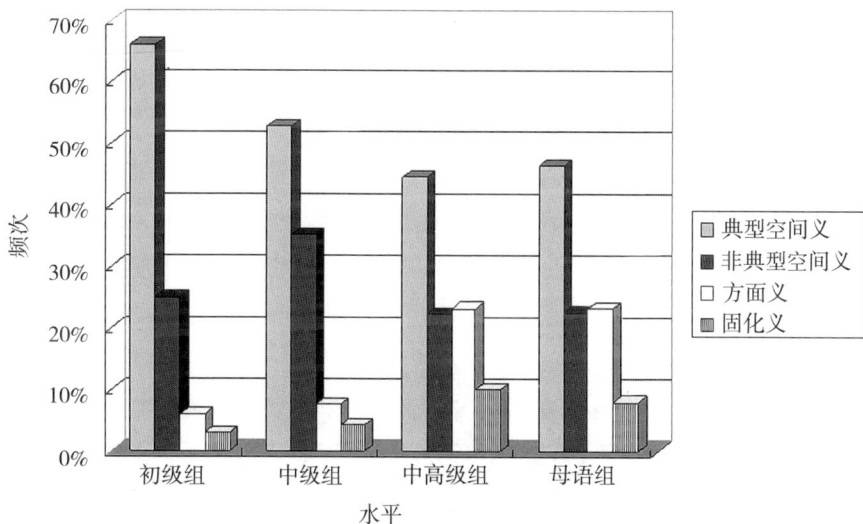

图 4　语料库中二语者和汉语母语者使用"上"各义项的频次比较

表 8 总结了语料库中二语者和母语者习用方位词"里"各义项的概况。第一，对"里"各义项的使用都分布在典型空间义、非典型空间义、复数义和时间义上。中高级组仅有 1 例固化义用法：私下里。母语者的现

有语料中未检索到固化义的用法。可见，语法学界所认定的"里"的固化义用法，在语言实际使用中较为鲜见，不为二语者甚至母语者所熟悉。

第二，检索"里"的语料发现，三个水平的二语组，典型空间义与非典型空间义的使用比例都相差悬殊，初级组、中级组、中高级组产出典型空间义与非典型空间义的占比分别是80.8%和13.3%，79.0%和17.9%，62.5%和33.3%（见表8）。而母语组产出典型空间义和非典型空间义的占比接近，分别是41.7%和40.8%。同时发现，二语学习者随着汉语水平的上升，其典型空间义的产出比例在递降，非典型空间义的产出比例在递升（见图5）。这可以说明二语者在方位词"里"的义项习得上所遵循的习得路径是：典型空间义→非典型空间义→复数义/时间义的习得顺序，与方位词"上"的习得路径相似。这再次证明了词义典型性对二语者方位词义项习得顺序的影响。

第三，二语组对"里"义项的使用主要集中在典型空间义和非典型空间义这两个范畴上，这两个义项的使用比例在三个水平的二语组中都合占到94.0%以上，而母语组只有82.5%。而对于非空间义项中的复数义和时间义，二语组在从低到高三个水平间没有显著变化，分别是3.9%和2.0%，0.6%和2.5%，2.8%和1.4%，使用频率偏低。母语组中复数义的义项产出也较低，只有1.8%，但时间义的义项产出高达15.7%。这可能说明复数义在二语组和母语组中都是较低频的，而时间义的产出频率上，二语组与母语组有明显的差距，说明二语组在"里"的引申义项习得上，尤其是在时间义的习得上，未能达到近似母语者的水平。

表8 语料库中二语者和汉语母语者使用"里"各义项的概况

分组	典型空间义		非典型空间义		复数义		时间义		总计	
	例数	占比/%	例数	占比/%	例数	占比/%	例数	占比/%	例数	占比/%
初级	42	80.8	7	13.3	2	3.9	1	2.0	52	100.0
中级	128	79.0	29	17.9	1	0.6	4	2.5	162	100.0
中高级	45	62.5	24	33.3	2	2.8	1	1.4	72	100.0
母语	93	41.7	91	40.8	4	1.8	35	15.7	223	100.0

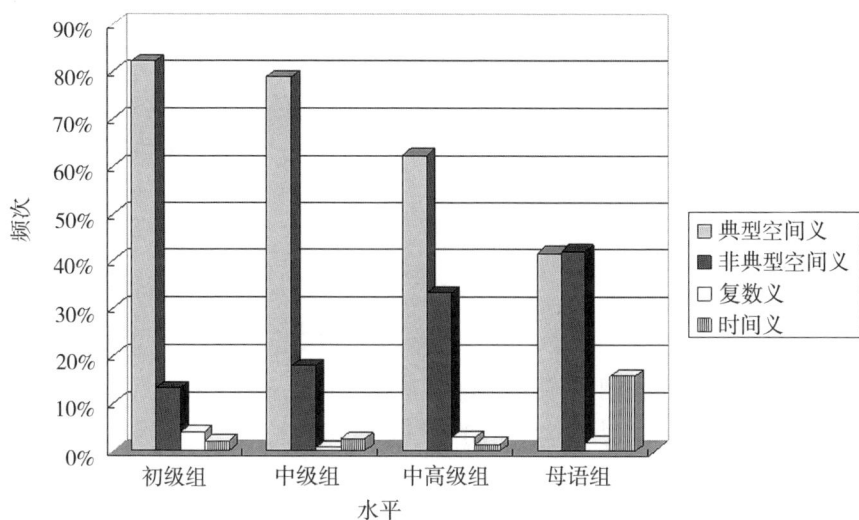

图 5 语料库中二语者和汉语母语者使用"里"各义项的频次比较

从以上对二语者和母语者的义项产出频次对照分析中可以发现，二语学习者对方位词"里"和"上"遵循与汉语母语者相同的习得路径，即二语者对方位词"上"和"里"的习得都遵循空间义→非空间义、典型空间义→非典型空间义的习得顺序。在学习的初级阶段，方位词的典型空间义项在使用中占比较高，随着学习水平的提高，典型空间义项的使用比例逐渐降低，非典型空间义项和非空间义项的使用比例逐步增加。这都体现了词义典型性对方位词二语习得过程的重要影响，这跟母语习得中词义典型性的作用相类似（Meints, et al., 2002；Gentner & Bowerman, 2009）。方位词"上"和"里"义项习得过程中的不同方面主要体现在非空间引申义的习得上。二语者在习得"上"的引申义时，无论是方面义还是固化义，其使用比例都会随着水平的提升而增加，水平提升促进了对"上"引申义的习得扩展，并最终在使用比例上接近母语者。因此在方位词"上"的二语习得过程中，词义典型性的作用体现得非常完整。而在习得"里"的引申义时，我们看不到水平的提升对义项习得扩展的促进作用。各个水平组的引申义项使用比例一直很低，保持停滞不前的状态。尤其在"里"时间义的习得上，各水平二语组都与母语组在使用比例上有明显差距。这说明，二语者对"里"的复数义和时间义的产出始终都很低，二语者对

"里"的非空间义项的习得并不理想。同时我们也发现，尽管二语者对"上"引申义项的习得会随汉语水平上升而得到改善，但对"上"与其他词搭配使用的种类局限在少数几类，与母语组的搭配使用表现存在差距。因此可以说，二语者对"上"和"里"引申义项的习得有相当的难度，未能达到近似母语者的水平，这与其习得"上"和"里"空间义的表现形成鲜明对照。

我们的数据分析表明，无论是方位词"上""里"的空间义还是非空间义习得，二语者都遵循类似的习得路径，词义典型性对方位词多义习得的影响明显。这与我们的研究假设 3a 基本一致，即二语者习得方位词典型空间义相对容易，习得非典型空间义和非空间义相对较难。我们的研究也表明，在方位词的空间义项的习得上，随着学习者汉语水平的提升，典型空间义项的产出频率逐步降低，非典型空间义项的产出频率逐步提升，不同空间义项的产出频率跟二语学习者的汉语水平有明显互动。但在方位词的非空间义项的习得上，"上"的方面义和固化义的习得与学习者汉语水平有互动；而"里"的复数义与时间义的习得与学习者汉语水平没有互动，在各个水平阶段都处在相对较低的产出状态。我们认为导致方位词"里"非空间义项的产出率极低可能有两个原因：一是跟汉语母语者本身使用少有关，二语者在习得过程中得不到必要的输入，自然难以习得这一义项用法。二是跟汉语方位词"里"的时间义用法在具体的语境中可以省略有关系，比如"假期里他们过得很愉快"可以说成"假期他们过得很愉快"；"他们在这一年里付出很多，收获也很多"可以说成"他们在这一年付出很多，收获也很多"。对于"里"这种非空间义项用法，在有时可以省略空间标记的情形下，二语者可能更倾向于简便经济的表达形式，以至于使用时也仍然倾向于省略。

5.3　小结

本章我们用测试和语料库检索的方法考察了汉英空间意象和认知主体性差异，并就汉语母语者和二语者对方位词"上"和"里"各义项的习得情况作了分析。我们发现，在表述"上"与 on、"里"与 in 相对应的空间关系时，汉语和英语母语者对目标物与参照物之间空间关系的认知是相似的，对空间意象范畴的划分和判断趋于一致，体现出相同的空间概念表征。而在表述"上"与 in 相对应的空间关系时，无论是组内还是组间，汉语和英语母语者对目标物和参照物之间空间关系的认知是不同的，对空间意象范畴划分和判断未能达成一致，体现出不同的空间概念表征。这说明汉语和英语母语者在典型空间义上所形成的空间意象是一致的，在非典型空间义上所形成的空间意象是不一致的。同时通过对汉语和英语母语者语料库的检索，我们发现他们在面对同一空间关系时，会因为认知视角的差异，导致在空间词的使用上不具有词汇语义的对应性。我们的中介语和母语者语料库检索分析结果也表明，词义典型性对母语和二语的习得都产生了影响。二语者习得方位词"里"和"上"的多义范畴时，遵循与汉语母语者相同的习得路径，都表现出从空间义到非空间义、从典型空间义到非典型空间义的习得顺序。二语者在空间义的习得上能达到近似母语者的水平，而在非空间义的习得上表现不佳，产出比例低，用法单一。我们的先行调查为后面主体部分的测试研究作了基础性准备工作。

第6章　汉语空间方位结构习得实证调查

　　本章重点考察英语母语者习得汉语空间方位结构各组成部分的情况，包括"在＋处所"行为构式义、构式中动词类别、方位词多义范畴以及框式结构成分隐现使用等四个习得调查项目，安排在三个测试任务中。第一个项目调查"在＋处所"行为构式义习得，受试将完成图文匹配任务。这一项目考察二语者对动前构式和动后构式"在＋处所"行为构式义的理解和判断，验证的是研究假设1a、1b和1c（见4.5节）。第二个项目调查"在＋处所"行为构式中动词的习得，通过句子可接受度等级判断任务，调查二语者对两种"在＋处所"行为构式中动词准入规则的掌握，验证的是研究假设2a、2b和2c（见4.5节）。这前两个考察项目都围绕语言理解展开测试。第三个项目调查方位词"上""里"的多义习得情况，我们选取"里"的典型空间义（与in对应）、"上"的典型空间义（与on对应）、"上"的非典型空间义（与in对应）作为观察点，通过二语者的产出表现，探知汉英空间词语义范畴划分的差异是否会引起二语产出过程中的母语迁移。当汉英空间词语义范畴划分一致时，方位词是否更易习得；当汉英空间词语义范畴划分不一致时，方位词是否较难习得。考察结果将用于验证研究假设3a、3b和3c（见4.5节）。第四个项目调查框式介词结构"在……上/里"中介词和方位词隐现使用的习得情况，将主要调查二语者对状语和补语位置上介词和方位词共现使用的掌握情况，以及对方位词"上/里"由参照物维度所决定的必隐、必现和隐现两可等规则的习用情况，考察结果用于验证研究假设4a、4b和4c（见4.5节）。后两个考察项目都围绕语言产出展开测试。

6.1　受试筛选及水平测试

本书四个测试项目的二语数据收集在英国完成，二语受试来自谢菲尔德大学和约克大学。谢菲尔德大学的受试以东亚语言学系汉语言专业的高年级本科生为主，另有部分该校孔子学院汉语高级班学员。约克大学的受试为语言中心汉语高级班（level 3）学员。受试年龄基本在 20～25 岁，来自孔子学院和约克大学汉语班的学员中有三位年龄在 40～60 岁。语料收集在教室及学校活动室里完成，所有材料当场回收，时间持续 30～40 分钟。共发放并回收调查材料 40 份，最终确认母语为英语者的有效材料 34 份[①]。汉语母语者作为对照组也参与实验调查，受试为广州某高校非汉语言专业的本科生，来自同一个自然班，调查材料由任课教师在课堂发放并当场回收，回收材料 35 份，最后确认并筛选出完整有效材料 32 份。

本测试对参加调查的二语者和母语者均同时进行汉语水平测试，测试工具来自 Yuan 和 Zhao（2010）、Zhao（2012）。水平测试题型为完形填空，共 40 个空，每空计 1 分，满分是 40 分。基于在水平测试中的得分，二语受试被分到两个汉语二语水平组中：中级组（18 人）、高级组（16 人）。汉语母语组（32 人）另列一组，为对照组，测试结果见表 9。利用 SPSS 统计软件对总共三组受试的完形填空得分进行非参数单因素方差分析，结果显示，三组受试在汉语水平上存在显著差异（Kruskal-Wallis $\chi^2 = 55.66$，$p = 0.000$）。为进一步考察各组间的水平差异，我们还做了事后检测（Post Hoc，Scheffé），发现三组之间的均值差异都达到显著水平（$p < 0.01$），这证明对受试的水平分组有效（见表 10）。

---

① 针对英语母语者的测试经由向约克大学语言及语言科学系道德委员会提出申请并得到批准，所有受试均为志愿参加，测试前均认真阅读道德委员会制定的测试申请材料并在同意书上签字确认。二语者有偿参与测试调查。

表9　三个水平组受试完形填空水平测试得分情况

水平组	人数	得分	（满分40）	学习时长/年
		平均分	标准差（SD）	
中级组	18	13.4	5.83	2.7
高级组	16	25.5	3.46	3.4
母语组	32	38.1	1.5	N/A

表10　完形填空得分的组间事后检测结果（Scheffé）

水平组	中级组	高级组	母语组
中级组		− 12.11*	− 24.74*
高级组	12.11*		− 12.63*
母语组	24.74*	12.63*	

注：*表示 $p < 0.001$。

6.2　主体测试（1）："在 + 处所" 行为构式义习得调查

　　本部分考察英语母语者习得汉语"在 + 处所"行为构式义的情况，调查中所采用的测试工具是图文匹配选择任务。如我们在第 2 章所分析的，我们讨论的汉语"在 + 处所"行为构式有两个：动前构式"在 L VP"和动后构式"VP 在 L"。语义上，动前构式表示动作发生的场所，动后构式表示动作参与者因动作结果所达到的场所。英语中表述动作发生的处所时只有"VP + 介词 + NP"一种语序，因此当母语中的一种语序与二语中的两种语序相对应时，这是否会对二语习得过程构成挑战值得关注。英语方位构式习得研究中的一般结论认为，二语者可以最终习得方位构式义（Bley-Vroman & Joo，2001；Sawyer，2002；Choi & Lakshmanan，2002；Joo，2003；李红，2008）。我们想调查这一结论在验证英语母语者习得汉语"在 + 处所"行为构式义时能否得到支持，同时我们也想知道汉语"在 + 处所"构式类型在习得过程中是否具有显著主效应。对此我们提出的研究假设分别是 1a、1b 和 1c（见 4.5 节）。研究假设 1a 预估英语母语者不能习得 "在 + 处所" 动前式行为构式义；研究假设 1b 预估英语母语者不能习得 "在 + 处所" 动后式行为构式义；研究假设 1c 预估二语者对 "在 + 处所" 行为构式义的习得受制于二语水平，即二语者对 "在 + 处所" 行为构式义的习得是与二语整体水平同步发展的，语言整体水平的提升会促进二语者对 "在 + 处所" 行为构式义的习得。

6.2.1　研究设计

根据我们在 2.2 节中的分析，汉语空间方位构式 "在 L VP" 和 "VP 在 L" 两种类型不仅有语义上的区分，对进入的动词类别也有语义限制。以动作动词来说，动前构式 "在 + 处所" 行为构式只允许持续类动作动词进入（如 "他在操场上打球"），动后构式 "在 + 处所" 行为构式只允许瞬间类动作动词进入（如 "树叶掉在地上"），能同时进入两种子构式的动作动词极少。为避免同类构式中不同动作动词语义对构式义理解的影响，我们对所有目标构式义习得的考察都在同一个动词语境下展开，即所有测试句都使用相同的目标动词——"跳"。动作动词 "跳" 既可以表持续性动作出现在动前构式中，也可以表瞬间性动作出现于动后构式中，且这个动词在二语学习初级阶段就为学习者所熟悉。我们采用的测试工具是图文匹配选择任务（picture judgment task）。测试图片展示了不同动物的两类 "跳" 的动作场景：在某处连续跳，或是瞬间跳到某处。受试根据图片上的动作场景类型，对动前式或动后式行为构式句型进行选择。图片的直观性确保受试在完成图文匹配时能理解所呈现的目标动作场景类型。测试图片一共有 6 张，其中有 3 张描述的是动作持续性发生的动前式构式义；另有 3 张描述的是动作瞬间完成，主体完成位移的动后式构式义。每张图片各配有动前式和动后式空间方位行为构式的目标句。另设三个干扰题项，所呈现图片配以表述非空间关系的简单句。答题前有样例展示，供受试熟悉答题要求。测试项目（1）所用测试材料见附录 A。

答题前的样例：

A. 小猪在打电话。　　B. 小猪在跳舞。（答案：B）

If you think only Sentence B matches the given picture, perhaps your answer is：（B）

目标测试题由以下 6 幅图片组成，另有三幅图片用于干扰题项。

考察动前构式"在 L VP"行为构式义习得的图片有：

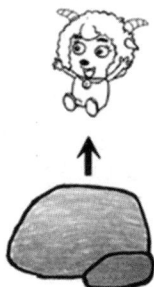

A. 小羊在石头上跳。　　B. 小羊跳在石头上。（　　）

A. 猴子在马背上跳。　　B. 猴子跳在马背上。（　　）

A. 青蛙在荷叶上跳。　　B. 青蛙跳在荷叶上。（　　　　）

考察动后构式"VP 在 L"行为构式义习得的图片有：

A. 青蛙在荷叶上跳。　　B. 青蛙跳在荷叶上。（　　　　）

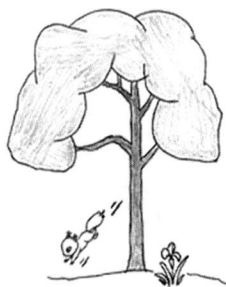

A. 松鼠在地上跳。　　B. 松鼠跳在地上。（　　　　）

A. 猴子在马背上跳。　　B. 猴子跳在马背上。（　　　　）

在进行数据统计时，受试若正确选择与图片匹配的含有目标构式的句子，表示正确理解了图片所描述的空间方位构式义，得 1 分；若选择与图片不匹配的含有非目标构式的句子，表示未能正确理解图片所描述的空间方位构式义，得 0 分。描述动前构式和动后构式目标构式义的图片各 3 幅，单个受试在每类空间方位构式义的答题满分是 3 分。测试的自变量是"在 + 处所"行为构式类别和汉语水平。

6.2.2　测试结果与数据分析

在受试完成图文匹配，在两类子构式间作出选择后，我们将收集到的数据在 SPSS 统计软件上进行非参数单因素方差分析。下面的表 11 至表 13 总结了主要数据结果。

表 11　三组受试正确选择构式得分情况

受试分组	动前式行为构式义		动后式行为构式义	
	平均分	标准差	平均分	标准差
中级组	1.78	1.22	1.5	0.92
高级组	2.13	1.2	1.81	1.38
对照组	2.88	0.42	2.88	0.42

表 12　三组受试正确选择动前式行为构式组间事后检测（Scheffé）

水平组	中级组	高级组	对照组
中级组		− 0.35	− 1.1 *
高级组	0.35		− 0.75 *
对照组	1.1 *	0.75 *	

注：＊表示 p < 0.05。

表 13　三组受试正确选择动后式行为构式组间事后检测（Scheffé）

水平组	中级组	高级组	对照组
中级组		− 0.31	− 1.38 *
高级组	0.31		− 1.06 *
对照组	1.38 *	1.06 *	

注：＊表示 p < 0.05。

　　表 11 总结了各组受试在动前式、动后式"在 + 处所"行为构式义上理解判断选择的平均分和标准差。中级组、高级组和对照组三组受试在动前式行为构式义上的平均分值分别是 1.78、2.13 和 2.88。进行事后两两检测（见表 12），统计结果表明，中级组在动前式行为构式义的判断得分均值上与对照组存在显著差异（p = 0.001）。高级组在动前式行为构式义的判断得分均值上与对照组也存在显著差异（p = 0.03 < 0.05）。中级组和高级组之间的得分均值没有显著差异（p = 0.54 > 0.05）。这些数据表明，中、高级水平阶段的学习者还未完全习得动前式"在 + 处所"行为构式义，学习者在这一结构的理解判断上与母语者的理解水平差距明显。但高级水平阶段的习得情况好于中级水平阶段，说明学习者对动前式行为构式义的习得会随着语言整体水平的提升而逐渐得到改善。

　　在动后式"在 + 处所"行为构式义理解判断的分值上，三组受试的平均分值分别是 1.5、1.81 和 2.88（见表 11）。进行事后两两检测（见表 13），统计结果表明，中级组在动后式行为构式义的判断得分均值上与对照组存在极为显著差异（p = 0.000）。高级组在动后式行为构式义的判断得分均值上与对照组也存在显著差异（p = 0.001）。中级组和高级组之间的得分均值没有显著差异（$p = 0.59 > 0.05$）。这些数据结果表明，中、高级水平阶段的学习者同样未完全习得动后式空间方位行为构式义，学习者在这一结构的理解判断上与母语者的理解水平差距非常明显。但高级水平阶段的习得情况好于中级水平阶段，说明学习者对动后式行为构式义的习得会随着二语水平的提升而逐渐得到改善。

那么，二语者对动前式和动后式两类行为构式义的习得是否也表现出差异呢？从表11来看，不同水平阶段的二语者在动前式行为构式义的理解判断上，得分都要略高于动后式行为构式义，中级水平学习者在动前式和动后式行为构式上的平均分的差值是0.28，高级水平学习者在动前式和动后式行为构式上的平均分的差值是0.32，而母语者在两类"在 + 处所"子构式义的理解判断得分上没有差异。图13中的曲线较直观地展示了三组受试对两类"在 + 处所"行为构式义的判断得分情况。从图上的均值线位置来看，无论是中级二语水平阶段还是高级二语水平阶段，动前式行为构式义习得情况始终位于动后式行为构式义习得情况的上方，说明在二语习得的不同阶段，学习者对动前式行为构式义的习得都要好于对动后式行为构式义的习得。我们对此进行 t 检验，数据结果表明，中级水平阶段的二语者对动前式行为构式义和动后式行为构式义的习得情况没有显著差异（$t = 0.79$，$p = 0.44$）；高级水平阶段的二语者对动前式行为构式义和动后式行为构式义的习得情况也没有显著差异（$t = 0.81$，$p = 0.43$）。

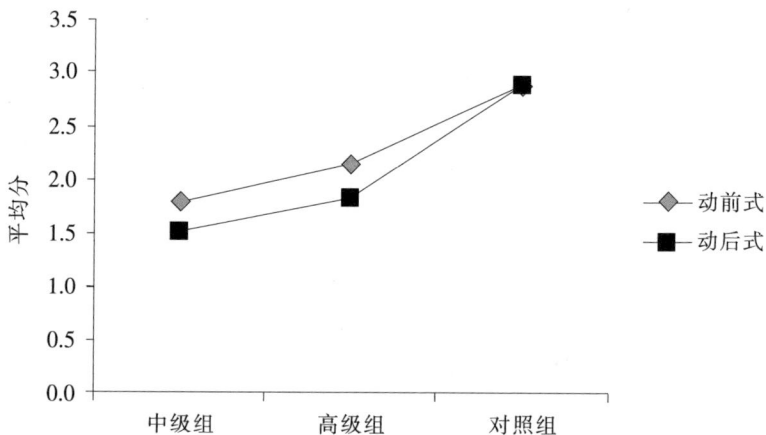

图13　三组受试的两种行为构式义习用均值对比

还值得一提的是，受试在将图片判断为动前式行为构式还是动后式行为构式时，两个水平组的二语受试都倾向于判断为动前构式。测试图片中动前构式和动后构式数量同等的情况下，中级组判断为动前构式的比例为109%，判断为动后构式的比例为91%。高级组判断为动前构式的比例为110%，判断为动后构式的比例为90%。

6.2.3　讨论

我们在本部分调查了英语母语者习得"在＋处所"行为构式义的情况，采用的测试工具是图文匹配选择任务。我们让受试根据图片所展示的持续性动作场景或是瞬间性动作场景选择相应的"在＋处所"行为构式。展示的持续性动作场景的图片与动前式行为构式相匹配，展示的瞬间性动作场景的图片与动后式行为构式相匹配。我们测试的目的是想考察英语母语者能否习得汉语这两类"在＋处所"行为构式义，能否有效区分动前式和动后式行为构式之间的意义。英语二语空间方位习得研究表明，二语者能够习得方位构式的整体意义（Bley-Vroman & Joo，2001；Sawyer，2002；Choi & Lakshmanan，2002；Joo，2003；李红，2008），我们想知道汉语二语习得情况是否也有类似的乐观结果。测试数据结果表明，我们所调查的英语母语者整体上未能习得"在＋处所"行为构式义，不同水平阶段的学习者对两类"在＋处所"行为构式义的理解判断都与母语者存在显著差异。由此，我们不能推翻预先提出的研究假设 1a 和 1b，即"学习者难以习得动前式'在 L VP'行为构式义"和"学习者难以习得动后式'VP 在 L'行为构式义"的说法成立。此外，我们的调查结果表明，高级水平阶段的学习者在对两类"在＋处所"行为构式义的理解判断整体上要好于中级水平阶段的学习者，但没有得到显著差异。这在一定程度上验证了我们之前提出的研究假设 1c，即二语者对"在＋处所"行为构式义的习得受制于学习者的二语水平，语言整体水平的提升会促进二语者对"在＋处所"行为构式义的习得，但对"在＋处所"行为构式义的最终习得以学习者具备较高汉语水平为条件。

高级组的二语受试未能完全理解汉语空间方位行为构式的两个子构式义，说明空间方位行为构式义是二语习得的难点所在。我们认为这里可能有两个主要原因。其一，英语和汉语在空间方位表述上的差异很大。英语中对特定空间场景中的动作事件的表述通常只采用"VP＋介词＋名词"一种语序，而汉语相应的语言表述中，介词短语出现的位置分为动前和动后两种情况，相对于英语中的一种语序，汉语在形式上显然更具有标记性。二语学习者若不清楚汉语中语序可用来区别语法意义的这一功能，就必然无法判断"小猴子在马背上跳"和"小猴子跳在马背上"在语义上的差别，也就不知道汉语中表动作发生场所和动作达到场所须使用不同的语言表述形式。英语中语序并不是区分意义的常见语法手段，对于"小猴子在马背上跳"和"小猴子跳在马背上"，英语中采用的是同一种句序，仅依靠时态来区分这两者的意义。英语母语者习惯了以时态作为区分意义的语法手段，面对汉语中"小猴子在马背上跳"和"小猴子跳在马背上"没有明显时态标记的句式，在需要快速作出即时判断反应时，在不能借助母语形式标记完成构式义鉴别的情况下，是无法针对两类汉语"在＋处所"行为构式正确完成图文匹配的。从这种意义上来说，英语母语者在汉语空间方位结构义习得上所遭遇到的困难，有部分可能是汉英语言结构形式差异造成的。

其二，中级组和高级组二语受试未能习得两类"在＋处所"行为构式义，也可能跟汉语教材目前还未将"在 L VP"和"VP 在 L"构式作为语言教学项目有关。"在 L VP"和"VP 在 L"构式虽为语言学界研究热点，但尚未有教材将其作为语法项目列入教学要点，未对构式及其组成成分的句法语义特征展开介绍，学习者运用构式的知识尚属空白。如果二语学习者得不到关于构式义的明示性教学指导，加上缺乏足够的输入环境，自然难以区分两种构式在整体意义上的区别，在语言理解和产出时也就缺乏相应语感。因此有必要将构式整体意义向二语学习者进行描述展示，通过在教材中的重现保证有足够的输入量，促发学习者的注意。

本次调查中，二语受试更倾向于把目标图片判断为动前式。我们的研究数据也显示，处在不同水平阶段的二语者，对动前式"在＋处所"行为构式义的习得要好于动后式，而汉语母语者对两类构式义的理解判断分值是相同的。对于二语者在两类"在＋处所"行为构式义习得上的差距原因，一个可能的解释是，二语学习者接收两类"在＋处所"行为构式的输入频率是不同的。教材使用是学习者接触"在＋处所"构式输入的一个主要途径。我们调查口语教材《汉语口语速成（基础篇）》中"在＋处所"构式使用情况时发现，"在 L VP"和"VP 在 L"的出现频率具有不均衡性。"在 L VP"构式出现 60 次，"VP 在 L"构式出现 22 次；其中课文正文部分，"在 L VP"构式出现 22 次，"VP 在 L"构式出现 1 次。基于使用的语言习得理论认为，语言体验才是语言习得的关键，而决定语言体验程度的是语言使用频率。语言各层面的规律都源于人们对输入频率特征的分析，学习者通过分析频率分布逐渐抽象出语言结构，因此范例及频率决定二语构式的习得（Ellis，2002）。虽然汉语母语者产出"在 L VP"和"VP 在 L"构式的频率是大体均衡的，但数据统计表明，提供给二语者的语言输入环境属于偏态输入，偏向于使用"在 L VP"构式。因为输入不足，学习者的中介语系统中尚未建立起"VP 在 L"构式形式与语义的映射。二语偏态输入在某种意义上有利于新构式的习得，因为所偏向的都是同类别中的高频成员，但也可能造成对低频输入构式类型的陌生和使用中的回避，使得学习者在产出时带有倾向性。有研究显示，二语者使用"在 L VP"构式的频率要远高于"VP 在 L"（丁安琪、沈兰，2001；周文华，2013）。

6.3　主体测试（2）："在＋处所"行为构式中动词习得调查

主体测试（2）考察英语母语者习得汉语"在＋处所"行为构式中动词类别的情况，以动作动词作为考察对象。"在＋处所"行为构式对动词准入有着语义上的严格限制。进入动前式"在 L VP"构式的动词在语义上要求有动态性，具备时间上的动作连续性和空间上的非位移性等特征；进入动后式"VP 在 L"构式的动词在语义上要求有静态性，具备时间上的瞬间完成性和空间上动作造成的位移性等特征。现有英语空间方位二语习得研究中多数认为二语者不能完成方位构式中动词类别的习得（Juffs，1996；Bley-Vroman & Joo，2001；Joo，2003；李红，2008），但也有部分持不同意见，即认为二语者可以完成这一习得任务（Choi & Lakshmanan，2002；Sawyer，2002）。我们这里所讨论的"在＋处所"行为构式与英语中方位构式所指没有完全的对应性，"在 + 处所"行为构式中动词能否被习得还未被实证研究所证实，因此对"在 + 处所"行为构式中动词准入规则的二语习得研究很具有现实意义。在第 4 章我们提出了三个研究假设：2a、2b 和 2c。研究假设 2a 提出英语母语者难以习得"在 L VP"行为构式中的动词准入规则；研究假设 2b 提出英语母语者难以习得"VP 在 L"行为构式中的动词准入规则；研究假设 2c 提出"在 + 处所"行为构式中动词准入规则的习得受制于学习者的二语水平，即语言整体水平的提升会促进二语者对"在 + 处所"行为构式中动词准入规则的习得。

6.3.1　研究设计

本测试项目同样有三个受试组：中级组（18 人）、高级组（16 人）和母语对照组（32 人）。采用的测试工具是句子可接受度等级判断（grammaticality acceptability judgment task），测试目标是考察受试对持续类动作动词和瞬间类动作动词在动前式和动后式"在 + 处所"行为构式中出现的可接受度。根据汉语动前式和动后式空间方位行为构式对动词的语义限制要求，我们选择了 8 个动作动词用于测试。用于动前式行为构式的动词有"等、看、玩、寄"4 个，都是及物动词，动作由主语发出，受主语施事的控制。这类动词的特点是在构式中表示动作的连续性但不发生位移，出于表述上的简洁性需要，我们把这类动词称为持续类动作动词。用于动后式行为构式的动词有"掉、碰、倒、落"四个，都是不及物动词，动作并非由当事主语发出，而当事主语在动态过程中发生位移。这类动词的特点是在构式中表示动作的瞬间完成性，我们把这类动词称为瞬间类动作动词。目标测试句按动词类别以及框式结构"在……上/里"与动词的位置关系，一共分成 4 种情况，每种情况各 3 例，共 12 个目标测试句（见例［132］~［143］）。目标测试句之间的顺序随机安排。另外，我们安排了 4 个干扰句穿插在目标测试句中，干扰句都不含空间方位构式。测试项目（2）所用测试材料见附录 B。

第一类：持续类动作动词——正确出现在"在 L VP"行为构式中

［132］小明在图书馆里看书。

[133] 同学们在操场上踢足球。

[134] 小明在宿舍里玩电脑。

第二类：持续类动作动词——错误出现在"VP 在 L"行为构式中

[135] 大家等老师在教室里。

[136] 哥哥寄信在邮局里。

[137] 我看电视在房间里。

第三类：瞬间类动作动词——正确出现在"VP 在 L"行为构式中

[138] 手表掉在地上。

[139] 头不小心碰在墙上。

[140] 树叶落在水面上。

第四类：瞬间类动作动词——错误出现在"在 L VP"行为构式中（以光杆形式）

[141] 手在门上碰。

[142] 牛奶在杯子里倒。

[143] 钱包在地上掉。

我们设计了四个语法可接受梯度："−2"表示完全不能接受，"−1"表示可能不可以接受，"+1"表示可能可以接受，"+2"表示完全可以接受。不设"0"表示"我不知道"这一居中梯度，是为了避免受试为求简而轻率作答的情形出现。答题前，有答题样本供受试熟悉答题要求。样本和测试句都用受试的母语分别展示。如给二语习得者的样例是：

[144] 我很喜欢听音乐。

−2	−1	+1	+2　（ +2 ）
completely unacceptable	probably unacceptable	probably acceptable	completely acceptable

If you think the above sentence is completely acceptable, you should write "+2" in the parenthesis.

6.3.2 测试结果与数据分析

在 SPSS 统计软件上对各组受试持续类动作动词和瞬间类动作动词分别在两类"在+处所"行为构式中出现的可接受度分值进行非参数单因素方差分析。表 14 总结了持续类和瞬间类动作动词在不同空间方位构式中的接受度数据分析结果。表 15 至表 18 分别总结了第一、二、三、四类使用情况接受度的组间事后检测结果。

表 14　动作动词出现在"在+处所"行为构式的四种情况的接受度数分值①

分组	持续类动作动词				瞬间类动作动词			
	第一类		第二类		第三类		第四类	
	均值	标准差	均值	标准差	均值	标准差	均值	标准差
中级组	1.35	0.63	-0.46	0.95	-0.04	1.05	-0.15	1.00
高级组	1.46	0.70	-0.90	1.10	0.19	0.74	-0.35	0.98
对照组	1.86	0.30	-1.28	0.83	1.49	0.57	-1.66	0.77

表 14 总结了各水平组受试对持续类和瞬间类动作动词的接受度。从数据中我们可以看出，不同水平组的受试对持续类动作动词正确出现在"在 L VP"构式（第一类）的接受度最高，都在"+1"到"+2"的区间；中级组和高级组的接受度均值分别是 1.35 和 1.46，对照组的接受度均值是 1.86。进行非参数单因素方差分析后，结果表明，三组受试对第一类用法的接受度呈现出显著差异（Kruskal-Wallis，$\chi^2 = 16.278$，$p = 0.000$）。进行组间事后检测的数据（见表 15）表明，中级组与对照组、高级组与对照组的均值差异分别是 0.51 和 0.41。中级组对持续类动作动词正确出现在

---

① 表中正数表示接受，负数表示拒绝，分值为受试对每类动词出现三次所做的平均接受度评判。由于每类词的最大接受度为"+2"，最大拒绝度为"-2"，所以每类词平均最大接受度为"+2"，最大拒绝度为"-2"。

"在 L VP" 构式中的接受度与对照组有显著差异 ($p = 0.006 < 0.05$)，高级组与对照组之间也有显著差异 ($p = 0.044 < 0.05$)，中级组和高级组之间的均值没有显著差异 ($p = 0.837 > 0.05$)。两个二语水平组均与对照组的表现存在显著差异，说明中、高级水平阶段的二语者整体上都未能习得持续类动作动词在构式 "在 L VP" 中的正确用法。

表 15　第一类接受度组间事后检测结果（Scheffé）

水平组	中级组	高级组	对照组
中级组		− 0.11	− 0.51*
高级组	0.11		− 0.41*
对照组	0.51*	0.41*	

注：* 表示 $p < 0.05$。

我们再来看各水平组受试对持续类动作动词错误出现在 "VP 在 L" 构式（第二类）的接受度。表 14 中的数据表明，各水平组受试对持续类动作动词错误出现在 "VP 在 L" 构式的用法都倾向于拒绝，各组接受度都呈负值。但二语和母语者受试对这一类错误用法的拒绝度都不高，中级和高级二语水平组的均值分别是 − 0.46 和 − 0.90，对照组的均值也只有 − 1.28。非参数单因素方差分析结果表明，三组受试在第二类用法的接受程度上呈现出显著差异（Kruskal-Wallis，$\chi^2 = 9.999$，$p = 0.007$）。进行组间事后检测的数据（见表 16）表明，中级组与对照组、高级组与对照组之间的均值差异分别是 − 0.82 和 − 0.39。中级组对持续类动作动词错误出现在 "VP 在 L" 构式中的接受度与对照组有显著差异（$p = 0.016 < 0.05$），高级组与对照组之间没有显著差异（$p = 0.409 > 0.05$），中级组和高级组之间的均值也没有显著差异（$p = 0.409 > 0.05$）。从数据来看，高级组与对照组的表现没有组间的显著差异，并不能说明高级组对这一类错误用法在理解上达到近似母语者水平。高级组对持续类动作动词出现在动后式方位构式的拒绝度并不高，而且对照组对这一类错误用法的拒绝度也不算高，母语者对持续类动作动词出现在动后式方位构式中的错误用法在拒绝时也有所犹豫，这可能跟口语使用中语法规则的简化淡化有一定关系。

表16　第二类接受度组间事后检测结果（Scheffé）

水平组	中级组	高级组	对照组
中级组		0.43	0.82*
高级组	－0.43		0.39
对照组	－0.82*	－0.39	

注：＊表示 $p < 0.05$。

　　我们再来看各组受试对瞬间类动作动词正确出现在"VP 在 L"构式（第三类）用法的理解判断情况。从表14中的结果来看，与对照组明显接受这一用法（接受度均值为1.49）形成鲜明对比的是，中级组倾向于轻度拒绝，均值为－0.04；高级组虽倾向于接受，但接受度很低，均值为0.19。非参数单因素方差分析结果表明，三组受试在第三类用法的接受度上呈现出显著差异（Kruskal-Wallis，$\chi^2 = 32.183$，$p = 0.000$）。进行组间事后检测的数据（见表17）表明，中级组与对照组、高级组与对照组的均值差异分别是1.53和1.3。中级组对瞬间类动作动词正确出现在"VP 在 L"构式中的接受度与对照组有显著差异（$p = 0.000$），高级组与对照组之间也存在显著差异（$p = 0.000$），两个二语组之间没有显著差异（$p = 0.696 > 0.05$）。两个二语组的均值差异不大，但都与对照组存在非常显著的差异，说明"VP 在 L"构式中瞬间类动作动词的用法未被学习者掌握，学习者的判断分值是各类构式动词用法中最低的，说明动后式行为构式中的动词准入规则可能是二语习得中的一个难点。

表17　第三类接受度组间事后检测结果（Scheffé）

水平组	中级组	高级组	对照组
中级组		－0.22	－1.53*
高级组	0.22		－1.30*
对照组	1.53*	1.30*	

注：＊表示 $p < 0.01$。

　　对于瞬间类动作动词错误出现在"在 L VP"构式（第四类）的用法，

三个水平组的受试都倾向于拒绝（见表 14）。对照组的接受度均值是 −1.66，拒绝度较高。中级组和高级组的接受度均值分别是 −0.15、−0.35，拒绝度都较低。非参数单因素方差分析结果表明，三组受试在第四类用法的接受度上呈现出显著差异（Kruskal-Wallis，$\chi^2 = 30.527$，$p = 0.000$）。组间事后检测数据结果（见表 18）表明，中级组和高级组与对照组之间的均值差异分别是 −1.51 和 −1.30。中级组对瞬间类动作动词错误出现在"在 L VP"构式中的接受度与对照组有非常显著的差异（$p = 0.000$），高级组与对照组之间也存在显著差异（$p = 0.000$），中级组和高级组之间的均值没有显著差异（$p = 0.797 > 0.05$）。中、高级二语组的均值差异不大，但都与对照组存在非常显著的差异，说明瞬间类动作动词在"在 + 处所"行为构式中的用法未被学习者掌握，证明了动后式行为构式中的动词准入规则确实是二语习得中的一个难点。

表 18　第四类接受度组间事后检测结果（Scheffé）

水平组	中级组	高级组	对照组
中级组		0.2	1.51*
高级组	− 0.2		1.30*
对照组	− 1.51*	− 1.30*	

注：* 表示 $p < 0.01$。

那么，各组受试对动词四类用法的接受度判断情况又是怎样的呢？从图 14 中的数据曲线来看，二语学习者对持续类动作动词的正确用法（第一类）的接受度和错误用法（第二类）的拒绝度都较高，图中的数据坐标点距离水平轴线相对要远，说明二语学习者在对这类动词的接受度进行判断时信心度较高，这可在一定程度上推断学习者对持续类动作动词在两类子构式中的准入规则掌握较好。相对来说，二语学习者对瞬间类动作动词的正确用法（第三类）的接受度和错误用法（第四类）的拒绝度较低，图中的数据点都贴近水平轴线，说明二语学习者在进行判断时缺乏足够的信心。且图 14 中两组二语学习者的数据坐标点都与对照组有相对远的距离，说明二语学习者的表现与汉语母语者差异明显，他们还未能掌握瞬间类动作动词在空间方位构式中的准入规则。必须指出的是，对照组在对第一类、第三类和第四类动词用法进行判断时都显得较有信心，而对第二类动词用法进行判断时信心不足，有所犹豫。汉语母语者对持续类动作动词出现在"VP 在 L"中这种错误用法有一定容忍度，可能跟口语使用中语法规则的简化淡化有一定关系。

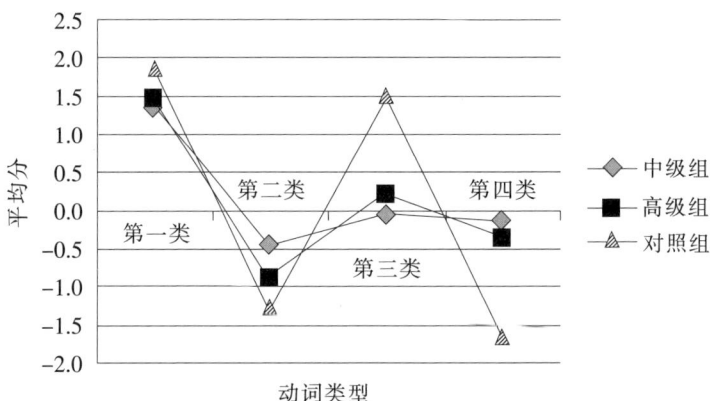

图 14   各组受试对持续类/瞬间类动作动词用法的接受度

6.3.3   讨论

我们在本部分考察了英语母语者习得"在 + 处所"行为构式中动词准入规则的情况，采用的测试工具是句子可接受度等级判断任务。我们让受试对持续类动作动词正确出现在"在 L VP"和错误出现在"VP 在 L"、瞬间类动作动词正确出现在"VP 在 L"和错误出现在"在 L VP"四种情况进行"－2、－1、＋1、＋2"四个等级的可接受度测试。测试数据结果显示，二语者在第二、三、四类的判断上均值都较低，第一类的判断均值虽然相对较高，但与对照组仍存在显著差异。总体上可以说，本研究中的英语母语者未能掌握持续类和瞬间类动作动词在两类空间方位构式中的准入规则。由此，我们的研究结果验证了预先提出的研究假设 2a 和 2b，即支持学习者很难习得"在 + 处所"行为构式中动词准入规则这一说法。此外，我们的调查结果表明，虽然在对持续类和瞬间类动作动词在两类"在 + 处所"行为构式中的理解判断上，中级组与高级组之间没有显著性差异，但高级组的表现整体上好于中级组。也就是说，二语者对空间方位构式中动词准入规则的习得与他们的整体二语水平同步，语言整体水平的提升在某种程度上会促进二语者对"在 + 处所"行为构式中动词准入规则的习得。这一研究结果支持我们预先提出的研究假设 2c，即"在 + 处所"行为构式义中"动词准入规则的习得受制于学习者的二语水平"这一说法得到证实。而且，我们的研究结果也与现有英语方位构式二语习得研究中的结论相呼应，多数英语二语习得研究结论倾向于认为方位构式中的动词准入规则习得有难度，很难达到近似母语者水平（Juffs，1996；Bley-Vroman & Joo，2001；Joo，2003；李红，2008）。

学习者对持续类动作动词正确出现在"在 L VP"（第一类）的判断好于对这类动词错误出现在"VP 在 L"（第二类）的判断，这一结果可能跟二语者在学习过程中所接触到的输入频率有一定关系。持续类动作动词所进入的动前式"在 + 处所"构式是汉语中高频使用的一种语言结构，能进入这种构式的动词数量相对也多，学习者能接触到的输入量相对较大。而如我们在 6.2.3 中所讨论的，动后式"在 + 处所"构式在二语环境中是一个输入频率非常低的构式类型，学习者能接触到的正确输入机会少，因此对动词错误出现在"VP 在 L"的用法缺乏准确的判断力。由此可见"VP 在 L"对二语者来说是个习得难点，习得过程也相对较长。我们同时也发现，汉语母语组对持续类动作动词错误出现在动后式空间方位构式（第二类）中的拒绝度也不高，拒绝度只有 – 1.28（见表 14），对这种错误用法部分倾向于容忍。这一现象可能跟口语交际中讲求简便灵活地使用词语的策略有关。人们出于即时交流的需要，在口语交际中更注重达意的准确快捷，对语序的要求相对不会太严格，所以会出现定语后置或状语后置这种违背语言规则的现象。如果二语者所接触到的第二类的动词错误用法的反馈机会不多，很可能会导致他们对持续类动作动词错误用法（第二类）的理解判断不像他们对其正确用法（第一类）的判断那么果断自信。

而二语学习者对瞬间类动作动词的正确用法/错误用法的接受/拒绝度都不高，说明他们还未能习得这类动词的用法。我们推断其中一个原因是，汉语中进入"VP 在 L"构式的瞬间类动作动词比进入"在 L VP"构式的持续类动作动词相对要少，而"VP 在 L"在二语环境中又相对低频，二语者在学习过程中所接收的正确用法的输入量自然不会很多，这导致他们习得瞬间类动作动词的周期要相对长些。这一结果与我们在 6.2.3 中的讨论分析结论是一致的，即二语者对"VP 在 L"构式的使用频率相对比"在 L VP"构式的使用频率要低（丁安琪、沈兰，2001；彭淑莉，2006；刘瑜，2006）。既然瞬间类动作动词（光杆形式）只能进入"VP 在 L"构式，这势必导致这类动作动词的二语输入量也少，那么二语者在习得时就会面临更大的难度。

总体上，空间方位构式中持续类和瞬间类动作动词准入规则都未能被二语者习得，我们认为，这跟在学习过程中所接收到的二语输入量不够有密切的关系。根据基于使用的语言习得观，二语者的汉语接触时间越长，输入越多，对构式动词使用的判断就越准确。现有的二语教材中都还未将"在 L VP"和"VP 在 L"构式作为语法点列出，未能将动作动词在两类构式中的用法和所表达的语义呈现给学习者。没有明确的课堂教习，没有足够的语言输入环境，仅靠二语者自己去领悟持续类和瞬间类动作动词在两类空间方位子构式中的准入规则必然是有难度的。同时我们也发现，学习者对持续类动作动词的习得情况要略好于瞬间类动作动词。我们的研究数据表明，二语者对持续类动作动词正确用法的接受度要高于瞬间类动作动词，对持续类动作动词错误用法的拒绝度要高于瞬间类动作动词。我们认为，频率仍然是一个主要因素。因为"VP 在 L"对动词的限制比"在 L VP"更为严格（侯敏，1992），可进入"VP 在 L"的动词在数量上比进入"在 L VP"的动词明显要少（张赪，1997），加上提供给二语者的输入明显偏重于"在 L VP"，因此学习者接触到的"VP 在 L"构式中瞬间类动作动词的使用机会偏少。而持续类、瞬间类动作动词类别在"在 L VP"和"VP 在 L"构式中的使用属于类型频率。学习者最初是以构式语块的方式逐一接触体验语言实例，从实例体验中习得带规律性的语言结构型式，在此过程中，类型频率有助于结构型式使用的可生成性。因为"VP 在 L"构式在二语环境中是输入频率较低的构式类型，学习者所能接触到的瞬间类动作动词的实例频率和类型频率都较为有限，使得构式中动词的可置换性未能完全抽象化。输入不充分导致学习者对"在 + 处所"行为构式与动词的句法语义关联性认知不足，对动词多大程度上可进入"VP 在 L"构式没有把握，于是出现对瞬间类动作动词用法的接受或拒绝度都不高的情况。

6.4　主体测试（3）：方位词"上/里"空间语义范畴习得调查

6.4.1　研究设计

在主体测试（3）中，我们将通过测试任务，引导受试产出含有方位词"上"和"里"的语料，调查方位词典型空间义和非典型空间义习得情况，考察学习者习得方位词的中介语特征。我们的研究问题包括，学习者习得"上"和"里"时，词义典型性效应是否显著，典型空间义是否比非典型空间义易于习得。对于方位词非典型空间义习得，学习者是否会受到母语空间介词语义范畴划分的影响。

本书采用书面翻译任务（written interpretation task），引导受试将英文句子翻译成中文，测试句中的方位词被用于表征三类拓扑性空间关系。第一类是典型容器式内包含空间关系，英语用介词 in，汉语用方位词"里"。第二类是典型平面支撑/接触空间关系，英语用介词 on，汉语用方位词"上"。第三类是表功能或范围的非典型嵌入/遮盖空间关系，英语用介词 in，汉语用方位词"上"。测试任务中安排了 4 个干扰句，其翻译成中文的句子不表述拓扑性空间关系。每类目标测试句各有 3 句，共 9 个测试句，测试中随机排序。对受试在翻译中可能感觉为难的汉字都标出中文，允许受试在书写汉字困难时以拼音代替。

本测试中我们要验证的研究假设有三个：3a、3b 和 3c（见 4.5 节）。在研究假设 3a 中，我们预期汉语典型空间义习得相对容易，非典型空间义习得相对困难。在研究假设 3b 中，我们预期英、汉语在典型空间义上形成的 in–里、on–上的空间词对应性会对方位词非典型空间义的习得造成干扰。在研究假设 3c 中，我们预期学习者对"上/里"空间语义范畴的习得与二语整体水平相关。测试中所选取的目标句如下（具体实验项目材料见附录 C）：

第一类：典型容器式内包含空间关系——in 对应"里"

[145] There are two books in the drawer（抽屉）.

[146] There is an apple in the refrigerator（冰箱）.

[147] There are some flowers in the vase（花瓶）.

第二类：典型平面支撑/接触空间关系——on 对应"上"

[148] He wrote two words on the blackboard.

[149] He put a book on the desk.

[150] She left a letter on the table.

第三类：非典型嵌入/遮盖空间关系——in 对应"上"

[151] There is a black spot（黑点）in the towel（毛巾）.

[152] There is a hole in the shirt（衬衣）.

[153] There are some birds in the tree.

预期翻译后的中文文本：

第一类：[145] 抽屉里有两本书。

　　　　[146] 冰箱里有个苹果。

　　　　[147] 花瓶里有些花儿。

第二类：[148] 他在黑板上写了两个字/ 他写了两个字在黑板上。

　　　　[149] 他在桌子上放了一本书/ 他放了一本书在桌上。

　　　　[150] 他在桌子上留了一封信/ 他留了一封信在桌上。

第三类：[151] 毛巾上有个黑点。

　　　　[152] 衬衣上有个洞。

　　　　[153] 树上有些鸟儿。

我们对受试使用方位词"上"或"里"的计分采用了如下方法：正确使用了方位词"上"和"里"得 1 分；用近义词如"中""内"代替"里"的，说明对空间关系的判断正确，得 1 分。该用"上"时用了"里"，或该用"里"时用了"上"，得 0 分；翻译过程中有方位词缺漏的，计 0 分。若受试使用拼音或别字表达"上"或"里"所对应的空间关系，仍算得 1 分。每种汉英空间词对应类型各有 3 例测试句，每种对应类型的方位词使用的满分为 3 分。词义典型性、汉英空间词使用对应类型和语言水平因素是研究的自变量。

6.4.2　测试结果与数据分析

数据经过整理以后，我们在 SPSS 统计软件上对各组受试方位词使用情况进行方差分析。表 19 至表 21 是实验项目（3）的主要调查结果。

表 19　三组受试翻译测试中方位词使用平均值和标准差

组别	人数	第一类：IN－里		第二类：ON－上		第三类：IN－上	
		平均值	标准差	平均值	标准差	平均值	标准差
中级组	18	1.72	1.13	1.94	1.16	0.51	0.86
高级组	16	2.38	1.02	2.44	0.81	1.25	1.00
平均分		2.05		2.19		0.88	
对照组	32	2.88	0.49	2.94	0.47	2.94	0.35

表 20　二语组习用三种介词/方位词对应类型的均值显著性检测

方差源	自由度	均方	F	p
组内（对应类型）	2	14.58	26.71	0.000
组间（语言水平）	2	41.79	76.56	0.000
对应类型与语言水平	4	4.96	9.09	0.000

表 21　三个水平组组间事后检测结果

水平组	中级组	高级组	对照组
平均分	1. 39	2. 02	2. 91
中级组		− 0. 69*	− 1. 53*
高级组	0. 69*		− 0. 83*
对照组	1. 53*	0. 83*	

注：* 表示 $p < 0.01$。

　　表 19 总结了三组受试在三种汉英空间词对应类型中使用方位词的平均值和标准差。中级组、高级组和对照组在第一类语际对应中使用方位词的均值是 1. 72、2. 38 和 2. 88；他们在第二类语际对应中使用方位词的均值是 1. 94、2. 44 和 2. 94；他们在第三类语际对应中使用方位词的均值为 0. 51、1. 25 和 2. 94。组间事后检测结果（见表 21）表明，三个水平组的受试在三类语际对应中使用方位词的均值都有显著差异。多因素方差分析结果（见表 20）显示，在三类空间词语际对应的方位词使用上，对应类型主效应显著（$F = 26.71$，$p = 0.000$），语言水平也有显著的主效应（$F = 76.56$，$p = 0.000$），对应类型与语言水平之间交互效应显著（$F = 9.09$，$p = 0.000$）。重复测量方差分析的结果表明，两组二语受试在三类语际对应中使用方位词的均值之间都有显著差异 $[F_{中级组}(2, 51) = 15.284$，$p = 0.000$；$F_{高级组}(2, 45) = 10.853$，$p = 0.000]$。而母语对照组在三类语际对应情况下的方位词使用均值之间则没有显著差异 $[F_{对照组}(2, 93) = 0.492$，$p = 0.505 > 0.05]$。

　　我们来看看对应类型对习得的影响。三个水平组各自在三种空间关系语际对应类型中方位词的使用上是否具有显著差异呢？图 15 总结了三组受试在三种对应类型方位词使用的均值对比。从图上看，除了对照组的三种类型的方位词的均值连成的直线始终处于最高位之外，高级组的均值连线始终高于中级组的均值线，这可以说明二语学习者对三种对应类型中方位词的习得都受制于二语水平。对照组的均值连线呈水平直线走向，而且都在接近满分值 3 的高点位，可见对照组在三种对应类型中方位词的使用上均值都较高，且差别不大。中级组和高级组同样都在第一类和第二类的习得上表现出相对高的均值，但在第三类习得的均值上有明显的下倾趋势。中级组习得第一类和习得第二类的均值差为 0.22（见表 22），没有显著差异（$p > 0.05$），习得第一类和第三类的均值差为 1.22，差异显著（$p = 0.005$）；习得第二类和第三类的均值差为 1.44，差异显著（$p = 0.001$）。高级组习得第一类和第二类的均值差为 0.06，差异不大（见表 23）；但习得第一类和第三类的均值差为 1.13，差异较为显著（$p = 0.007$）；习得第二类和第三类的均值差为 1.19，差异也很显著（$p = 0.004$）。可见，二语组习得三类对应类型中方位词的差异主要来自第一类、第二类分别与第三类之间的差别，也就是说，二语组在习得方位词典型空间义和非典型空间义时的表现存在显著差异。

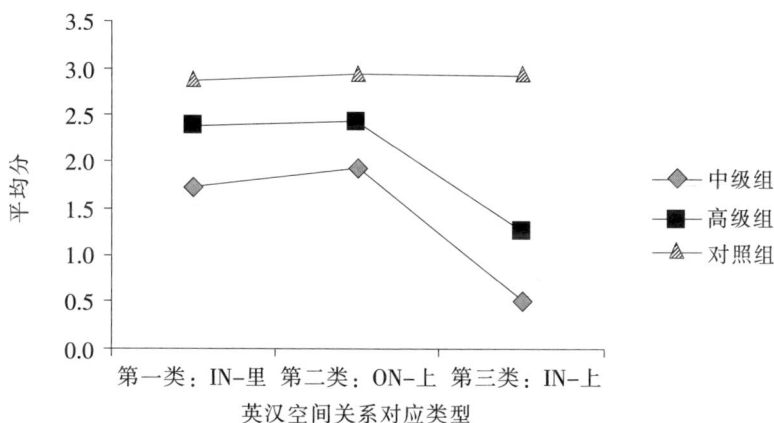

图 15　三组受试的三种对应类型均值对比

表 22　中级组三种对应类型事后组间差异检测

空间对应类型	第一类 IN – 里	第二类 ON – 上	第三类 IN – 上
第一类 IN – 里		– 0.22	1.22*
第二类 ON – 上	0.22		1.44**
第三类 IN – 上	– 1.22*	– 1.44**	

注：* 表示 $p < 0.05$，** 表示 $p \leqslant 0.001$。

表 23　高级组三种对应类型组间差异检测

空间对应类别	第一类 IN – 里	第二类 ON – 上	第三类 IN – 上
第一类 IN – 里		– 0.06	1.13*
第二类 ON – 上	0.06		1.19*
第三类 IN – 上	– 1.13*	– 1.19*	

注：*表示 $p < 0.01$。

再具体来看水平因素对三种语际对应类型中方位词习得的影响。我们对二语者和母语者三个水平组的得分情况做了事后检测分析，结果如下（表 24 至表 26）：

表 24　三组受试第一类组间事后检测结果（Scheffé）

水平组	中级组	高级组	对照组
平均分	(1.72)	(2.38)	(2.88)
中级组		– 0.84*	– 1.12**
高级组	0.84*		– 0.28
对照组	1.12**	0.28	

注：*表示 $p < 0.05$，**表示 $p < 0.001$。

表 25　三组受试第二类组间事后检测结果（Scheffé）

水平组	中级组	高级组	对照组
平均分	(1.94)	(2.44)	(2.94)
中级组		– 0.49	– 0.99*
高级组	0.49		– 0.50
对照组	0.99*	0.50	

注：*表示 $p < 0.001$。

表 26　三组受试第三类组间事后检测结果（Scheffé）

水平组	中级组	高级组	对照组
平均分	（0.5）	（1.25）	（2.94）
中级组		− 0.75*	− 2.44**
高级组	0.75*		− 1.69**
对照组	2.44**	1.69**	

注：* 表示 $p<0.05$，** 表示 $p<0.001$。

　　从表 24 至表 26 中各水平组受试的平均分数据来看，除对照组在三种对应类型中方位词的得分都较高且相差不大外，中级组和高级组二语受试在三种对应类型中方位词的得分上有明显差异。其中习得第二类中方位词的得分最高，其次是第一类，最低的是第三类中方位词的得分。第一、二类对应类型中的方位词都属于典型空间义用法，第三类对应类型中的方位词是非典型空间义用法，我们的调查数据证明了二语学习者对方位词典型空间义的习得要好于对非典型空间义的习得。

　　表 24 总结了三组受试习得第一类对应类型空间关系（in – 里）中方位词的得分差异情况，其中中级组与高级组之间均值差为 0.84，差异显著（$p<0.05$）；中级组与对照组之间均值差为 1.12，差异更为显著（$p<0.001$）；高级组与对照组之间均值差为 0.28，差异不显著（$p>0.05$）。这些数据说明二语者能习得第一类对应类型方位词的空间义，且能达到近似于母语者水平。表 25 总结了三组受试习得第二类对应类型空间关系（on – 上）中方位词的得分差异情况，其中中级组与高级组之间均值差为 0.49，没有显著差异（$p>0.05$）；中级组与对照组之间均值差为 0.99，差异较为显著（$p<0.001$）；高级组与对照组之间均值差为 0.50，没有显著差异（$p>0.05$）。这些数据说明二语者也能习得第二类对应类型方位词的空间义，且能达到近似于母语者水平。表 26 总结了三组受试习得第三类对应类型空间关系（in – 上）中方位词的得分差异情况，其中中级组与高级组之间均值差为 0.75，差异显著（$p<0.05$）；中级组与对照组之间均值差为 2.44，差异更为显著（$p<0.001$）；高级组与对照组之间均值差为 1.69，差异同样显著（$p<0.001$）。这些数据说明二语者未能习得第三类对应类

型中方位词的空间义，且与母语者的习用表现差异明显。

6.4.3　讨论

　　我们在本部分测试了英语母语者习得方位词"上"和"里"空间语义范畴的情况，我们所调查的"上"和"里"根据英、汉语义范畴对应关系分为三种类型：①in 对应"里"；②on 对应"上"；③in 对应"上"。首先，第一种类型中的"里"表述内包含空间关系；第二种类型中的"上"表述平面支撑/接触关系，这两种都属于典型空间义；第三种类型中的"上"表述嵌入/遮盖空间关系，属于非典型空间义。采用的测试工具是英译汉的句子翻译任务。我们对受试产出的汉语句子中的方位词使用情况进行评分，测试数据显示，对照组在三种语际对应类型的方位词的习得上分值非常接近，对方位词典型空间义和非典型空间义的习用没有体现出差别。而二语组中无论中级组还是高级组，其在第一类和第二类对应类型中方位词的得分上都明显好于在第三类中的方位词，也即二语组对方位词的典型空间义的习得要明显好于对非典型空间义的习得。这一研究结果验证了预先提出的研究假设 3a，即支持"学习者对'上/里'典型空间义的习得好于非典型空间义的习得"这一说法。其次，第一类材料中方位词"里"语义上是典型的内包含空间关系，和英语中 in 的典型语义范畴相同。第二类材料中方位词"上"语义上是典型的平面支撑关系，与英语中 on 的典型语义范畴相同，学习者能较好习得方位词"上/里"的典型空间义，跟英、汉语中空间词语义范畴划分一致有关。而第三类中的"上"属于表功能与范围的非典型空间义，英语中用 in 与此对应，学习者不能掌握"上"的非典型空间义，很可能是他们把在典型空间义上所建立的"in－里、on－上"的句法和语义对应关系扩展到非典型空间义的使用上，即仍然把非典型空间义的"上"与 on 对应。所以，我们的研究假设 3b 也是成立的，即英、汉语在典型空间义上形成的 in－里、on－上的空间词对应性会对方位词非典型空间义的习得造成干扰。最后，调查结果表明，高级水平阶段的学习者无论是在第一类、第二类还是第三类对应类型中方位词的习得都明显好于中级水平阶段的学习者，中级组在这三类对应类型方位词的习得上都与高级组存在显著性差异。因此研究结果也验证了我们的研究假设 3c，即"二语者对'上/里'空间语义范畴的习得与习得者二语水平相关"，二语整体水平的提升会促进学习者对方位词的习得。

从调查数据来看，二语水平确实决定了二语者对方位词"上""里"的习得情况。对于第一类和第二类方位词典型空间义项，中级水平阶段的二语者在习得上尚与对照组有显著差异，但到高级水平阶段就都能较好掌握，甚至与母语对照组的产出没有显著差异。对于第三类非典型空间义项，三个水平阶段的二语者在习得均值上都与母语对照组存在明显的差异。这说明因为方位词非典型空间义项的习得难度，二语者即使到了高级水平阶段，还未能完全掌握这一类型方位词的用法，但高级组与中级组之间存在显著差异，说明高级组对方位词非典型空间义的习得有明显提高。数据表明，学习者的整体二语水平决定了其对方位词典型空间义和非典型空间义的习得效果，方位词空间语义范畴的习得进程与学习者二语能力同步发展。

词义典型性对二语词汇语义习得的影响已被英语二语习得的研究所证实（Tanaka，1983；Ijaz，1986；马书红，2007；Gonzalez- Álvarez & Doval-Suárez，2008；李佳、蔡金亭，2008），我们的研究从汉语二语习得的角度对此提供了进一步的证据。我们的研究发现，学习者能够习得"里"的内包含空间范畴义项以及"上"的平面支撑/接触范畴义项，而很难习得"上"所表嵌入/遮盖范畴义项。我们认为，汉语方位词的典型义习得效果好于非典型义习得效果，这种习得效果的差异跟方位词各义项的使用频率有密切关系。如我们在 4.4 节中所讨论的，学习语言就是要在语言的形式与功能的匹配中建立联系，而联系的加强靠的是输入频率。汉语母语者使用方位词典型义项的频率要高于非典型义项的频率，因此典型义项上形式与功能的匹配相对更容易达成，而非典型义项的习得则要花费更长的时间。典型义项的高频输入势必促进高频的二语产出（见 5.2.2 中表 7 和表 8 的数据），这使得二语学习者在方位词典型义项上能接收到更多的反馈，以帮助他们及时修正自己的二语方位词使用。方位词非典型义项的输入频率相对较低，二语产出频率也会随之降低，接收到的外界反馈自然就少，这也会直接影响到习得效果。

汉语方位词的典型空间义习得效果好于非典型空间义，跟学习者母语和二语在空间词语义范畴边界划分上的同与异也有很大关系。我们所调查的第一类材料中的表内包含空间关系的"里"是典型空间义,与 in 对应;第二类调查材料中表平面接触/支撑关系的"上"也是典型空间义,与 on 对应。二语学习者学习那些母语和二语中都存在的、指称相同概念范畴的词语时会比较容易(Neuner,1992;Sjoholm,1995)。因为汉语空间词典型义项的高频使用以及教材中方位词的直译释义方式,会引发二语学习者在二语和母语空间词之间建立一种词形和语义上的联系,即会把母语中的 in 对译成"里"、on 对译成"上",这种母语与二语之间的对译联系,会促进学习者对"里"和"上"典型空间义的习得。当学习者将母语中的空间词语义范畴划分迁移到二语中时,发生的是正迁移。而我们所调查的第三类材料中的方位词"上"属于非典型空间义项,大体与英语中 in 对应,但已在脑中建立"上 – on""里 – in"表层语义联系的二语学习者,在二语产出时可能会把这种联系迁移到"上 – in"这种非典型空间义项的语境中,因而出现将"There is a hole in the shirt"翻译成"衬衣里有一个洞"这类的偏误。

英语母语者难以习得汉语方位词非典型义项还有一个原因,即来自母语空间认知的概念迁移。如我们在 5.1.2 中所讨论的,汉语母语者与英语母语者在相同空间关系的空间意象范畴的划分上不完全一致,也即空间概念并不完全一致。在非典型空间义项的习得上,二语中的空间词与空间意象的对应关系与母语中的对应关系不同,但由于母语的空间图式已经固化,学习者在二语产出过程中一般仍然会依赖母语空间概念,会借用母语的空间图式来编码二语空间关系。母语空间概念的迁移在习得方位词典型义项时不会暴露出问题,看不到偏误产生,但在习得非典型义项时则会引致该用"上"时却用"里"的偏误。

学习者对方位词典型空间义和非典型空间义的心理加工过程有可能是不同的。当作为参照物的事物名词具有内空间并将目标物包含其中时,学习者倾向于使用"里";当参照物事物名词具有二维平面特征,且与目标物有接触关系时,学习者倾向于使用"上"。因为方位词的这些典型空间义项在学习者母语中有同样的与事物名词的搭配使用习惯,学习者完全可以依据母语中的使用规则进行二语空间方位义项使用的类推。可以说,学习者对方位词典型空间义项的习得和使用在某种程度上是基于规则的类推来进行操作的。而对于"上"的非典型嵌入/遮盖空间关系义项,汉英空间语义范畴划分上有不同的视角，使用的空间词也不对应，二语学习者无法在习得过程中依据母语的空间思维使用习惯进行有效的类推。这样一来，学习者对方位词非典型空间义的习得就需要抛开母语中介词语义范畴的边界划分，完成从母语向二语的空间词语义范畴的重构。否则，若学习者意识不到空间词非典型义项上的母语和二语空间语义范畴划分差异，意识不到空间视角和空间词使用习惯的不同，而继续沿用母语的认知和使用习惯进行类推，就难免出现方位词使用的偏误。因此，为避免学习者在习得方位词非典型空间义时出现母语迁移，除了需要在教材上对方位词的非典型义项进行专门标注外，也需要教师在课堂上适当作对比分析，耐心讲解，帮助其逐一理解和记忆。

6.5 主体测试（4）：框式介词"在……上/里"隐现习得调查

主体测试（4）调查英语母语者习得汉语空间方位结构中介词"在"和方位词"上/里"隐现使用规则的情况。如前所述，英语空间关系的表述依靠空间介词作为手段，介词需要强制出现。汉语拓扑空间关系的表述则依靠空间介词和方位词所构成的框式结构作为手段。汉语在表述平面接触和内包含空间关系时使用的框式结构是"在……上/里"。汉语存现句中出现在句首的"在"可以省略，而出现在句中的"在"则一般要求出现。方位词"上""里"的隐现根据空间关系中参照物的维度特征可分为必现、必隐和隐现两可三种情况。英语母语者学习汉语空间方位结构时，需要适应目标语中更为复杂的框式结构以及方位词的隐现使用规则。我们要探讨的问题包括：方位词的隐现规则是否对英语母语者的汉语习得构成挑战？框式结构中介词"在"和方位词"上/里"的哪部分习得难度更大？学习者能否兼顾框式结构中前置介词和后置方位词的共现使用？面对方位词隐现两可的情形，二语者的使用倾向性是否与汉语母语者一致？另外，水平因素是否在介词"在"和方位词的隐现规则习得上有着显著的主效应？学习者的方位词隐现规则习得是否与二语水平的发展同步？

6.5.1　研究设计

主体测试（4）与主体测试（3）同属于一个调查任务——书面翻译任务（written interpretation task），部分测试材料同时为两个测试项目提供调查数据，这两个测试项目因调查的着眼点不同而对调查数据各有侧重。本部分受试在翻译任务中产出的语料将用于对介词"在"和方位词"上/里"隐现使用的习得考察。

我们对前置介词"在"的调查主要关注受试在状语位置上（如"他在黑板上写了两个字"）和补语位置上（如"他放了一本书在桌子上"）的使用情况。我们在2.4.2中曾讨论过，汉语母语者在习用状语和补语位置上的"在+方位短语"时，除在口语体中为简化而省略外，一般是倾向于让"在"出现的，即以"在 L VP"和"VP 在 L"两种结构形式出现。那么，二语者能否掌握状语和补语位置上介词"在"必现这一使用规则？又能否兼顾到后置方位词与前置介词"在"同现的句法语义要求？我们所收集的受试习用状语位置和补语位置上介词"在"的数据来自受试翻译任务中产出的语料。翻译任务中提供给受试产出状语位置和补语位置上的"在"的目标句如下：（具体测试项目材料见附录 C）

[154] Xiaoli works in an university.

[155] Xiaomei is traveling in Peking.

[156] He wrote two words on the blackboard.

[157] China is the largest country in Asia.

[158] I work in the library.

[159] He put a book on the desk.

[160] Xiaoyu has many friends in Hong Kong.

[161] I live off campus.

[162] Dave works in the office.

[163] She left a letter on the table.

受试可能在状语位置上使用"在"的句子有：

　［154］小丽在大学工作。

　［155］小美在北京旅行。

　［156］他在黑板上写了两个字。

　［157］中国在亚洲是最大的国家。

　［158］我在图书馆工作。

　［159］他在书桌上放了一本书。

　［160］小雨在香港有很多朋友。

　［161］我在学校外边住。

　［162］大卫在办公室上班。

　［163］她在桌上留了一封信。

以上部分句子，受试也可能在补语位置上使用"在"，比如：

　例［156］可能写成：他写了两个字在黑板上。

　例［159］可能写成：他放了一本书在书桌上。

　例［160］可能写成：小雨有很多朋友在香港。

　例［161］可能写成：我住在学校外边。

　例［163］可能写成：她留了一封信在桌上。

　　这个测试考察受试习得方位词"上/里"的句法隐现使用情况，尤其在"在……上/里"同框出现时能否正确产出前置介词和后置方位词。目标测试句根据方位词隐现使用情况而设计，分为三类：方位词必现、方位词必隐和方位词隐现两可。其中方位词必现类别的测试句针对框式结构习得和词义典型性因素，进一步细分为三小类：on 对应"上"的动作句，方位词"上"为典型空间义用法，"在"和"上"需要同框出现；in 对应"里"的存现句1，"在"不出现，方位词"里"为典型空间义用法；in 对应"上"的存现句2，"在"不出现，方位词"上"为非典型空间义用法。每小类各安排 3 个测试句，方位词必隐和隐现两可目标测试句也各安排 3 个测试句①。一共 15 个目标测试句，随机排序。另设置 4 个干扰句，干扰

---

　　① 学界对方位词隐现的讨论集中在"里"的使用上，未见对"上"的讨论，本书也集中在"里"的使用上。

句的中文翻译不涉及方位词使用。对受试可能感觉为难的汉字都标出中文；允许受试在完成译写任务时以拼音代替汉字。

本测试中我们要验证的研究假设有三个：4a、4b 和 4c（见 4.5 节）。在研究假设 4a 中，我们预期学习者能够习得句中状语和补语位置上空间介词"在"必现的用法。在研究假设 4b 中，我们预期二语者习得框式结构中"在"和"上/里"共现的使用规则时会遇到困难，倾向于只产出介词"在"而忽略方位词的使用。在研究假设 4c 中，我们预期框式结构中"在"和"上/里"隐现规则的习得与学习者二语水平的发展同步。实验中的目标测试句如下：

第一类：方位词必现（NP 为事物名词）

A 小类：动作句，"在"和"上"同框出现，"上"为典型空间义项。

[164] He wrote two words on the blackboard.

[165] He put a book on the desk.

[166] She left a letter on the table.

B 小类：存现句 1，"在"隐"里"现，"里"为典型空间义项。

[167] There are two books in the drawer（抽屉）.

[168] There is an apple in the refrigerator（冰箱）.

[169] There are some flowers in the vase（花瓶）.

C 小类：存现句 2，"在"隐"上"现，"上"为非典型空间义项。

[170] There is a black spot（黑点）in the towel（毛巾）.

[171] There is a hole in the shirt（衬衣）.

[172] There are some birds in the tree.

第二类：方位词必隐（NP 为先天处所词）

[173] Xiaomei（小美）is traveling in Peking now.

[174] Xiaoyu（小雨）has many friends in Hong Kong.

[175] China is the largest country in Asia.

第三类：方位词隐现两可（NP 为可选处所词）

[176] Xiaoli works in an university.

[177] I am studying in the library now.

[178] Davy works in the office.

如下是预期翻译后的中文句子：

第一类：[164] 他在黑板上写了两个字。

　　　　[165] 他在桌子上放了一本书。

　　　　[166] 她在桌子上留下一封信。

　　　　[167]（在）抽屉里有两本书。

　　　　[168]（在）冰箱里有个苹果。

　　　　[169]（在）花瓶里有些花。

　　　　[170] 毛巾上有个黑点。

　　　　[171] 衬衣上有个洞。

　　　　[172] 树上有些鸟儿。

第二类：[173] 小美正在北京旅行。

　　　　[174] 小雨在香港有很多朋友。

　　　　[175] 中国在亚洲是最大的国家。

第三类：[176] 小丽在大学（里）工作。

　　　　[177] 我正在图书馆（里）学习。

　　　　[178] 大卫在办公室（里）上班。

与同一测试任务中调查项目（3）中的数值计算方法不同，调查项目（4）因为重点考察学习者在习得"上/里"隐现规则时是否使用方位词，并不涉及具体用"上"还是用"里"以及是否用对。计分时，介词"在"的产出计算频次，方位词"上/里"的产出计算分值。方位词必现类语料中，正确产出"上""里"或同义的"中""内"都计1分，未产出计0分；方位词必现使用分三小类，每小类3题，每题1分，满分3分；必隐类语料中，未产出方位词计1分，产出计0分；共3小题，每题1分，满分3分。隐现两可类语料中，产出方位词计1分，未产出计0分；共3小题，每题1分，满分3分；隐现两可类分值无关对错，分值高表示倾向于产出。在对比隐现类别的二语数据时，必现类测试句整体按满分3分计平均分。

6.5.2　介词"在"的测试结果与数据分析

空间介词"在"与作为动词的"在"在句中语法形式上界限并不清晰，如"小雨在香港有很多朋友""在花瓶里有几枝花"中的"在"是介词，转而说成"小雨有很多朋友在香港""有几枝花在花瓶里"，"在"又变成动词了。我们这里统计的是状语位置和补语位置上"在"的使用频次，一般情况下，这两个位置上都要求"在"出现。虽然像"她把一封信放桌子上"在口语中是可以说的，但这种省略的情况比例不是很高。"他黑板上写了两个字"中"黑板上"前面省略"在"感觉有些勉强和奇怪。而"他写两个字黑板上"即使出现在口语中也不算通顺，这样的句子都将视为状语或补语位置上介词缺漏。

表27和表28总结了各水平受试分别在状语和补语位置上产出介词"在"的情况。从表27中的数据来看，各组受试都倾向于在汉语状语位置上使用介词"在"，中级组和高级组二语学习者使用率分别达94%和98%。从二语受试的产出语料来看，状语位置上介词"在"的正确使用率非常高，总共213条语料中，仅有9例介词"在"缺漏的情况（如"他黑板上写了两个字""他桌子上放了一封信"），未出现误用其他介词代替"在"的情况。对照组在状语位置上"在"的正确使用率高达100%。从表28中的数据来看，二语者在补语位置上使用介词"在"的总体频率也相对较高，中级组、高级组使用率分别达80%和97%。个别中级组学习者

出现框式结构一同丢失的现象（如"他写两个字黑板"），而高级组学习者省略方位词的个例在汉语口语中是允许的（如"她把一封信放桌子上"）。对照组在补语位置上完全倾向于使用介词"在"，使用率达99%，近似于储泽祥（2010）所统计的100%的高使用率。

表 27　各组在句中状语位置上产出介词"在"的概况

水平组	总出现次数	缺漏次数	人均产出次数	出现率
中级组（18 人）	116	7	6.4	94%
高级组（16 人）	97	2	6.0	98%
对照组（32 人）	199	0	6.2	100%

表 28　各组在句中补语位置上产出介词"在"的数据

水平组	总出现次数	缺漏次数	人均产出次数	出现率
中级组（18 人）	20	4	1.1	80%
高级组（16 人）	35	1	2.2	97%
对照组（32 人）	73	1	2.3	99%

6.5.3　"上/里"隐现规则习得的测试结果和数据分析

本测试工具是书面翻译。考察的是状语或补语位置上由介词"在"引导的、由事物名词或专有地名充当参照物的语境条件下"上/里"的习用情况。如我们前面讨论过的，在表述跟"上/里"相关的空间关系时，充当参照物的事物名词后面必须出现方位词，而专有地名后必须隐去。在测试中我们为避免受试受提示语影响而在选择产出状语还是补语句子结构时出现倾向性，所以我们的书面翻译任务没有安排提示语，受试对句式的选择完全具有自主性，但也可能导致回避使用"名词＋方位词"目标结构。比如将"Xiaomei is traveling in Peking now"译成中文时，受试很可能回避"小美在北京旅游"这种我们期待他们产出的状语结构，代之以"小美正在游北京"这种动宾式，这样的数据会被视作无效数据。又如将"Xiaoyu has many friends in Hong Kong"译成中文时，回避"小雨在香港有很多朋友"，代之以"小雨有很多香港的朋友"这种定语式。其他还如回避产出"中国在亚洲是最大的国家"，代之以"中国是最大的亚洲国家"。回避产出"小丽在大学工作"／"大卫在办公室上班"，而代之以"小丽是大学的教员"／"大卫是办公室白领"或"大卫是坐办公室的"。这些数据都将因为回避状语或补语位置上方位词的使用而被视作无效数据。

表 29~32 总结了各组受试关于"上/里"隐现的产出情况。在翻译调查任务中，必现类下的 3 小类每类 3 题，每题 1 分，每小类满分为 3 分；通过对 3 小类算平均分，得出必现类的总平均得分，满分也是 3 分。必隐类和隐现两可类各有 3 题，每题 1 分，满分也是 3 分。必现类中方位词习得数据包括分别与 in 对应的"里"、与 on 对应的"上"、与 in 对应的"上"三类。方位词"上"没有必隐用法，必隐类只考察"里"的隐现使用；隐现两可类也只考察"里"的隐现使用。数据经过整理以后，我们用 SPSS 统计软件作单因素方差分析，对各组的正确率进行了检验，并作隐现习得数据的组间事后检测。

表 29   不同隐现条件下各组受试产出"上/里"的平均值和标准差

组别	方位词必现类		方位词必隐类		方位词隐现两可类	
	平均分	标准差	平均分	标准差	平均次数	标准差
中级组（18 人）	1.48	1.30	2.83	0.38	0.22	0.55
高级组（16 人）	2.29	1.01	2.75	0.44	0.19	0.40
对照组（32 人）	2.96	0.20	3.00	0.00	1.53	1.11

表 29 总结了在方位词必现、必隐、隐现两可三种条件下，各组受试产出"上/里"的平均值和标准差。首先来看方位词"上/里"必现类的习得情况，此类语境中方位词必现是因为空间方位结构中的名词为普通事物名词，普通事物名词作为空间参照物时必须带上方位词显示维度特征，如"他在桌子上放了一本书"。从表 29 中的统计数据来看，中级组和高级组在方位词必现语境中使用方位词频次的均值分别是 1.48 和 2.29，对照组是 2.96。进行非参数单因素方差分析后的统计数据表明，三组受试在方位

词必现类使用情况存在显著差异（Kruskal-Wallis，$\chi^2 = 70.72$，$p = 0.000$）；其中中级组与对照组之间均值差为 1.44（见表 30），差异显著（$p = 0.000$）；高级组与对照组之间均值差为 0.68，同样存在显著差异（$p = 0.000$）；中级组与高级组之间均值差为 0.76，也存在显著差异（$p = 0.000$）。数据表明，中级组和高级组产出必现类"上/里"时，方位词缺漏情况较为明显，均未达到近似母语者水平。

表 30　必现类各组受试组间均值差异事后检测结果（Scheffé）

水平组	中级组	高级组	对照组
平均分	（1.48）	（2.29）	（2.96）
中级组		− 0.76 *	− 1.44 *
高级组	0.76		− 0.68 *
对照组	1.44 *	0.68	

注：* 表示 $p < 0.001$。

表 30 中的数据涵盖了方位词必现类中三小类的习用情形，包括"上/里"典型空间义项和非典型空间义项的习得，也即受试在 in –"里"、on –"上"、in –"上"三类英汉空间词对应类型中使用方位词的数据。这里需要对每一小类空间关系对应类型下的方位词隐现习用情况进行交代。表 31 ～ 33 概括了各水平组在这三小类对应类型中方位词习用的数据。

表 31 总结了各水平组受试在习得方位词"里"典型空间义的必现规则时的数据。中级组与对照组之间的使用频次均值差为 1.27，差异极为显著（$p = 0.000$）；高级组和对照组之间的使用频次均值差为 0.50，没有显著差异（$p = 0.143 > 0.05$）；中级组与高级组之间的均值差为 0.77，差异也较为显著（$p = 0.028 < 0.05$）。统计数据表明，对于方位词"里"典型义的必现规则习用情况，中级组与对照组差异显著，而高级组能达到近似对照组的使用情况。也就是说，本书中二语学习者习得了方位词"里"典型空间义的必现使用规则，学习者对"里"典型义必现规则的习得随着二语水平的提升显著得到改善。

表 31 "里"典型义必现规则习用情况各水平组均值比较

水平组	中级组	高级组	对照组
平均分	(1.67)	(2.44)	(2.94)
中级组		− 0.77 *	− 1.27 **
高级组	0.77 *		− 0.50
对照组	1.27 **	0.50	

注: * 表示 $p < 0.05$, ** 表示 $p < 0.001$。

  表 32 总结了各组受试习得方位词"上"典型空间义必现规则的数据。中级组与对照组之间的使用频次均值差为 1.05,差异极为显著 ($p = 0.000$);高级组和对照组之间的使用频次均值差为 0.50,没有显著差异 ($p = 0.141 > 0.05$);中级组与高级组之间的均值差为 0.55,没有显著差异 ($p = 0.154 < 0.05$)。统计数据表明,对于方位词"上"典型义的必现规则习用情况,只有中级组与对照组差异显著,而高级组能达到近似母语者的必现使用情况。也就是说,本书中二语学习者习得了方位词"上"典型空间义的必现使用规则,学习者对"上"典型义必现规则的习得随着二语水平的提升显著得到改善。

表 32 "上"典型义必现规则习用情况各水平组均值比较

水平组	中级组	高级组	对照组
平均分	(1.89)	(2.44)	(2.94)
中级组		− 0.55	− 1.05 *
高级组	0.55		− 0.50
对照组	1.05 *	0.50	

注: * 表示 $p < 0.001$。

  表 33 总结了各组受试习得方位词"上"非典型空间义必现规则时的数据。中级组与对照组之间的使用频次均值差为 2.11,差异极为显著 ($p = 0.000$);高级组和对照组之间的使用频次均值差为 1.00,有显著差异 ($p = 0.001 < 0.05$);中级组与高级组之间的均值差为 1.11,存在显著差异 ($p = $

0.002 < 0.05)。统计数据表明，对于方位词"上"非典型义必现规则习用情况，各组之间都存在显著差异。这一方面说明二语者均未能习得方位词"上"非典型空间义必现规则，对学习者而言习得尚具有较大难度。另一方面也说明从中级水平阶段到高级水平阶段，二语者对"上"非典型义必现规则的习得随二语水平的提升得到明显改善。

表 33　"上"非典型义必现规则习用情况各水平组均值比较

水平组	中级组	高级组	对照组
平均分	(0.89)	(2.00)	(3.00)
中级组		− 1.11 *	− 2.11 **
高级组	1.11 *		− 1.00 *
对照组	2.11 **	1.00 *	

注：* 表示 $p < 0.05$，** 表示 $p \leqslant 0.001$。

　　从表 31 ~ 33 数据的横向比较来看，学习者对方位词"里"和"上"典型义必现规则的习得要好于对"上"非典型义必现规则的习得，在"里"和"上"典型义必现规则的习得数据中，高级组的均值与对照组都没有显著差异，也即二语者在使用上能达到近似母语者水平。但在方位词"上"非典型义必现规则的习得上，高级水平阶段的学习者仍然与对照组存在显著差异。因此我们可以推断，各水平阶段的二语学习者对"里"和"上"典型义必现规则的习得要好于对非典型义必现规则的习得，方位词非典型义必现规则的习得难度更大；词义典型性因素在方位词必现规则的习得过程中具有显著主效应。

　　再来看方位词必隐类的习得数据（见表 34）。如前所述，汉语空间方位结构中充当参照物的专有地名性名词，具有空间上的零维度特征，无须使用方位词标记其维度特征，这种语境条件下方位词必须隐去。从表 34 中的数据来看，三个水平组的受试在遵守方位词必隐这一规则时都呈现出较高的均值，中级组与对照组的均值差是 0.17，与对照组没有显著差异（$p = 0.168 > 0.05$）；高级组与对照组的均值差为 0.25，反而与对照组存在显著差异（$p = 0.027 < 0.05$）。中级组与高级组之间均值差为 0.08，并

没有显著差异（$p=0.715>0.05$）。从数据来看，中级组在方位词必隐规则的得分上要高于高级组，能否说明中级组二语受试对方位词必隐规则的习得要好于高级组呢？我们将在后面展开讨论分析。

表 34　必隐类组间均值差异事后检测结果（Scheffé）

水平组	中级组	高级组	对照组
平均分	(2.81)	(2.75)	(3.00)
中级组		0.08	-0.17
高级组	-0.08		-0.25 *
对照组	0.17	0.25 *	

注：＊表示 $p<0.05$。

　　再来看方位词隐现两可类的习得数据（见表35）。如前所述，汉语空间方位结构中充当参照物的名词若在语义上兼具事物名词和空间地域名词两类，像"办公室/学校/操场"，既指容纳一定内空间的建筑物，也指具体的场所地点，维度上既有内空间的三维特征，又有地域点的零维特征，这种语境下是否后附方位词具有两可性。从表35中的数据来看，母语者的平均使用次数是1.53，分值处于不使用而计0分和使用而计3分的中间位置，即在隐现两可语境条件下，方位词隐或现的使用概率各占一半。二语者中中级组的频次均值是0.22，倾向于隐去方位词，且与对照组的频次差为1.31，具有显著差异（$p=0.000$）。高级组的频次均值是0.19，同样倾向于隐去方位词，也与对照组之间有显著差异（$p=0.000$）。中级组与高级组之间只有0.03的均值差异，没有显著差异（$p=0.993>0.05$），甚至高级组比中级组更倾向于隐去方位词。从数据来看，二语受试无论是在中级水平阶段还是高级水平阶段，在隐现两可类的语境下都倾向于选择隐去方位词，这与母语对照组居中的隐现倾向有着显著差异。

表 35　隐现两可类组间均值差异事后检测结果（Scheffé）

水平组	中级组	高级组	对照组
平均次数	（0.22）	（0.19）	（1.53）
中级组		0.03	- 1.31*
高级组	- 0.03		- 1.34*
对照组	1.31*	1.34*	

注：* 表示 p < 0.001。

再来看水平因素在二语方位词隐现规则习得中的影响，图 16 总结了三个水平组习得方位词隐现规则的情况。从图 16 中曲线的走势来看，各水平组受试在三类隐现规则的习得上展现出完全不同的景象。对于必现类规则的习得，各水平受试在分值上呈逐级递增的趋势，随着语言整体水平的提升，各组受试倾向于越来越高的使用频率，水平因素的主效应显著 [F (2, 195) = 5.339, p = 0.006 < 0.05]。而对于必隐类规则的习得，各水平组受试的均值差不大；我们在图上看到各水平组均值所在的坐标点非常接近，都在 2.75 到 3.0 之间，且高级组的坐标点比中级组的还低；可见水平因素在必隐规则的二语习得中已不具备主效应。对于隐现两可类规则的习得，对照组的均值处在 1.5 的位置，而中级组和高级组均值所在的坐标位置非常接近，各为 0.22 和 0.19，水平因素对二语者习得表现的影响不明显。

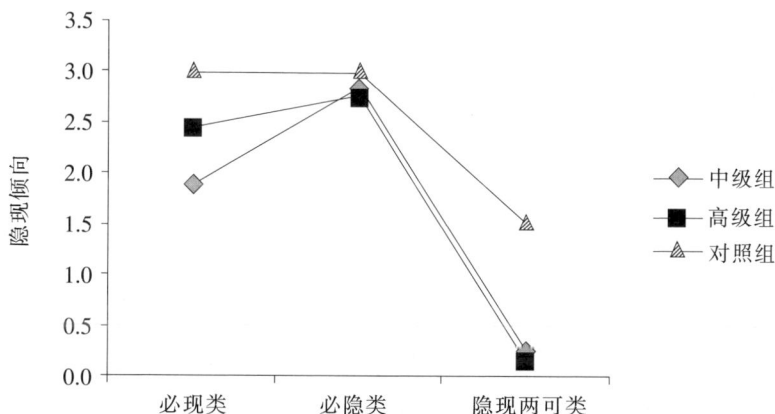

图 16　三组受试习用方位词隐现规则的数据对比

6.5.4   讨论

在本部分我们考察了英语母语者习得汉语空间方位结构中框式介词结构"在……上/里"的情况，调查内容包括对介词"在"状语和补语句位上的使用以及方位词"上"和"里"隐现规则的习用情况。我们采用书面翻译任务作为测试工具。测试结果表明，学习者能习得介词"在"的状语和补语位置上空间标记的用法，中级组和高级组二语学习者正确使用率分别达94%和98%。这证实了我们的研究假设4a：学习者能习得空间方位结构中的前置介词"在"。我们的研究结果也表明，对于方位词"上/里"隐现规则的习得，二语者在方位词必现和隐现两可语境下方位词使用频率都很低，都倾向于遗漏方位词，与对照组的表现存在显著差异；反倒是在方位词必隐语境下其表现与对照组近乎没有差异，即都倾向于隐去方位词。总的来说，在方位词隐现规则的习得上，学习者倾向于不使用方位词。我们认为这是对框式介词结构整体加工能力不足所致，即学习者只能加工处理介词"在"而无法兼顾方位词"上/里"的使用。因此研究假设4b得到证实，即学习者很难习得方位词"上/里"的隐现规则。研究结果同时也表明，水平因素只在方位词必现规则的习得上具有显著的主效应；而在必隐和隐现两可类方位词的习得上，中、高级水平阶段的学习者都倾向于隐去方位词，习用表现非常接近。这一结果部分证实了我们的研究假设4c，即二语者习得方位词必现规则时受制于二语水平，习得必隐和隐现两可规则都未能成功，水平因素主效应不明显。

我们的研究结果表明，二语者在表述拓扑空间关系时，对前置介词"在"有较高正确使用率，在后置方位词"上/里"的使用上普遍存在脱落现象。我们认为，这种对前后置词习得不对称的现象，主要有两个原因，一是汉语框式结构"在……上/里"成分共现的结构复杂性以及"上/里"的隐现使用规则，对二语者来说都是有标记的参数设置，势必会带来的认知复杂性。二是英语和汉语空间关系表述差异使学习者在二语加工时面临思维转换，思维转换受限于二语水平导致加工压力，于是沿用母语中加工空间语言表征的习惯，引发了方位词脱落现象。

汉语中"上/里"的隐现使用主要取决于拓扑空间关系中参照物的维

度特征，母语者基于参照物的空间维度特征与句法隐现规则的互动关系来决定方位词的使用。英语中介词需要强制性出现，没有介词隐现的问题。汉语方位词"上/里"的隐现使用规则，对于英语为母语的学习者来说，具有一定程度的认知复杂性，学习者在二语加工时面临思维转换。"上/里"的隐现使用规则对于英语母语者来说，是一种有标记的参数设置。根据 Eckman（1977）的标记性差异假说（markedness differential hypothesis），当母语是无标记的参数设置而二语是有标记的参数设置时，习得难度加大。因此，二语者在处理"上/里"隐现使用问题时，对这一有标记的语言项目需要花费更长的认知加工时间，这可能导致二语受试在即时产出过程中面临一定的语言加工压力。

英语和汉语拓扑空间关系表述差异也是造成二语者能产出"在"而脱落"上/里"的一个重要原因。英语中介词都出现在参照物名词前面，在表述空间关系时信息加工的语义焦点都位于 NP 前。汉语中虽然介词"在"也出现在参照物名词前面，但表位置和维向的方位词"上/里"出现在参照物名词后面，空间关系信息加工的语义焦点位于 NP 后。本书中的受试都是二语环境下的汉语学习者，目标结构的语言输入量相对不足，汉语语感偏弱，在对汉语空间关系表述进行句法语义线性加工时，思维转换受限于二语水平导致加工压力，被迫使用母语中加工空间语言表征的习惯，将注意力聚焦在 NP 前，忽略 NP 后空间标记的处理，由此引发了方位词脱落现象。Filipović 和 Hawkins（2013）曾指出，二语学习者往往通过借用母语中已有的加工规则来降低二语加工成本，增大二语加工效能。若受试对汉语方位词"上/里"隐现使用的认知不足，在语言加工过程中仍沿用母语中空间标记的使用习惯，自然就无法注意到汉语后置方位词表位置和维向的使用功能。受试在方位词必现的语境条件下，也产出如"＊在衬衣有一个污点""＊在毛巾有一个洞"的偏误句子，一方面说明他们未具备根据参照物名词的空间维度特征选用方位词的二语能力，另一方面说明了加工框式结构时他们可能倾向于迁移母语中的结构形式，仅使用前置介词作为空间标记。

学习者在方位词必隐和隐现两可语境条件下的习得数据表明，学习者在方位词必隐的使用频次均值与对照组非常接近，但这种数据不能看作他们对方位词必隐规则的掌握达到近似母语者水平，而应看作他们使用方位词时习惯性脱落的表现。这种方位词脱落的使用习惯还在方位词隐现两可语境下学习者的使用频次上得到进一步的证实。对照组在隐现两可的语境条件下对方位词隐或现的使用概率近乎对等，而二语者明显倾向于隐去不用。我们认为，无论是必现类规则、必隐类规则还是隐现两可类规则的习得，英语母语者更普遍倾向于脱落方位词，甚至形成一种方位词脱落缺失的泛化现象，这显然是对框式结构进行即时加工时能力不足的表现。因此可以推断，学习者在方位词必隐规则用法中，即使能正确隐去方位词，也不代表其具备类似汉语母语者对参照物名词空间维度划分的概念表征。

本书对方位词"上/里"必现规则的习得区分了方位词典型空间义项和非典型空间义项两种情况。我们的统计数据表明，学习者习得方位词典型空间义必现规则的表现要明显好于习得非典型空间义必现规则。在"里"和"上"典型空间义必现规则的习得表现上，高水平阶段的二语者与对照组没有显著差异。在"上"非典型义必现规则的习得表现上，高水平阶段的二语者仍与对照组有显著差异。这体现了语义典型空间义因素对方位词隐现规则习得的影响。

在中级组二语者的语料中，我们发现个别受试产出了诸如"＊他上桌子放一本书""＊他上桌子 left 一封信"这样的偏误句。显然在空间语义范畴的习得上，个别二语者不仅在语义上将"上"的典型平面接触义与母语中的 on 对应，还在句法上把"上"与 on 的句中位置相混淆，这是典型的母语空间词语义和结构形式同时迁移的现象。这种偏误在二语者产出的语料中虽然较少，但展露出明显的母语迁移痕迹。对于这种结构形式的母语迁移造成的偏误，我们认为跟汉语拓扑空间关系采用框式结构作为语言表述形式有关。相对于英语中"介词＋名词"的表述形式，汉语"介词＋名词＋方位词"显然更具有标记性，而母语迁移在原则上是一语无标记而二语有标记的时候更容易发生。二语环境下的汉语学习者，因为二语输入量不足，加上二语目标语言结构比母语复杂，自然容易出现二语即时产出时的母语迁移，这需要我们有针对性地将框式结构和方位词隐现规则作为语法项目开展专项教学来加以解决。

我们对空间方位结构中框式结构习得的调查结果与陈凡凡（2008）的研究发现较为相似，陈的研究也指出留学生习得"V 在"句式和句首"在"字句句式时容易频繁出现方位词缺漏这一现象。但她的研究未对受试进行国别划分，没法推测这种偏误是否来自母语迁移影响。而我们的研究结果跟丁安琪和沈兰（2001）调查韩国人学习汉语介词"在"的结果有所不同。她们发现韩国学习者在高频使用的"在 L VP"结构中，常见的是介词"在"缺漏和方位词冗余的偏误。我们的研究结果也跟吴丽君（2002）调查日本人学习汉语介词"在"时发现"介词缺漏是常见偏误类型"这一结论不同。吴的研究中，日本汉语学习者常出现诸如"我（　　）照片上看见了很多陶制的人、马什么的""他（　　）牌子上加了一句'隔壁阿二不曾偷'""以后我们（　　）学校里钓鱼吧"这样的偏误。丁安琪、沈兰（2001）和吴丽君（2002）都没有对造成韩、日母语者缺失介词"在"和方位词冗余的偏误的原因进行分析。如果这是由韩、日母语的使用习惯造成的，其发现倒跟我们的研究结论一致，即二语者习得汉语空间方位结构中的框式结构时，因加工难度造成二语即时产出的压力，使学习者习惯于迁移母语中的结构形式，导致介词"在"和方位词使用上出现偏误。

6.6　对汉语空间方位结构语言教学的启示

首先，汉语空间方位构式是母语中高频使用的语言单位，建议作为语法项目在二语教材中专项列出。汉语"在 + 处所"构式具有高度能产性（productivity），汉语教材应将"在 L VP"和"VP 在 L"构式的语法意义和动词准入规则进行归纳和展示，帮助学习者构建"在 + 处所"构式的中介语知识体系。在"在 + 处所"构式的学习初期，教师应通过范例，让学习者关注到两类空间方位构式子构式的语义差异。然后依托典型范例开展明示性语法教学，帮助学习者快速有效地抽象出构式图式，概括出不同构式中动词的语义特征。教材中最好有对"在 L VP"和"VP 在 L"构式义的专项注解以及例句说明。练习中可设计类似图文匹配操练项目，设置丰富的语境给学生提供练习机会，帮助学生掌握构式中的动词准入规则。

其次，对框式结构"在……方位词"的具体用法进行归纳，要有明确的示例讲解。"在"在汉语中具有多种句法语义功能，目前的教材在初级阶段的生词释义部分对其介词和动词属性有所标识。因为"在"是高频词，通过较高的重现率，学习者通常对单个"在"的介词和动词用法有较好的掌握。但框式结构"在……方位词"是汉语特有的语言结构形式,结构复杂导致加工有一定难度,需要教师通过对其用法的举例描述,让学生树立特定语境下框架成分共现的使用意识,帮助学习者搭建词语使用的认知语义框架。而教材中对"在+处所"构式的导入也最好安排在学习者对介词"在"和方位词"上/里"有充分的使用体验之后,这样在进入语言项目的讲解和操练阶段时,学生易于理解和使用。

再次,应通过语言对比帮助学生注意英汉空间词语义范畴不完全对应的部分。教师在教学过程中,应有意识地将高频使用的英语空间介词和汉语方位词作句法语义上的对比,突出介绍两者不对应的部分,也即介词和方位词的非典型空间义用法。现有教材通常在生词表中将"上"直译为on/above,"里"直译为in/inside,这种释义方式有可能会导致学生在面对诸如in the shirt、in the tree中的方位词非典型空间义用法中,依靠直译策略而产出"衬衣里""树里"的偏误。教师有必要提醒学生,"上"与on、"里"与in的语义对应只适用于典型空间义的用法,而对于非典型空间义用法需要在教师讲解后,让学生逐个单独记忆。甚至还可以将方位词的非空间义用法,如"上"的方面义、固化义用法,以及"里"的复数义、时间义用法介绍给学生,让学生对方位词"上/里"从空间义到非空间义的词义扩展过程有初步的了解,丰富其词汇语义知识。

最后,教材编写应对空间方位构式的两个子构式的二语输入量保持平衡。汉语母语者使用"在L VP"和"VP在L"的频率是相近的,之所以二语者偏向于更多地使用"在L VP",跟二语教材中对动后构式"VP在L"的言语输入量偏少有关。二语习得跟母语习得的一个不同之处在于,母语习得主要是基于真实交际环境下的言语输入,大多在无意识条件下自然发生。高校学生的二语习得大多是在有组织的语言课堂上发生的,处在教师全过程的引导和把控之下。二语教材中"在+处所"两个子构式的输入应尽量还原其在母语环境下的使用频次比例,防止因为输入频率的偏态分布导致"VP在L"构式的习得困难。

6.7　小结

本章围绕汉语空间方位结构的各个语法成分开展了四个语言项目的习得测试。这四个测试项目分别是动前构式和动后构式空间方位构式义习得、空间方位构式中动词习得、方位词"上""里"的语义范畴习得、框式结构中介词"在"与方位词"上/里"的隐现使用考察。通过对各空间方位结构各成分习得调查数据的分析，我们发现，汉语空间方位结构作为层层嵌套的语言结构，习得过程相对复杂，受多种因素制约，需要在基于使用的语言习得理论框架下，从不同角度来分别加以解释。

汉语空间方位行为构式分为动前构式"在 L VP"和动后构式"VP 在 L"两种。动前构式在语义上表示动作发生的场所，动后构式在语义上表示动作参与者通过动作达到的场所。英语方位构式义二语习得研究的结论不一，但多数倾向于认为二语者可以习得方位构式义。以图文匹配选择任务作为测试工具，我们对英语母语者习得"在 + 处所"行为构式义进行了调查。通过数据分析，我们发现，不同水平阶段的学习者对两类空间方位子构式义的理解判断都与母语者存在显著差异，英语母语者整体上未能习得"在 + 处所"行为构式义。英语母语者习得汉语"在 + 处所"行为构式义遇到一定难度，我们推测其原因主要在于，汉语"在 + 处所"行为构式依照框式结构与动词间不同语序的组合而形成不同的子构式。英语中时态可作为区分不同空间方位构式语义的语法手段之一，学习者若迁移母语这一特征尝试区分汉语两类空间方位子构式的意义则可能陷入困境，这造成他们在理解判断汉语两类"在 + 处所"行为构式义时遭遇难度。同时我们在调查中发现，学习者对动前构式义的掌握要稍好于动后构式。我们推断这跟汉语两个子构式"在 L VP"和"VP 在 L"的二语输入量不够平衡有关。据我们的统计，现有二语教材尤其是课文中动前构式"在 + 处所"的出现频率要远高于动后构式，高频很大程度上会促进习得，所以在我们的调查中，受试更倾向于把目标测试图片判断为动前式"在 + 处所"行为构式。

在对"在 + 处所"行为构式动词所开展的习得考察中，我们的研究结果表明，学习者未能习得两类"在＋处所"行为构式中的动作动词。这一习得结果与本研究中得出的学习者未能习得"在＋处所"行为构式义的调查结果具有关联性。很大程度上，学习者未能习得"在＋处所"行为构式中的动词用法，跟他们对空间方位构式项目缺乏完整清晰的认知有关。目前汉语教材中还未将"在＋处所"构式作为语法项目进行例示和注解，自然也谈不上对进入子构式的动词准入规则展开说明。学习者对空间方位构式中动词的习得缺乏明示性教学的过程体验，只能靠自我经验积累与感悟，学习周期自然会拉长。因此有必要在教材中将"在＋处所"行为构式义以及动词准入规则作为重要语法项目进行介绍，为教师创造开展明示性语法教学的条件。至于我们在研究中发现，学习者对动前构式"在 L VP"中持续类动作动词的习得情况要好于动后构式"VP 在 L"中的瞬间类动作动词，这种动词类别的习得差异也很可能跟二语环境中的动词类型的输入频率有关。汉语进入"VP 在 L"的瞬间类动作动词比进入"在 L VP"的持续类动作动词相对要少，而动后构式"VP 在 L"在二语环境中的出现率又相对较低，学习者平时所接收到的目标构式的正确用法的输入量不多，导致他们在习得这一构式中的瞬间类动作动词时，所需要的学习时间要更长一些。

在对方位词"上""里"的空间语义范畴的习得考察上，我们的语料库检索和测试调查结果都表明，方位词的典型空间义要比非典型空间义容易习得，词义典型性在方位词义项习得中具有重要的影响。我们对书面翻译任务中收集的语料进行分析发现，当英语母语者习得与英语介词 in 相对应的方位词"里"或与英语介词 on 相对应的方位词"上"的语义项时，二语者的表现可以达到近似母语者的水平。我们认为这是因为在表述典型义时，in／"里"、on／"上"所展示的空间概念和心理表征在学习者母语和二语中是相同的，学习者可以通过迁移母语中的空间概念语义来促进二语的学习。而当英语母语者习得与英语介词 in 相对应的方位词"上"的语义时，学习者即使到高级阶段也无法达到近似母语者水平。这是因为方位词"上"与 in 相对应的语义范畴属于非典型空间义项，in／"上"所展示的空间概念和心理表征在学习者母语和汉语中是不同的，学习者母语中的空间关系认知表征对二语习得过程产生负迁移，干扰了对方位词非典型空间义的正确习得。我们推测，学习者在习得方位词典型空间义项时，是基于母语中已掌握的语义规则进行类推的，因此习得较早，习得进程相对较快。学习者在习得方位词非典型空间义项时，是基于逐个记忆的方法，因此习得进程相对较慢。我们的研究结果也表明，学习者的整体二语水平决定了其对方位词典型空间义和非典型空间义的习得效果，方位词空间语义范畴的习得进程与整体二语水平的提升同步发展。

在对汉语框式结构"在 + 方位词"的习得考察上，我们发现学习者倾向于将介词"在"与英语介词 in/on 相对应，导致二语产出时方位词脱落。这种现象至少有两个原因，其一，可从英汉空间标记使用的差异性得到解释。英语空间关系表述采用"介词 + 名词"形式，汉语采用"介词 + 名词 + 方位词"框式结构，相对而言，英语属于形式上的无标记，而汉语中的表述是有标记的。当母语是无标记的参数设置而二语是有标记的参数设置时，这种情形容易导致母语迁移。在与参照物名词建立的句法关系中，"在"与 in/on 有着相似的句法位置呈现。若学习者参照母语中的以前置介词作为空间关系标记的使用习惯，将"在"与其母语中的介词相对应，并作为唯一的空间标记使用，就会导致在对汉语框式结构"在……上/里"进行加工时，引发母语句法结构的形式迁移，学习者只选择产出"在"而遗漏"上/里"。其二，汉语框式介词结构本身有较大的加工难度，除了前置介词"在"在状语和补语位置上必须出现外，后置方位词"上"和"里"还分成必现、必隐和隐现两可三种情形。汉语框式介词结构的加工难度以及与学习者母语中相关表述的结构差异，导致学习者在习得过程中难以兼顾。从加工顺序上来说，当学习者首先接触到前置介词"在"时，会倾向于仅把这个空间关系的标记与母语中同样位置上的介词相对应。可以说，汉语特有的框式结构的加工难度是英语母语者习失框式介词结构"在……上/里"中后置方位词的原因之一。

第 7 章　结语

本研究在对汉语空间方位结构成分进行分析的基础上，通过汉、英语表述拓扑空间关系的对比分析，紧扣汉语空间方位结构中各成分的结构形式和语义特点，分别对这一结构中的两类空间方位子构式义、构式中动词的准入规则、前置介词"在"的隐现、后置方位词"上/里"的多义范畴和隐现规则习得情况展开了调查。我们以学习汉语的英语母语者为研究对象，34 名受试全部来自英国高校，同时选取中国高校 32 名本族语者大学生作为对照组。主体测试部分有四个调查目标，分布在三个测试任务内完成。在此之前，我们开展了两个先导研究，结合问卷测试和语料库检索的方式考察了他们对平面支撑和内包含空间关系的概念认知情况，调查了二语和母语者在方位词"上""里"各义项上的使用情况。

7.1　本书主要发现

本书实证调查了英语母语者习得汉语空间方位结构及其各成分的情况，获得以下几点主要发现：

其一，通过考察高频方位词"上"和"里"的二语产出情况，我们发现，词义典型性因素明显影响二语者对方位词各义项的习得。母语者和二语者在方位词"上"的义项产出上主要集中在典型空间义、非典型空间义、方面义和固化义四个语义范畴上，语法本体研究中常被提及的"上"的时间义用法并未在母语和二语者的实际语料中产出，可见在实际语言使用中并不为母语者和二语者所熟悉。方位词"上"的义项习得在母语和二语习得中遵循大致相似的习得路径：典型空间义→非典型空间义→方面义→固化义。母语者和二语者在方位词"里"的义项产出分布主要集中在典型空间义、非典型空间义、复数义和时间义四个语义范畴上，"里"的固化义用法在实际语言使用中也不为二语者甚至母语者所熟悉。在方位词"上"和"里"的典型和非典型空间义的义项习得上，中、高级水平二语者的正确使用率接近母语者，义项习得情况可以达到近似母语者水平。在方位词"上"和"里"的非空间义的义项习得上，二语者对"上"的正确产出率接近母语者，而对"里"的正确产出率相对较低，固化义的产出率更与母语者有明显差距。同时，二语者对非空间义"上/里"的产出相对集中在少数几例用法上。总体来说，二语者在"上/里"非空间义的习得效果上远不如对空间义的习得。

其二，英语母语者未能习得两类"在 + 处所"行为构式义，构式"在 L VP"和"VP 在 L"的整体意义可能是二语习得中的一个难点。英语中方位构式依据构式意义分为背景构式（ground construction）和图形构式（figure construction），汉语空间方位行为构式则根据语序和整体意义分为动前构式和动后构式两种，动前构式语义上表示动作发生的场所，动后构式语义上表示动作参与者因为动作而达到的场所。英语方位构式二语习得研究表明，二语者能够在方位构式义习得上达到母语者水平，而我们的调查结果表明，二语者在各水平阶段都与母语者的使用情况呈现出显著差异。汉语"在 + 处所"行为构式义的习得难度一方面来自二语输入的不足，现有教材中对这一语言项目鲜有提及，学习者对这两个构式义的习得缺乏明示性教学活动。另一方面，对英语母语者而言，"在 + 处所"行为构式的表述具有标记性，框式结构与动词因组合语序不同形成两种"在 + 处所"子构式。英语中区别语义的主要语法手段不是语序而是时态标记，这导致英语母语者在判断选用"在 + 处所"行为子构式时存在难度。但学习者对动前构式的习得情况好于动后构式，我们认为这是由汉语两个子构式的二语输入量不平衡造成的。现有教材中动前构式的出现频率远高于动后构式，导致调查中受试更倾向于把目标测试图片判断为动前构式。

其三，在"在 + 处所"行为构式中动词准入规则的习得上，学习者未能完全习得我们所考察的两类动作动词的用法。汉语"在 + 处所"行为构式对动词有准入限制，"在 L VP"构式允许持续类动作动词进入，"VP 在 L"构式允许瞬间类动作动词进入。我们以语法可接受度等级判断任务为实验工具，对动前式和动后式"在 + 处所"行为构式中的持续类和瞬间类动作动词的习用情况进行了考察。数据分析表明，学习者虽然总体上未能完全习得两类动作动词的正确用法，但对持续类动作动词的判断要好于对瞬间类动作动词的判断，也即对持续类动作动词的习得效果好于瞬间类动作动词。这一研究结果与学习者对动前式"在＋处所"行为构式义的习得效果好于动后式构式义的习得结果相互印证。我们认为，学习者未能习得两类动作动词的用法，跟这一语言项目还未受到关注且未在教材中体现出来有关。现有的汉语教材都缺乏对"在 L VP"和"VP 在 L"构式的注释与讲解，课堂上也缺乏必要的语言项目的操练，学习者要靠自己去领悟持续类和瞬间类动作动词在两类"在＋处所"行为构式子构式中的用法显然是有难度的。而动前构式的习得效果好于动后构式，我们认为，使用频率是一个主要因素。持续类动作动词适用于构式"在 L VP"，瞬间类动作动词适用于构式"VP 在 L"，而我们对现有教材中两构式出现频率的统计是，构式"在 L VP"的出现频率要远高于构式"VP 在 L"，这也就造成持续类动作动词的出现频次高于瞬间类动作动词。而且因为构式"在 L VP"中的动作动词可以带上各种补足语成分，形式标记丰富多样，所以能进入动前构式的动词数量更多；而构式"VP 在 L"中的动作动词不允许带上补足语成分，只能是光杆形式，这导致进入动后构式的动词数量相对较少。

其四，汉语、英语在空间关系认知上存在的空间概念和心理表征上的同与异影响英语母语者对汉语方位词的习得。在典型的平面支撑/接触的空间关系表述上，汉语方位词"上"与英语介词 on 对应；在典型的内包含空间关系上，汉语方位词"里"与英语介词 in 对应。我们的先导实验表明，在这两类典型平面支撑/接触和内包含关系的空间认知上，汉英母语者在空间概念和心理表征上是基本一致的。而我们对方位词"上/里"义项和隐现习得调查的结果显示，当汉语、英语对同一空间关系的概念和心理表征趋同时，母语者对"上""里"的习得效果较好。而在非典型的平面支撑/接触或内包含空间关系的表述上，汉语方位词"上"跟英语介词 in 有一定的语义对应关系。但本研究先导实验表明，这种情形下的汉英母语者在空间概念和心理表征上是不完全一致的。本研究对方位词"上"非典型义项习得的调查结果显示，英语母语者正确习得这类空间关系中的方位词"上"的比例不是很高，二语者跟母语者的习用表现呈现出显著差异。我们推断，汉语、英语在空间概念和心理表征上的同与异会分别引发二语者在方位词空间义项习得过程中的母语正迁移和负迁移，从而导致不同空间关系类型的方位词的习得效果迥异。

其五，学习者对框式结构"在……上/里"的习得受母语空间关系表达的结构形式影响，倾向于保留介词"在"而遗漏方位词。相对于英语表述空间关系时使用单个介词，汉语是属于有标记的——由框式结构介词"在……方位词"来表述。介词"在"在状语和补语位置上一般都需要出现，而方位词"上/里"则依据充当参照物名词的维度特性分为必现、必隐和隐现两可三种情况。我们实证考察了英语母语者习用介词"在"和方位词"上/里"的情况。研究数据表明，二语者倾向于在状语和补语位置上使用"在"，但在方位词"上/里"的隐现使用上明显倾向于隐去方位词，英语母语者方位词使用中的缺失脱落现象有明显的泛化倾向。我们认为，英语母语者在方位词习得过程中出现的方位词脱落泛化现象主要有两个原因：一是受母语中空间关系表述采用的结构形式迁移影响，将母语中的空间介词只跟汉语框式结构中的前置介词"在"相对应，误以为 in 和 on 所表述的空间关系都可以用"在"来对应表述。二是跟汉语框式结构本身的加工难度有关。英语中表述空间关系时一般都采用"介词 + 名词"的结构形式，介词的使用可以说是无标记的；而汉语相应的空间关系采用的是框式结构，是前置介词"在"加上后置方位词共现的形式，这种结构形式相对来说就是有标记的。汉语框式结构成分共现的复杂形式所造成的加工难度导致学习者在习用过程中顾此失彼，难以兼顾，使得方位词必现和隐现两可时都倾向于脱落隐去。本研究也发现，随着语言整体水平的提高，学习者的方位词隐现规则习得呈现逐步改善的趋势，说明接触量的加大会逐步帮助他们掌握正确的方位词隐现规则。

其六，汉语空间方位结构是一个由多个语言结构成分嵌套组成的复杂结构单位，其中每个语言结构的习得都各有其规律，因此对整个结构习得结果的解释需要尊重客观事实，从不同理论角度展开分析。我们所调查的英语母语者总体上未能习得汉语空间方位构式义和构式中的动词准入规则，我们推断这是由目标构式和动词用法的输入频率不够充分所导致的。框式结构"在……上/里"习得所出现的能习得介词"在"而习失方位词"上/里"的问题，很大程度上是由结构复杂性带来的加工难度造成的。至于方位词"上/里"语义范畴和隐现规则的习得则受词义典型性因素的影响。汉语空间方位结构习得是一个相对复杂的语言学习过程，是多因素制约和促动的结果。二语者要正确习得汉语空间方位结构，需要教师通过语言对比分析，帮助其克服母语思维方式和表达习惯的迁移，关注目标结构的汉式特征，在习用过程中完成汉式思维和表达习惯的内化。

7.2　研究价值和创新点

本书的研究价值和创新点主要体现在如下几个方面：

首先，本研究是对汉语空间方位结构中诸多语言项目的系统性习得研究。立足于现有研究成果，本研究对汉语空间方位结构各成分的本体和习得研究作出全面梳理，以英语母语者为调查对象，开展了细致深入的实证研究。本习得研究的涉及范围较广，包括空间方位构式义习得、构式动词习得、介词"在"习得、方位词"上/里"语义范畴习得、方位词"上/里"隐现规则习得、框式结构"在……上/里"习得。各个结构单位的习得研究之间形成有机联系，构成空间方位结构习得研究的全景。本书对汉语空间方位构式义的习得研究、构式中动词准入规则的习得研究、方位词隐现规则习得研究，都是学界以前未曾关注的语言项目，本研究能为汉语二语习得研究提供新的思路和视角。

其次，本研究的调查手段丰富多样，最大程度地为研究结论提供了方法支撑。本研究所开展的习得调查既包括语料库检索，也包括现场发放问卷的实验测试。在调查内容上，理解性语料与产出性语料相结合；在调查方法上，先导实验与主体内容测试相互佐证，实验操作相对严谨。

再次，本研究在使用基础论的总框架下，对汉语空间方位结构的中介语特征进行了多角度解读和成因分析。本研究根据汉语空间方位结构中不同语言项目的具体习得情况，分别从原型理论、加工决定论、标记理论、迁移理论等角度对所发现的习得情况展开分析和解读，将汉语空间方位结构二语习得研究融入二语习得研究的主流理论框架之中。本研究中的汉语空间方位结构二语习得考察，对依托现有习得理论对汉语特定语言结构习得问题所开展的新探索，一定程度上验证了这些理论对汉语特定结构习得的适用性和解释力。

最后，本书将汉语本体研究、习得研究和教学研究相结合，促成了本体、习得、教学领域的有机互动。我们对汉语空间方位结构所开展的二语习得调查，揭示了二语者在学习过程中面临的各种问题和难点，为有针对性地高效组织课堂教学提供了参考和依据。对汉语空间方位结构的二语习得研究，有助于通过发现问题促进汉语本体研究的深入发展。只有深入研究特定语言结构的句法语义特征，推动新的研究成果不断涌现，才能为汉语二语教学提供坚实的本体支撑。

7.3　对未来研究的展望

本研究调查了英语母语者习得汉语空间方位结构的中介语特征，目前只关注了单一语种的二语学习者的习得情况。要检验研究结论的适用性，下一步还需与其他语种的汉语学习者的空间方位结构习得情况进行对照分析，通过将不同国别学习者的汉语空间方位结构习得数据进行横向比较，揭示出这一语言结构的深层习得规律。同时深入挖掘空间方位结构中不同项目的习得是否存在交互现象，寻找语言项目习得间的可能性联系。这些研究将有助于促进我们对汉语空间方位结构习得的认知深度。

除了空间义项习得，方位词"上/里"的非空间义项习得也同样值得深入调查。本研究借助语料库检索考察了"上/里"典型和非典型空间义习得情况，未涉及"上/里"的非空间义用法也即隐喻用法。而隐喻义往往是外国人学汉语最不容易掌握和一般人最不容易说清楚的部分。方位词"上"的隐喻用法主要包括方面义和固化义，"里"的隐喻用法主要包括时间义和复数义，这些隐喻用法往往是外国人学汉语最不容易掌握和最不容易说清楚的部分。"上/里"的非空间义用法已逐渐远离了词语本义的认知基础，习得过程中的加工方向、习得路径以及输入模态多大程度上有别于其空间义用法值得深入探索。研究发现将有助于在教学中采用相应的教学策略。

"在+处所"构式分为行为构式和状态构式，本研究只对其中的行为构式及动词习得情况进行了考察，状态构式及动词的习得情况在未来同样值得关注。同时本书对方位词的研究只选取了表拓扑空间关系的"上"和

"里"，其他如"下、前、后、外、内、中"等方位词的习得情况也有待作进一步的探索和发现。只有在对汉语空间方位结构中各成分及各结构类型习得情况作系统描述和充分归纳后，才可能针对这一结构习得的问题和难点去寻找解决办法，最终建立起一套相应的高效率教学模式，以真正体现出二语习得研究的意义和价值。

附录 A 主体实验（1）测试材料
——图文匹配任务

Your native language _____

Number of years of studying Chinese _____

Each of the following pictures demonstrates certain actions. There are two sentences following each picture. Please choose the sentence that best describe the action depicted in the picture and write your choice in the parenthesis. For example：

A. 小猪在打电话。　　B. 小猪在跳舞。Your answer should be：（　B　）

（1）A. 青蛙在荷叶上跳。　　B. 青蛙跳在荷叶上。（　　　）

（2）A. 小狗喜欢吃苹果。　　B. 小狗在喝盆里的水。（　　　）

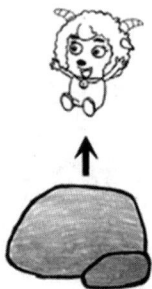

（3）A. 小羊在石头上跳。　　B. 小羊跳在石头上。（　　　）

（4）A. 小兔子在游泳。　　B. 小兔子在玩皮球。（　　　）

（5）A. 猴子在马背上跳。　　　B. 猴子跳在马背上。（　　　　）

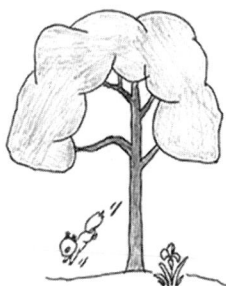

（6）A. 松鼠在地上跳。　　　B. 松鼠跳在地上。（　　　　）

（7）A. 猴子在马背上跳。　　　B. 猴子跳在马背上。（　　　　）

（8）A. 小猫在睡觉。　　　B. 小猫在吃鱼。（　　　　）

（9）A. 青蛙在荷叶上跳。　　　B. 青蛙跳在荷叶上。（　　　　）

附录 B　主体实验（2）测试材料
——句子可接受度等级判断任务

To what extent do you think the following sentences are acceptable? Please write the number that best describe your judgment in the parenthesis.

　－2 = completely unacceptable　　　　－1 = probably unacceptable

　＋1 = probably acceptable　　　　　　＋2 = completely acceptable

For example： 我很喜欢听音乐。

−2	−1	+1	+2 （ +2 ）
completely unacceptable	probably unacceptable	probably acceptable	completely acceptable

The above sentence is completely acceptable. Therefore，you should write "＋2" in the parenthesis.

（1）手表掉在地上。

−2	−1	+1	+2 （　　）
completely unacceptable	probably unacceptable	probably acceptable	completely acceptable

（2）大家等老师在教室里。

−2	−1	+1	+2	（ ）
completely unacceptable	probably unacceptable	probably acceptable	completely acceptable	

（3）我学习中文一年了。

−2	−1	+1	+2	（ ）
completely unacceptable	probably unacceptable	probably acceptable	completely acceptable	

（4）手在门上碰。

−2	−1	+1	+2	（ ）
completely unacceptable	probably unacceptable	probably acceptable	completely acceptable	

（5）小明在图书馆里看书。

−2	−1	+1	+2	（ ）
completely unacceptable	probably unacceptable	probably acceptable	completely acceptable	

（6）我常常一起学习跟朋友。

−2	−1	+1	+2	（ ）
completely unacceptable	probably unacceptable	probably acceptable	completely acceptable	

（7）牛奶在杯子里倒。

−2	−1	+1	+2	（ ）
completely unacceptable	probably unacceptable	probably acceptable	completely acceptable	

（8）同学们在操场上玩足球。

−2	−1	+1	+2	（　　　）
completely unacceptable	probably unacceptable	probably acceptable	completely acceptable	

（9）今天我爬山得很累。

−2	−1	+1	+2	（　　　）
completely unacceptable	probably unacceptable	probably acceptable	completely acceptable	

（10）哥哥寄信在邮局里。

−2	−1	+1	+2	（　　　）
completely unacceptable	probably unacceptable	probably acceptable	completely acceptable	

（11）头不小心碰在墙上。

−2	−1	+1	+2	（　　　）
completely unacceptable	probably unacceptable	probably acceptable	completely acceptable	

（12）我的朋友今天来看我了。

−2	−1	+1	+2	（　　　）
completely unacceptable	probably unacceptable	probably acceptable	completely acceptable	

（13）小明在宿舍里玩电脑。

−2	−1	+1	+2	（　　　）
completely unacceptable	probably unacceptable	probably acceptable	completely acceptable	

（14）我看电视在房间里。

−2	−1	+1	+2	（　　）
completely unacceptable	probably unacceptable	probably acceptable	completely acceptable	

（15）树叶落在水面上。

−2	−1	+1	+2	（　　）
completely unacceptable	probably unacceptable	probably acceptable	completely acceptable	

（16）钱包在地上掉。

−2	−1	+1	+2	（　　）
completely unacceptable	probably unacceptable	probably acceptable	completely acceptable	

附录 C　主体实验（3）和（4）测试材料
——句子译写（英译汉）任务

Translate the following English sentences into Chinese. For any Chinese characters that you find hard to write out, you can replace them with Chinese pinyin. （英译汉，个别汉字可写拼音）

For example：I love this movie. Your answer may be：我喜欢这部电影。

or：Wǒ xǐhuan zhè bù diànyǐng。

（1）Xiaoli （小丽） works in a university.

＿＿＿＿＿＿＿＿＿＿＿＿＿＿＿＿＿＿＿＿＿＿＿＿＿＿＿＿＿＿＿＿＿＿。

（2）There is a black spot （黑点） in the towel （毛巾）.

＿＿＿＿＿＿＿＿＿＿＿＿＿＿＿＿＿＿＿＿＿＿＿＿＿＿＿＿＿＿＿＿＿＿。

（3）Xiaomei （小美） is traveling in Peking.

＿＿＿＿＿＿＿＿＿＿＿＿＿＿＿＿＿＿＿＿＿＿＿＿＿＿＿＿＿＿＿＿＿＿。

（4）He wrote two words on the blackboard.

＿＿＿＿＿＿＿＿＿＿＿＿＿＿＿＿＿＿＿＿＿＿＿＿＿＿＿＿＿＿＿＿＿＿。

（5）I drink tea.

＿＿＿＿＿＿＿＿＿＿＿＿＿＿＿＿＿＿＿＿＿＿＿＿＿＿＿＿＿＿＿＿＿＿。

（6）There is a hole in the shirt （衬衣）.

＿＿＿＿＿＿＿＿＿＿＿＿＿＿＿＿＿＿＿＿＿＿＿＿＿＿＿＿＿＿＿＿＿＿。

（7）There are two books in the drawer （抽屉）.

＿＿＿＿＿＿＿＿＿＿＿＿＿＿＿＿＿＿＿＿＿＿＿＿＿＿＿＿＿＿＿＿＿＿。

（8）China is the largest country in Asia.

_____。

（9）Yesterday was cooler than it is today.

_____。

（10）There is an apple in the refrigerator（冰箱）.

_____。

（11）I work in the library.

_____。

（12）He put a book on the desk.

_____。

（13）He can speak English very well.

_____。

（14）Xiaoyu（小雨）has many friends in Hong Kong.

_____。

（15）There are some flowers in the vase（花瓶）.

_____。

（16）I live off campus.

_____。

（17）Davy（大卫）works in the office.

_____。

（18）There are some birds in the tree.

_____。

（19）She left a letter on the table.

_____。

附录 D 汉英空间意象对比测试材料
（二语组）

Instructions：look at the following prepositional phrases, there are four minimal geometric visual representations below each prepositional phrase. Please choose which representation is better according to how well the drawing matches the phrase.

For example：a pen on the desk

a. ✖   b. ✖   c. ✖   d. ✖   (   )

You may choose（a）as the appropriate choice.

（1）a book on the table

a. ✖   b. ✖   c. ✖   d. ✖   (   )

（2）rice in a bowl

a. ✖   b. ✖   c. ✖   d. ✖   (   )

（3）toys on the floor

a. ✖   b. ✖   c. ✖   d. ✖   (   )

（4） birds in the tree

a. ▓　　b. ▓　　c. ▓　　d. ▓　　（　　）

（5） advertisements in the newspaper

a. ▓　　b. ▓　　c. ▓　　d. ▓　　（　　）

（6） buildings on campus

a. ▓　　b. ▓　　c. ▓　　d. ▓　　（　　）

（7） flowers in the vase

a. ▓　　b. ▓　　c. ▓　　d. ▓　　（　　）

（8） a hole in the towel

a. ▓　　b. ▓　　c. ▓　　d. ▓　　（　　）

（9） sheep in the meadow

a. ▓　　b. ▓　　c. ▓　　d. ▓　　（　　）

（10） the woman in the boat

a. ▓　　b. ▓　　c. ▓　　d. ▓　　（　　）

（11） a bread on the plate

a. ▓　　b. ▓　　c. ▓　　d. ▓　　（　　）

（12）a hole in the shirt

a. b. c. d. （   ）

（13）a cat on the roof

a. b. c. d. （   ）

（14）wild animals in the world

a. b. c. d. （   ）

（15）books in the drawer

a. b. c. d. （   ）

The end! Thank you very much for your support!

附录 E 汉英空间意象对比测试材料
（对照组）

请看下列短语，然后从后面的四个图形选项中选出你认为跟短语所描述的情形最匹配的一个。

例如：桌子上的笔

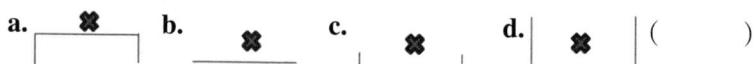

你可能会认为"桌子"和"笔"之间的空间关系用"a"表示相对合适，所以你的选项可能是（ a ）。

（1）桌子上的书

（2）碗里的米饭

（3）地板上的玩具

（4）树上的鸟

（5）报纸上的广告

（6）校园里的大楼

（7）花瓶里的花

（8）毛巾上的洞

（9）草地上的羊

（10）小船上的女人

（11）盘子里的面包

（12）衬衣上的洞

a. ▉　　b. ▉　　c. ▉　　d. ▉　　（　　　）

（13）屋顶上的猫

a. ▉　　b. ▉　　c. ▉　　d. ▉　　（　　　）

（14）世界上的野生动物

a. ▉　　b. ▉　　c. ▉　　d. ▉　　（　　　）

（15）抽屉里的书

a. ▉　　b. ▉　　c. ▉　　d. ▉　　（　　　）

参考文献

一、外文

Aurnague, M. (1993). A three-level approach to the semantics of space [M] //Zelinsky-Wibbelt, C. (ed.). The semantics of prepositions. Berlin: Walter de Gruyter & Co.

Becker, A., & Carroll, M. (eds.). (1997). The acquisition of spatial relations in a second language [M]. Amsterdam: Benjamins.

Bennett, D. C. (1975). Spatial and temporal uses of English prepositions: an essay in stratificational semantics [M]. London: Longman.

Bley-Vroman, R., & Joo, H. (2001). The acquisition and interpretation of English locative constructions by native speakers of Korean [J]. Studies in second language acquisition, 2: 207 – 219.

Bloom, P., M. A. Peterson, L. Nadel, et al. (eds). (1996). Language and space [M]. Cambridge: The MIT Press.

Bowerman, M. (1993). Learning a semantic system: what role do cognitive predispositions play? [M] //Bloom, P. (ed.). Language acquisition core readings. 329 – 363. Cambridge: Cambridge University Press.

Bowerman, M. (1996). Learning how to structure space for language: a cross-linguistic perspective [M] //P. Bloom, Peterson, M., Nadel, L., & Garrett, M. (eds.). Language and space. 385 – 436. Cambridge: MIT Press.

Bowerman, M., & Choi, S. (2001). Shaping meaning for language: universal and language-specific in the acquisition of spatial semantic categories [M] //M. Bowerman & S. C. Levinson (eds.). Language acquisition and conceptual development. 475 – 511. Cambridge: Cambridge University Press.

Bowerman, M., & Choi, S. (2003). Space under construction: language-specific spatial categorization in first language acquisition [M] //Gentner, D. , & Goldin-Meadon, S. (eds.). Language in mind: advance in the study of language and thought. 387 – 427. Cambridge: The MIT Press.

Bybee, J. (2008). Usage-based grammar and second language acquisition [M] //Robinson, P. , & Ellis, N. C. (eds). Handbook of cognitive linguistics and second language acquisition. New York/London: Routledge.

Casasola, M. , & Cohen, L. B. (2002). Infant categorization of containment, support, and tight-fit spatial relationships [J]. Developmental science, 5: 247 – 264.

Chao, Y. (1968). A grammar of spoken Chinese [M]. Berkeley, CA: University of California Press.

Chen, C. (1978). Aspectual features of the verb and the relatives positions of the locatives [J]. Journal of Chinese linguistics, 6.

Choi, M. H. , & Lakshmanan, U. (2002). Holistic and locative argument structure in Korean-English bilingual grammars [C] //Skarabela, B. , Fish, S. , & Do, A. H. J. (eds.). Proceedings of 26th Annual Boston University Conference on Language Development. 95 – 106. Somerville, MA: Cascadilla Press.

Choi, S. , & Bowerman, M. (1991). Learning to express motion events in English and Korean: the influence of language-specific lexicalization patterns [J]. Cognition, 41: 83 – 121.

Choi, S. , & Hattrup, K. (2012). Relative contribution of perception/cognition and language on spatial categorization [J]. Cognitive science, 36, 102 – 129.

Clark, E. V. (1973). Nonlinguistic strategies and the acquisition of word meanings [J]. Cognition, 2, 161 – 182.

Clark, E. V. (1976). University categories: on the semantics of classifiers and Children's early word meanings [M] //Juilland, A. (ed.). Linguistic studies offered to Joseph Greenberg on the occasion of his sixtieth birthday: Vol. 3, Syntax. Saratoga, CA: Anna Libri.

Cooper, G. S. (1968). A semantic analysis of English locative prepositions [R]. Bolt Beranek and Newman Inc.

Correa-Beningfield, M. R. (1985). Prototype and language transfer: the acquisition by native speakers of Spanish of four English prepositions location [D]. New York: Teachers College, Columbia University.

Coventry, K. R. , Carmichael, R. , & Garrod, S. C. (1994). Spatial prepositions, object-specific function and task requirements [J]. Journal of semantics, 11: 289 – 309.

Coventry, K. R. , & Prat-Sala, M. (1998). Geometry, function and the comprehension of over, under, above and below [M] //M. A. Gernsbacher and S. J. Derry. (eds.). Proceedings of cognitive science society. 261 – 266. Mahwah, NJ: Lawrence Erlbaum Associates.

Coventry, K. R. (1998). Spatial prepositions, functional relations and lexical specification [M] //Olivier P. , & Gapp, K. (eds.). The representation and processing of spatial expressions. 247 – 262. Mahwah, NJ: Lawrence Erlbaum Associates.

Coventry, K. R. (1999). Function, geometry and spatial prepositions: three experiments [J]. Spatial cognition and computation, 1: 145 – 154.

Coventry, K. R. , & Garrod, S. C. (2004). Saying, seeing and acting [M] //The psychological semantics of spatial prepositions. Essays in cognitive psychology series. Hove and New York: Psychology Press.

Cuyckens, H. (1993). Prepositions and object concepts: a contribution to cognitive semantics [M] //Zelinsky-Wibbelt, C. (ed.). The semantics of prepositions. Berlin: Warter de Gruyter & Co.

Dirven, R. (1993). Metonymy and metaphor: different mental strategies of conceptualization [J]. Leuvense Bijdragen, 82: 1 – 25.

Eckman, F. (1977). Markedness and the contrastive analysis hypothesis [J]. Language learning, 27: 315 – 330.

Ellis, N. C. (2002). Frequency effects in language processing: a review with implications for theories of implicit and explicit language acquisition [J]. Studies in second language acquisition, 24: 143 – 188.

Ellis, N. C. , & Ferreira-Junior, F. (2009). Construction learning as a function of frequency, frequency distribution, and function [J]. Modern language journal, 93: 370 – 385.

Ellis, R. (1986). Understanding second language acquisition [M]. Oxford: Oxford University Press.

Ellis, R. (1994). The study of second language acquisition [M]. Oxford: Oxford University Press.

Feist, M. I. , & Gentner, D. (1997). Animacy, control, and the IN/ON distinctions [C] //Paper presented at the fourteenth national conference on artificial intelligence. Workshop on language and space.

Feist, M. I. , & Gentner, D. (1998). On plates, bowls, and dishes: factors in the use of English IN and ON [C] //Proceedings of the twentieth annual meeting of the cognitive science society. 345 – 349.

Filipović, L. , & Hawkins, J. A. (2013). Multiple factors in second language acquisition: the CASP model [J]. Linguistics, 51: 145 – 176.

Galotti, K. M. (2004). Cognitive psychology: in and out of the laboratory [M]. Belmont: Thomson Wadsworth.

Garrod, S. , Ferrier, G. , & Campbell, S. (1999). In and on: investigating the functional geometry of spatial prepositions [J]. Cognition, 72: 167 – 189.

Garrod, S. C. , & Sanford, A. J. (1989). Discourse models as interfaces between language and the spatial world [J]. Journal of semantics, 6, 147 – 160.

Gass. S. , & Selinker, L. (1994). Second language acquisition: an introductory course [M]. Hillsdale, NJ: Erlbaum.

Gessica, D. A. (2005). Interlanguage transfer of function words [J]. Language learning, 55 (3): 379 – 414.

Gentner, D. , & Bowerman, M. (2009). Why some spatial semantic categories are harder to learn than others: the typological prevalence hypothesis [M] //Guo, J. Lieven, E. , & Budwig, N. , et al. (eds.). Crosslinguistic approaches to the psychology of language: research in the tradition of Dan Isaac Slobin. 465 – 480. New York: Psychology Press.

Goldberg, A. (1995). Constructions: a construction grammar approach to argument structure [M]. Chicago, IL: University of Chicago Press.

Gonzalez-Álvarez, E., & Doval-Suárez, S. M. (2008). Testing the cognitive categorization of at in native and non-native English speakers: evidence from a corpus study [J]. Linguistics journal, 3 (1): 100 – 123.

Gumperz, J. J., & Levinson, S. (1996). Rethinking linguistic relativity [M]. Cambridge: CUP.

Herskovits, A. (1986). Language and spatial cognition: an interdisciplinary study of the prepositions in English [M]. Cambridge: Cambridge University Press.

Hinkel, E. (1992). L2 tense and time reference [J]. TESOL Quarterly, 26: 557 – 572.

Hottenroth, P. M. (1993). Prepositions and object concepts: a contribution to cognitive semantics [M] //Zelinsky-Wibbelt, C. (eds.). The semantics of prepositions. Berlin: Warter de Gruyter & Co.

Ijza, H. (1985). Native language and cognitive constraints on the meaning ascribed to select English spatial prepositions by advanced adults [D]. Unpublished doctoral dissertation. Toronto: University of Toronto.

Ijaz, H. (1986). Linguistic and cognitive determinants of lexical acquisition in a second language [J]. Language learning, 36 (4): 401 – 451.

Jarvis, S. (1997). The role of L1-based concepts in L2 lexical reference [D]. Unpublished doctoral dissertation. Bloomington: Indiana University.

Jarvis, S. (1998). Conceptual transfer in interlingual lexicon [M]. Bloomton, IN: IULC Publications.

Jarvis, S. (2002). Topic continuity in L2 English article use [J]. Studies in second language acquisition, 24: 387 – 418.

Jarvis, S. (2007). Theoretical and methodological issues in the investigation of coceptual Transfer [J]. Vigo international journal of applied linguistics (VIAL), 4: 43 – 71.

Jarvis, S., & Pavlenko, A. (2008). Crosslinguistic influence in language and cognition [M]. New York: Routledge.

Jiang, N. (2004). Semantic transfer and its implications for vocabulary teaching in a second language [J]. The modern language journal, 3: 416 – 432.

Johnston, J. , & Slobin, D. I. (1979). The development of locative expressions in English, Italian, Serbo-Croatian and Turkish [J]. Journal of child language, 6: 529 – 545.

Joo, H. R. (2003). Second language learnability and the acquisition of the argument structure of English locative verbs by Korean speakers [J]. Second language research, 19 (4): 305 – 328.

Juffs, A. (1996). Learnability and the lexicon: theories and second language acquisition research [M]. Amsterdam & Philadelphia: John Benjamins.

Kecskes, I. (2000). A cognitive-pragmatic approach to situation-bound utterances [J]. Journal of pragmatics, 32 (6): 605 – 625.

Kellerman, E. (1979). Transfer and non-transfer: where are we now? [J]. Studies in second language acquisition, 2: 37 – 57.

Kelly, B. F. (2002). "Well you can't put your swimsuit on top of your pants!": child-mother uses of in and on [C] //E. V. Clark. (ed). Proceedings of the 31st Stanford Child Language Research Forum. 10 – 21. Standford: CSLI.

Kemmer, S. , & Barlow, M. (2000). Introduction: a usage-based conception of language [M] //Barlow, M. , & Kemmer, S. (eds.). Usage-based models of language. Stanford: CSLI.

Krzeszowski, T. P. (1990). Contrasting languages: the scope of contrastive linguistics [M]. Berlin & New York: Mouton de Gruyter.

Lakoff, G. (1987). Women, fire and dangerous things: what categories reveal about the mind [M]. Chicago: Chicago University Press, 304 – 337.

Langacker, R. (2008). Cognitive grammar: a basic introduction [M]. Oxford: Oxford University Press.

Leech, G. N. (1969). Towards a semantic description of English [M]. London: Longman.

Leech, G. N. (1971). Meaning and English verb [M]. London: Longman.

Levin, B. (1993). English verb classes and alternations: a preliminary investigation [M]. Chicago: University of Chicago Press.

Levinson, S. C. (1996). Frames of Reference and molyneux's question: cross-linguistic evidence [M] //Bloom, P., Peterson, M. A., Nadel, L., & Garrett, M. F. (eds.). Language and space. Language, speech, and communication. Cambridge: MIT Press, 385 – 436.

Levinson, S. C. (2003). Space in language and cognition: explorations in cognitive diversity [M]. Cambridge: Cambridge University Press.

Li, P., & Gleitmank, L. (2002). Turning the tables: language and spatial reasoning [J]. Cognition, 83: 265 – 294.

Li, C., & Thompson, S. (1981). Mandarin Chinese: a functional reference grammar [M]. Berkeley: University of California Press.

Lowie, W., & Verspoor, M. (2004). Input versus transfer? the role of frequency and similarity in the acquisition of L2 prepositions [M] //Achard, M., & Niemeier, S. (eds.). Cognitive linguistics, second language acquisition, and foreign language teaching. 77 – 94. Berlin: Mouton de Gruyter & Co.

Lucy, A. (1992). Grammatical categories and cognition: a case study of the linguistic relativity hypothesis [M]. 140 – 158. Cambridge: Cambridge University Press.

McDonough, L., Choi, S., & Mandler, J. M. (2003). Understanding spatial relations: flexible infants, lexical adults [J]. Cognitive psychology, 46: 229 – 259.

McInerny, D. Q. (2004). Being logical: a guide to good thinking [M]. New York: Random House, Inc.

Meints, K., Punkett, K., Harris, P. L., et al. (2002). What is "on" and "under" for 15-, 18- and 24-months-olds? Typicality effects in early comprehension of spatial presentation [J]. British journal of development psychology, 20: 113 – 130.

Michaelis, L. A. (2004). Type shifting in construction grammar: an integrated approach to aspectual coercion [J]. Cognitive linguistics, 15 (1): 1 – 67.

Miller, G. A. , & Johnson-Laird, P. N. (1976). Language and perception [M]. Cambridge, MA: Belknap.

Murphy, G. (2002). The big book of concepts [M]. Cambridge: The MIT Press, 5 – 6.

Neuner, G. (1992). The role of experience in a content and comprehension-oriented approach to learning a foreign [M] //Pierre J. L. , Béjoint. , A. , & Béjoint, H. (eds.). Vocabulary and applied linguistics. 156 – 166. London: Macmillan.

Odlin, T. (1989). Language transfer: cross-linguistic influence in language learning [M]. 71 – 83. Cambridge: Cambridge University Press.

Odlin, T. , & Jarvis, S. (2004). Same source, different outcomes: a study of swedish influence on the acquisition of English in finland [J]. International journal of multilingualism, (1).

Paradis, M. (1997). The cognitive neuropsychology of bilingualism [M] //De Groot, A. M. B. , & Kroll, J. (eds.). Tutorials in bilingualism: psycholinguistic perspectives. 331 – 354. Mahwah, NJ: Lawrence Erlbaum.

Pavlenko, A. , & Jarvis, S. (2001). Conceptual transfer: new perspectives on the study of cross-linguistic influence [C] //Cognition in language use: selected papers from the 7th international pragmatics conference, Volume 1. 288 – 301. Antwerp: international pragmatics association.

Pavlenko, A. , & Jarvis, S. (2002). Bidirectional transfer [J]. Applied linguistics, 23: 190 – 214.

Pederson, E. , Danziger, E. , Wilkins, D. , et al. (1998). Semantic typology and spatial conceptualization [J]. Language, 74: 557 – 589.

Piaget, J. , & Inhelder, B. (1967). The Child's conception of space [M]. New York: Norton.

Pinker, S. (1989). Learnability and cognition: the acquisition of argument structure [M]. Cambridge: The MIT Press.

Quirk, R. , & Greenbaum, S. (1973). A University grammar of English [M]. London: Longman.

Richards, L. V. , Coventry, K. R. , & Clibbens, J. (2004). Where's the orange? Geometric and extra-geometric factors in English Children's talk of spatial locations [J]. Journal of child language, 31: 153 – 175.

Ringbom, H. (1978). The influence of the mother tongue on the translation of lexical items interlanguage [J]. Studies bulletin, (3): 80 – 100.

Ringbom, H. (2001). Lexical transfer in L3 production [M] //Cenoz, J., Hufeisen, B., & Jessner, U. (eds.), Cross-linguistic Influence in third language acquisition: psycholinguistic perspectives. 59 – 68. Clevedon, UK: Multilingual Matters.

Sawyer, M. (2002). "She Filled Her Brain with Grammar": L2 Acquisition of the English Locative Alternation [C]. Paper presented at the second language studies colloquium. University of Hawai'i at Manoa.

Sinha, C. G., Thorseng, L. A., Hayashi, M., et al. (1994). Comparative spatial semantics and language acquisition: evidence from Danish, English and Japanese [J]. Journal of semantics, 11: 253 – 287.

Sjoholm, K. (1995). The influence of crosslinguistic, semantic, and input factors on the acquisition of English phrasal verbs: a comparison between Finnish and Swedish Learners at an intermediate and advanced level [M]. Abo, Finland: Abo Akademi University Press.

Slobin, D. (1973). Cognitive prerequisites to the development of grammar [M] //C. Ferguson & D. L. Slobin. (eds.). Studies in child language development. 175 – 208. New York: Holt, Rinehardt and Winston.

Slobin, D. (1987). Thinking for speaking [C] //Proceedings of the thirteenth annual meeting of the berkeley linguistics society. 435 – 443.

Slobin, D. (1991). Learning to think for speaking: native language, cognition, and rhetorical style [J]. Pragmatics, 1: 7 – 25.

Slobin, D. (1996). From thought and language to thinking for speaking [M] //Gumpertz, J. J., & Levinson, S. C. (eds.). Rethinking linguistic relativity. 70 – 96. New York: CUP.

Suh, H. (2017). The acquisition of locative phrases in Chinese and L1 influence [D]. Unpublished doctoral dissertation. Tucson: The University of Arizona.

Sun, C. (2008). Two conditions and grammaticalization of the Chinese locative [M] //Xu, D. (eds.). Space in languages of China: cross-linguistic, synchronic and diachronic perspectives. 199 – 227. Berlin: Springer.

Swan, M. (1997). The influence of the mother tongue on second language vocabulary acquisition and Use [M] //Schmitt, N., & McCarthy, M. (eds.). Vocabulary: description, acquisition and pedagogy. Cambridge: Cambridge University Press.

Tai, J. (1975). On two functions of place adverbials in Mandarin Chinese [J]. Journal of Chinese linguistics, 3: 154 – 179.

Talmy, L. (1988). Force dynamics in language and cognition [J]. Cognitive science, 12: 49 – 100.

Tanaka, S. (1983). Language transfer as a constraint on lexico-semantic develop in adults learning a second language in acquisition-poor environments [D]. Columbia University Teachers' College.

Taylor, B. (1975). The use of overgeneralization and transfer learning strategies by elementary and intermediate students of ESL [J]. Language learning, 25: 73 – 107.

Taylor, J. R. (1989). Linguistic categorization: prototypes in linguistic theory [M]. Oxford University Press.

Tomasello, M. (2003). Constructing a language: a usage-based theory of language acquisition [M]. Cambridge: Harvard University Press.

Tyler, A. (2010). Usage-based approaches to language and their applications to second language learning [J]. Annual review of applied linguistics, 30: 270 – 291.

Ungerer, F., & Schimid, H. J. (1996). An introduction to cognitive linguistics [M]. London: Longman.

Vandeloise, C. (1991). Spatial prepositions: a case study from French [M]. Chicago: University of Chicago Press.

Vandeloise, C. (1994). Methodology and analyses of the preposition in [J]. Cognitive linguistics, 5 (2): 157 – 84.

Vandeloise, C. (2003). Containment, support, and linguistic relativity

［M］//Cuyckens, H., Dirven R., & Taylor, J. (eds.). Cognitive approaches to lexical linguistics. 393 – 425. Berlin and New York: Mouton de Gruyter.

White, L. (1991). Argument structure in second language acquisition ［J］. Journa of french language studies, 1: 189 – 207.

Whorf, B. L. (1956). Language, thought, and reality: selected writings of Benjamin Lee Whorf ［M］//Carroll, J. B. (eds.). Cambridge: The MIT Press.

Windmiller, M. (1976). A child's conception of space as a prerequisite to his understanding of spatial locatives ［J］. Genetic psychology monographs, 94: 227 – 248.

Xu, D. (2008). Space in language of China: cross-linguistic, synchronic and diachronic perspectives ［M］. Berlin: Springer.

Young-Davy, B. (2000). A cognitive-semantic approach to the acquisition of English prepositions ［D］. Unpublished doctoral dissertation. Eugene: University of Oregon.

Yuan, B., & Zhao, Y. (2010). Asymmetric syntactic and thematic reconfigurations in English speakers' L2 Chinese resultative compound constructions ［J］. International journal of bilingualism, 15 (1): 38 – 55.

Zelinsky-Wibbelt, C. (eds.). (1993). The semantics of prepositions ［C］. Berlin: Walter de Gruyter & Co.

Zhao, X. (2012). Interpretation of Chinese overt and null embedded arguments by English-speaking learners ［J］. Second language research, 28 (2): 169 – 190.

二、中文

蔡永强. 汉语方位词及其概念隐喻系统 ［M］. 北京：中国社会科学出版社, 2010.

曹先擢, 苏培成. 汉字形义分析字典 ［M］. 北京：商务印书馆, 1999.

陈凡凡. 物体空间关系的二语表达及其发展过程 ［J］. 世界汉语教

学，2008（3）.

陈婧，鹿士义. 空间语言认知的功能几何框架及其应用［J］. 国际汉语教育，2018（2）.

陈满华. 从外国学生的病句看方位词的用法［J］. 语言教学与研究，1995a（3）.

陈满华."机构名词＋里/上"结构刍议［J］. 汉语学习，1995b（3）.

陈忠. 认知语言学研究［M］. 济南：山东教育出版社，2006.

储泽祥."在"的涵盖义与句首处所前"在"的隐现［J］. 汉语学习，1996（4）.

储泽祥. 动词的空间适应性情况考察［J］. 中国语文，1998（4）.

储泽祥. 现代汉语方所系统研究［M］. 2版. 武汉：华中师范大学出版社，2003.

储泽祥. 汉语"在＋方位短语"里方位词的隐现机制［J］. 中国语文，2004（2）.

储泽祥. 汉语空间短语研究［M］. 北京：北京大学出版社，2010.

崔希亮."在"字结构解析：从动词的语义、配价及论元之关系考察［J］. 世界汉语教学，1996（3）.

崔希亮. 空间方位关系及其泛化形式的认知解释［M］//语法研究和探索：九. 北京：商务印书馆，2000.

崔希亮. 语言理解与认知［M］. 北京：北京语言文化大学出版社，2001.

崔希亮. 汉语方位结构"在……里"的认知考察［M］//语法研究和探索：十一. 北京：商务印书馆，2002a.

崔希亮. 空间关系的类型学研究［J］. 汉语学习，2002b（1）.

崔希亮. 汉语介词与位移事件［D］. 北京：北京大学，2004.

崔希亮. 欧美学生汉语介词习得的特点及偏误分析［J］. 世界汉语教学，2005（3）.

戴浩一. 时间顺序和汉语的语序［J］. 当代语言学，1988（1）.

戴会林. 外国学生方位词偏误分析与习得研究［D］. 南京：南京师范大学，2007.

戴炜栋，王栋．语言迁移研究：问题与思考［J］．外国语，2002（6）．

邓守信．汉语动词的时间结构［C］//第一届国际汉语教学讨论会论文选．北京：北京语言学院出版社，1986.

丁安琪，沈兰．韩国留学生口语中使用介词"在"的调查分析［J］．语言教学与研究，2001（6）．

董晓敏．"V在了N"结构新探［J］．华中师范大学学报（哲学社会科学版），1997（3）．

窦融久．方位词"上"管窥［J］．新疆师范大学学报，1986（1）．

范继淹．论介词短语"在＋处所"［J］．语言研究，1982（1）．

范晓．三个平面的语法观［M］．北京：北京语言文化大学出版社，1996.

方经民．现代汉语方位参照聚合类型［J］．语言研究，1987（2）．

方经民．论汉语空间方位参照认知过程中的基本策略［J］．中国语文，1999（1）．

方经民．论汉语空间方位参照认知过程中的语义理解［C］//面向新世纪挑战的现代汉语语法研究．济南：山东教育出版社，2000a.

方经民．现代汉语空间名词性成分的指称性［C］//语法研究和探索：十二．北京：商务印书馆，2000b.

方经民．论现代汉语空间区域范畴的性质和类型［J］．世界汉语教学，2002（3）．

方经民．现代汉语方位成分的分化和语法化［J］．世界汉语教学，2004a（2）．

方经民．地点域/方位域对立和汉语句法分析［J］．语言科学，2004b（6）．

方经民．现代汉语地点域和方位域在认知基础上的对立［C］//庆祝《中国语文》创刊50周年学术论文集．北京：商务印书馆，2004c.

付宁．语法化视角下的现代汉语单音方位词研究［D］．济南：山东大学，2009.

高桥弥守彦．是用"上"还是用"里"［J］．语言教学与研究，1992（2）．

高桥弥守彦. 关于名词和方位词的关系 [J]. 世界汉语教学，1997（1）．

葛婷. "X 上"和"X 里"的认知分析 [J]. 暨南大学华文学院学报，2004（1）．

猴瑞隆. 方位词"上""下"的语义认知基础与对外汉语教学 [J]. 语言文字应用，2004（4）．

郭红霞. 二语词汇习得中跨语言迁移的语言类型分析 [J]. 外语学刊，2011（2）．

郭熙. "放到桌子上""放在桌子上""放桌子上" [J]. 中国语文，1986（1）．

郭熙煌. 语言空间概念语结构认知研究 [M]. 武汉：湖北教育出版社，2012.

郭锡良. 介词"于"的起源和发展 [J]. 中国语文，1997（2）．

何乐士. 敦煌变文与《世说新语》若干语法特点的比较 [M] //程湘清. 隋唐五代汉语研究. 济南：山东教育出版社，1992.

侯敏. 在 + 处所的位置及动词的分类 [J]. 求是学刊，1992（6）．

黄伯荣，廖序东. 现代汉语 [M]. 北京：高等教育出版社，1997.

黄健秦. "在 + 处所VP"与"V 在 + 处所"的构式承继关系与语篇关系 [J]. 当代修辞学，2013（4）．

黄理秋，施春宏. 汉语中介语介词性框式结构的偏误分析 [J]. 华文教学与研究，2010（3）．

黄伟嘉. 甲金文中"在、于、自、从"四字介词用法的发展变化及其相互关系 [J]. 陕西师范大学学报，1987（1）．

贾红霞. 普通话儿童方位词发展的个案研究 [J]. 世界汉语教学，2010（4）．

蒋同林. 试论动介复合词 [J]. 安徽师范大学学报，1982（1）．

金昌吉. 动词后的介词短语及介词的虚化 [J]. 河南师范大学学报，1995（3）．

孔令达，王祥荣. 儿童语言中方位词的习得和相关问题 [J]. 中国语文，2002（2）．

蓝纯. 从认知角度看汉语的空间隐喻 [J]. 外语教学与研究，1999（4）．

黎锦熙. 新著国语文法 [M]. 北京：商务印书馆, 1924（参考 2000 年版）.

李红. 中国英语学习者英语方位构式的习得：对广域和狭域规则语义限制的实证研究 [J]. 现代外语, 2008（1）.

李红, 张磊. 从英汉方位动词的异同看母语迁移在英语方位动词习得中的作用 [J]. 西安外国语大学学报, 2008（1）.

李佳, 蔡金亭. 认知语言学角度的英语空间介词习得研究 [J]. 现代外语, 2008（2）.

李金静. "在 + 处所"的偏误分析及对外汉语教学 [J]. 语言文字应用, 2005（1）.

李临定. 现代汉语动词 [M]. 北京：中国社会科学出版社, 1990.

李锡江, 刘永兵. 英语介词习得与概念迁移研究：以介词 IN 为例 [J]. 外语学刊, 2015（6）.

李锡江. 二语时间维度介词习得中的迁移可能性研究 [J]. 现代外语, 2023（2）.

李遐. 空间认知与汉语方位词习得 [J]. 语言与翻译, 2012（1）.

李向农, 周国光, 孔令达. 1 – 5 岁儿童运用方位句及方位介词情况的调查分析 [J]. 心理科学, 1992（3）：49 – 51.

李亚非. 汉语方位词的词性及其理论意义 [J]. 中国语文, 2009（2）.

梁子超, 金晓艳. 从事件框架看现代汉语中"在 + 处所"结构 [J]. 汉语学习, 2020（4）.

廖秋忠. 现代汉语篇章中空间和时间的参考点 [J]. 中国语文, 1983（4）.

廖秋忠. 空间方位词和方位参考点 [J]. 中国语文, 1989（1）.

林齐倩. "NP + 在 L + VP"与"在 N L + N P + V P" [J]. 暨南大学华文学院学报, 2006（1）.

林齐倩. 韩国学生"在 NL"句式的习得研究 [J]. 汉语学习, 2011（3）.

刘丹青. 汉语中的框式介词 [J]. 当代语言学, 2002（4）.

刘宁生. 句首介词结构"在……"的语义指向 [J]. 汉语学习, 1984（2）.

刘宁生．动词的语义范畴："动作"与"状态"［J］．汉语学习，1985（1）．

刘宁生．汉语怎样表达物体的空间关系［J］．中国语文，1994（3）．

刘宁生．汉语偏正结构的认知基础及其在语序类型学上的意义［J］．中国语文，1995（2）．

刘瑜．中、高级学生对介词"在"习得情况考查及分析［J］．中山大学研究生学刊．2006（4）．

刘月华，潘文娱，故韡．实用现代汉语语法［M］．北京：商务印书馆，2001．

卢英顺．形态和汉语语法研究［M］．上海：学林出版社，2005．

罗日新．"里、中、内"辨异［J］．汉语学习，1987（4）．

吕叔湘．现代汉语八百词［M］．北京：商务印书馆，1980．

马书红．中国学生对英语空间介词语义的习得研究［J］．现代外语，2007（2）．

马书红．英汉空间范畴化对比分析：以 in、on 和（在）……上、（在）……里为例［J］．贵州师范大学学报（社会科学版），2008（1）．

马书红．英语空间介词语义成员的分类与习得：基于范畴化理论的实证研究［J］．解放军外国语学院学报，2010（4）．

莫晓春．谈"W＋上"［J］．汉语学习，1989（3）．

潘文国．汉英语对比纲要［M］．北京：北京语言文化大学出版社，1997．

毛燕．方位短语"X 里"的转指用法及其动因初探［J］．语文学刊，2009（9）．

彭淑莉．初级韩国学生与汉族儿童习得"在"字句的对比研究［J］．云南师范大学学报（对外汉语教学与研究版），2006（4）．

齐沪扬．"N＋在＋处所＋V"句式语义特征分析［J］．汉语学习，1994（6）．

齐沪扬．表示静态位置的"着"字句的语义和语用分析［J］．华东师范大学学报（哲学社会科学版），1998a（3）．

齐沪扬．动作"在"字句的语义、句法、语用分析［J］．上海师范大学学报（哲学社会科学版），1998b（2）．

齐沪扬．现代汉语空间问题研究［M］．上海：学林出版社，1998c.

齐沪扬．表示静态位置的状态"在"字句［J］．汉语学习，1999（2）．

齐沪扬．现代汉语现实空间的认知研究［M］．北京：商务印书馆，2014.

齐沪扬，唐依力．"V 在了 N"格式形成原因的语法化分析［J］．世界汉语教学，2004（3）．

齐振海．语言与认知的空间：认知多样性探索［M］．北京：世界图书出版公司北京公司，2008.

瞿云华，张建理．英语多义系统习得实证研究［J］．外语研究，2005（2）．

商务印书馆编辑部，广东、广西、湖南、河南辞源修订组．辞源（修订本）［M］．北京：商务印书馆，1998.

商务印书馆辞书研究中心．古代汉语词典［M］．北京：商务印书馆，2004.

邵敬敏．关于"在黑板上写字"句式分化和变换的若干问题［J］．语言教学与研究，1982（3）．

邵敬敏．"连 A 也/都 B"框式结构的争议及其框式化进程［J］．语言科学，2008（4）．

沈家煊．英汉介词对比［J］．外语教学与研究，1984（2）．

沈家煊．方所［C］//赵世开．汉英对比语法论集．上海：上海外语教育出版社，1999.

沈建华，曹锦炎．新编甲骨文字形总表［M］．香港：香港中文大学出版社，2001.

沈园．句法：语义界面研究［M］．上海：上海教育出版社，2007.

石毓智．语法的形式与理据［M］．南昌：江西教育出版社，2001.

宋文辉．再论影响"在+处所"句法位置的因素［J］．语言教学与研究，2007（4）．

孙锡信．"V 在 L"格式的语法分析［M］//周有光．周有光语文论集：第四卷．上海：上海文化出版社，2002.

谭慧．"在 LV"与"V 在 L"的考察［D］．武汉：华中师范大学，2008.

唐依力．汉语处所范畴句法表达的构式研究［D］．上海：上海师范大学，2012.

汪维辉．方位词"里"考源［J］．古汉语研究，1999（2）．

王艾录．"动词＋在＋方位结构"刍议［J］．语文研究，1982（2）．

王灿龙．试论"在"字方所短语的句法分布［J］．世界汉语教学，2008（1）．

王初明．外语是怎样学会的［M］．北京：外语教学与研究出版社，2010.

王初明．基于使用的语言习得观［J］．中国外语，2011（5）．

王还．说"在"［J］．中国语文，1957（2）．

王还．再说说"在"［J］．语言教学与研究，1980（3）．

王一平．介词短语"在＋处所"前置、中置和后置的条件和限制［J］．语文建设，1999（5）．

王寅．构式语法研究（上卷）：理论思索［M］．上海：上海外语教育出版社，2011.

魏行．以汉语为母语的英语初学者习得英语空间介词 in，on 的实证研究［D］．兰州：西北师范大学，2007.

文旭，匡芳涛．语言空间系统的认知阐释［J］．四川外语学院学报，2004（3）．

文秋芳．频率作用与二语习得：《第二语言习得研究》2002 年 6 月特刊评述［J］．外语教学与研究，2003（2）．

吴国盛．希腊空间概念［M］．北京：中国人民大学出版社，2010.

吴丽君．日本学生汉语习得偏误研究［M］．北京：中国社会科学出版社，2002.

吴平．莱文森的空间参照系理论［J］．外语与外语教学，2005（4）．

吴之翰．方位词使用情况的初步考察［J］．中国语文，1965（3）．

武和平，魏行．英汉空间方所表达的认知语义分析：以"里""上"和"in""on"为例［J］．解放军外国语学院学报，2007（3）．

肖奚强．汉语中介语语法问题研究［M］．北京：商务印书馆，2008.

邢福义．方位结构"X 里"和"X 中"［J］．世界汉语教学，1996（4）．

徐丹.汉语里的"在"与"着（著）"［J］.中国语文,1992（6）.

绪可望.汉英空间构式对比研究：以汉语"上"字构式及其相对应的英语构式为例［D］.长春：东北师范大学,2012.

雍茜.构式"在 + 处所 + VP 着"存在的独立性［J］.汉语学习,2012（6）.

俞咏梅.现代汉语处所状语的语义特征［J］.东北师大学报（哲学社会科学版）,1993（3）.

俞咏梅.论"在 + 处所"的语义功能和语序制约原则［J］.中国语文,1999（1）.

岳方遂.关于"V 在 NP"结构的考察［J］.镇江师专学报,1995（4）.

占勇."V 在了 N"格式的结构考察［J］.江西财经大学学报,2005（4）.

占勇."V 在了 N"格式形成原因的语法化分析［J］.宁波大学学报,2009（4）.

张斌.现代汉语描写语法［M］.北京：商务印书馆,2010.

张赪.论决定"在 L + VP"或"VP + 在 L"的因素［J］.语言教学与研究,1997（2）.

张国宪."在 + 处所"构式的动词标量取值及其意义浮现［J］.中国语文,2009（4）.

张国宪."在 + 处所"状态构式的事件表述和语篇功能［J］.中国语文,2010（6）.

张辉.论空间概念在语言知识建构中的作用［J］.解放军外国语学院学报,1998（1）.

张珂.英汉语存现构式的认知对比研究［D］.开封：河南大学,2007.

张金生,刘云红."里""中""内"空间意义的认知语言学考察［J］.解放军外国语学院学报,2008（3）.

张璟光,丁慧韵,林菁.2 - 6 岁儿童对空间词汇的理解和产生的初步实验研究［J］.福建师范大学学报（哲学社会科学版）,1987（1）.

张克定.空间关系及其语言表达的认知语言学阐释［J］.河南大学学

报（社会科学版），2008（1）.

张克定．关于空间关系构式的几个基本问题［J］．山东外语教学，2013（3）.

张敏．认知语言学与汉语名词短语［M］．北京：中国社会科学出版社，1998.

张仁俊．国外关于儿童获得空间词汇的研究［J］．心理科学，1985（2）.

张艳华．韩国学生汉语介词习得偏误分析及教学对策［J］．云南师范大学学报（对外汉语教学与研究版），2005（3）.

赵元任．汉语口语语法［M］．北京：商务印书馆，1979.

中国社会科学院语言研究所词典编辑室．现代汉语词典［M］．7 版．北京：商务印书馆，2016.

周统权．"上"与"下"不对称的认知研究［J］．语言科学，2003（1）.

周文华．韩国学生不同句法位"在＋处所"短语习得考察［J］．华文教学与研究，2013（4）.

周烈婷．汉语方位词"上（面）""里（面）"隐现条件的认知解释［M］//陆俭明．面临新世纪挑战的现代汉语语法研究．济南：山东教育出版社，2000.

朱德熙．在黑板上写字及相关句式［J］．语言教学与研究，1981（1）.

朱晓军．空间范畴的认知语义研究［D］．上海：华东师范大学，2008.

邹韶华．现代汉语方位词的语法功能［J］．中国语文，1984（3）.

邹韶华．歧义的倾向性［J］．求是学刊，1988（5）.

邹韶华．现代汉语方位词语法功能补议［J］．中国语文，2007（1）.